헤르만 도여베르트를 중심으로
기독교 철학 입문

기독교 철학 입문
헤르만 도여베르트(Herman Dooyeweerd, 1894-1977)를 중심으로

지은이 | 마틴 페어께르끄(Maarten Verkerk), 헤릿 흘라스(Gerrit Glas),
　　　　수잔 시에륵스마-아흐떼레스(Suzan Sierksma-Agteres)
옮긴이 | 최용준
펴낸이 | 원성삼
표지 디자인 | 안은숙
펴낸곳 | 예영커뮤니케이션
초판 1쇄 발행 | 2025년 9월 3일
등록일 | 1992년 3월 1일 제2-1349호
주소 | 03128 서울특별시 종로구 대학로3길 29, 313호(연지동, 한국교회100주년기념관)
전화 | (02)766-8931
팩스 | (02)766-8934
이메일 | jeyoung_shadow@naver.com
ISBN 979-11-89887-97-1 (93230)

본 저작물은 저작권법에 의하여 한국 내에서 보호를 받는 저작물이므로
무단 전재와 무단 복제를 금합니다.

값 25,000원

이 책은 『헤르만 도예베르트(1894-1977)의 철학: 희망적이고, 시사적이며, 실용적인 *De filosofie van Herman Dooyeweerd (1894-1977), Hoopvol, actueel en praktisch*』(암스테르담대학교출판부, 2025)의 한국어판입니다.

This book is a translation of "*De filosofie van Herman Dooyeweerd (1894-1977), Hoopvol, actueel en praktisch*" (Amsterdam University Press, 2025).

 크리에이티브 커먼즈 라이선스(Creative Commons License) CC-BY NC ND
http://creativecommons.org/licenses/by-nc-nd/4.0

이 책의 그림은 웹사이트 https://www.christelijkefilosofie.nl/Dooyeweerd-Korean/에서 이미지 파일로 다운로드하실 수 있으며, CC BY-NC-ND 라이선스 조건에 따라 사용하실 수 있습니다.

The figures in this book can be downloaded as image files from the website (https://www.christelijkefilosofie.nl/Dooyeweerd-Korean/) and may be used under the terms of the CC BY-NC-ND license.

≋ 모든 인간은 하나님의 형상을 닮은 존귀한 존재입니다. 사람은 인종, 민족, 피부색, 문화, 언어에 관계없이 모두 다 존귀합니다. 예영커뮤니케이션은 이러한 정신에 근거해 모든 인간이 존귀한 삶을 사는 데 필요한 지식과 문화를 예수 그리스도의 사랑으로 보급함으로써 우리가 속한 사회에 기여하고자 합니다.

헤르만 도여베르트를 중심으로

기독교 철학 입문

Herman Dooyeweerd

1894-1977

마틴 페어께르끄(Maarten Verkerk), 헤릿 흘라스(Gerrit Glas),
수잔 시에륵스마-아흐떼레스(Suzan Sierksma-Agteres) 지음

최용준 옮김

예영

목차

머리말 ·· 007

도여베르트(DOOYEWEERD)

제1장 · 의미 ·· 011

제2장 · 지식 ·· 027

제3장 · 기본동인들 ·· 045

제4장 · 양상들 ·· 063

제5장 · 통일성 ·· 081

제6장 · 사물 ·· 099

제7장 · 사회단체들 ·· 115

제8장 · 선험적 비판 ·· 133

제9장 · 철학과 기독교 신앙 ··································· 151

제10장 · 인간 ·· 167

제11장 · 도여베르트 이후 ······································· 185

적용(APPLICATION)

제12장 · 실제적 적용 ⋯⋯⋯⋯⋯⋯⋯⋯⋯⋯⋯⋯⋯⋯⋯⋯⋯⋯⋯ 199

제13장 · 자연과학 및 기술 ⋯⋯⋯⋯⋯⋯⋯⋯⋯⋯⋯⋯⋯⋯⋯⋯ 211

제14장 · 경제 ⋯⋯⋯⋯⋯⋯⋯⋯⋯⋯⋯⋯⋯⋯⋯⋯⋯⋯⋯⋯⋯⋯ 221

제15장 · 정치 ⋯⋯⋯⋯⋯⋯⋯⋯⋯⋯⋯⋯⋯⋯⋯⋯⋯⋯⋯⋯⋯⋯ 231

제16장 · 보건 ⋯⋯⋯⋯⋯⋯⋯⋯⋯⋯⋯⋯⋯⋯⋯⋯⋯⋯⋯⋯⋯⋯ 241

제17장 · 공간을 제공하는 급진적인 철학 ⋯⋯⋯⋯⋯⋯⋯⋯⋯⋯ 253

더 읽어볼 거리 ⋯⋯⋯⋯⋯⋯⋯⋯⋯⋯⋯⋯⋯⋯⋯⋯⋯⋯⋯⋯⋯⋯ 262

감사의 말 ⋯⋯⋯⋯⋯⋯⋯⋯⋯⋯⋯⋯⋯⋯⋯⋯⋯⋯⋯⋯⋯⋯⋯⋯ 271

저자 소개 ⋯⋯⋯⋯⋯⋯⋯⋯⋯⋯⋯⋯⋯⋯⋯⋯⋯⋯⋯⋯⋯⋯⋯⋯ 272

참고문헌 ⋯⋯⋯⋯⋯⋯⋯⋯⋯⋯⋯⋯⋯⋯⋯⋯⋯⋯⋯⋯⋯⋯⋯⋯ 274

역자 후기 ⋯⋯⋯⋯⋯⋯⋯⋯⋯⋯⋯⋯⋯⋯⋯⋯⋯⋯⋯⋯⋯⋯⋯⋯ 287

"처음에는 신칸트 철학에 강하게 영향을 받았고, 나중에는 후설의 현상학에 영향을 받았지만, 내 사고의 가장 큰 전환점은 사유 자체의 종교적 뿌리를 발견한 것이었다."

_ 헤르만 도여베르트(WdW, I, p. v)

머리말

네덜란드 철학자 헤르만 도여베르트(Herman Dooyeweerd, 1894-1977)는 『법이념 철학』(De Wijsbegeerte der Wetsidee, 약자 WdW)의 서문에서 자신의 철학의 발전 과정을 위의 한 문장으로 요약한다. 그는 자신의 사상 초기에 저명한 철학자인 칸트(I. Kant, 1724-1804)와 후설(E. Husserl, 1859-1938)의 영향을 강하게 받았다고 썼다. 하지만 나중에 그는 철학적 사고 자체에 종교적 뿌리 혹은 기원(oorsprong)이 있다는 것을 발견했기 때문에 그들의 영향에서 벗어날 수 있었다.

이러한 발견은 많은 질문을 제기한다. 어쩌면 가장 중요한 질문은 그가 이 말을 어떻게 철학적으로 입증하는가 하는 점일 것이다. 언뜻 보기에 이 말은 현대 철학의 중요한 원칙, 즉 철학적 사고는 합리적이고 중립적이어야 한다는 원칙과 모순되는 것처럼 보인다. 이성은 결국 사고를 통해 인간과 세계를 이해할 수 있는 능력을 지니고 있다는 것이다. 다시 말해서, 진정한 현대 철학은 모든 종교적 영향으로부터 스스로 벗어나야 한다. 그러나 도여베르트는 현대 철학을 포함한 모든 철학이 종교적 기원을 가지고 있다고 말한다.

이 책은 기독교 철학을 알고 싶어 하는 사람들을 위해 쓰였다. 네덜란드의 철학자 도여베르트는 신앙과 사유의 관계를 근본적으로 고찰해왔다는 점에서 특히 흥미롭다. 그의 지적 탐구에서 그는 기독교 전통과 자신의 삶에서 기독교 신앙의 의미를 올바르게 정립하기를 원했다. 그것은 그가 종교적 단어를 사용하는 이유를 설명해 준다. 동시에 그는 합리적인 토론이 가능한 철학을 개발하기를 원했다. 그것은 그가 독특한 철학적 용어를 사용하는 이유를 설명한다. 아래 네 가지 질문이 이 책을 관통하는 실타래처럼 얽혀 있다.

1. 도여베르트의 철학은 왜 그렇게 급진적인가?
2. 그는 현대 서양 철학에 대해 무슨 비판적 질문들을 던지는가?
3. 이 철학은 현대의 어떤 문제들을 해결할 수 있었는가?
4. 철학자들과 철학적으로 관심이 있는 사람들이 – 그들의 종교, 세계관 또는 삶의 철학에 관계없이 – 이 철학으로부터 많은 유익을 얻어야 하는 이유는 무엇인가?

도여베르트의 저작은 읽기가 쉽지 않다. 이것은 주로 그가 철학의 가장 근본적인 질문들을 제기하기 때문이다. 그는 철학자들이 사용하는 단어들과 개념들이 이러한 근본적인 질문들에 답하기에는 충분히 날카롭고 사려 깊지 않다는 사실을 발견했다. 그래서 그는 자신만의 표현을 개발했다. 이 책에서는 가능한 한 이해하기 쉬운 언어를 사용하며 설명과 함께 도여베르트의 가장 중요한 기술적 개념들만 사용할 것이다.

이 책은 두 부분으로 구성되어 있다. 첫 번째 부분에서는 도여베르트의 철학에 대해 논의한다. 이 부분의 모든 장은 동일한 구조를 가지고 있다. 눈에 띄는 인용문으로 시작한 다음 짧은 **소개**가 이어진다. 그런 다음 도여베르트가 직면한 **문제**, 이 대립이 일어난 **맥락** 및 그의 해결책의 **핵심**을 간략하게 설명한다. 그 후, **정교화** 부분에서는 그의 해결책을 체계적인 방식으로 설명한다. 그 다음, 우리는 그의 철학의 이 부분이 받은 **평가와 비판**에 대해 논의한다. 그리고 우리는 도여베르트의 접근 방식이 현대의 문제들을 고찰하는 데 도움이 된다는 것을 보여주는 **현대적 적용**으로 결론을 맺는다. 이 첫 번째 부분의 마지막 장에서 우리는 도여베르트의 철학의 수용에 대해 논의한다. 우리는 그의 아이디어가 어떻게 예측할 수 없을 정도로 전 세계에 퍼져 나가는지 보여준다. 철학자들 사이에서뿐만 아니라 광범위한 계층의 학생들과 학자들 사이에서도 그렇다.

두 번째 부분에서는 도여베르트의 철학을 '적용'하는 것에 초점을 맞춘다. 다양한 분야의 엔지니어와 학자들이 그의 아이디어를 사용하여 자신의 분야에서 근본적인 질문들과 문제들을 이해하고 한 걸음 더 나아가 생각하는 방법을 보여준다. 다양한 주제들이 검토된다. 무엇보다도 의미 있는 기술의 개발, 경제적 진보에 대한 규범적 관점의 제공, 정부의 핵심 임무로서의 정의에 대한 강조, 규범적 실천으로서의 보건의 필요성 등이 있다.

이 책을 쓰는 동안, 말하자면 이 책의 부제(원서의 부제를 말한다. 즉, 희망적[hoopvol]이고 시사적[actueel]이며 실용적인[praktisch])가 저절로 떠올랐다. 도여베르트의 철학은 인간, 사회 및 세계에 대한 근본적인 견해 차이에도 불구하고 철학자들, 학자들 및 전문가들 간의 존중하는 대화가 가능하다는 것을 보여주기 때문에 희망적인 관점을 제공한다. 나아가 그의 철학 이념들, 개념들 및 이론들은 우리 시대의 문제들에 대해 놀라운 관점을 제공하기 때문에 시사적이다. 마지막으로, 그것은 또한 매우 실용적인 것으로 밝혀졌다. 철학자들, 엔지니어들, 정치가들, 경제학자들, 보건 제공자들 및 기타 전문가들이 실용적인 문제를 해결하기 위해 이것을 사용한다.

마지막에 우리는 몇 가지 '더 읽어볼 거리'를 추가한다. 우리가 어떤 장을 언급할 때마다 그 언급은 이 책의 장을 의미하며, 우리가 논의하는 출판물의 장을 의미하는 것은 아니다. '더 읽어볼 거리'는 특정 주제에 대해 더 깊이 파고들고 싶은 독자들을 위한 제안들을 제공한다. 인용문 내의 검정색 볼드체는 항상 원저자가 작성한 것이다.

"세계의 정합성 속에 그 자체로 존재하는 것은 없으며, 모든 것은 상호 정합성(samenhang) 안에서 **자체 내에서 그리고 밖으로** 다른 모든 것을 가리키고 있다. 우리 우주의 각 양상에서 모든 면의 정합성이 **드러나며**, 이 정합성은 또한 그 자체를 **넘어** 더 깊은 **총체성을 가리키고**, 그 총체성은 그 정합성 **안에서 드러난다**. (…) **의미**는 모든 **피조물의 존재**이며(De zin is het zijn van alle creatuurlijk zijnde), … [그것은] … 신적 기원에서 나왔다."

_ 헤르만 도여베르트(*WdW*, I, pp. 5-6)

도여베르트(DOOYEWEERD)

제1장

의미

서론

뜻(betekenis)과 의미(zin). 이것은 철학자에게도 거창한 단어다. 무엇이 더 깊은 뜻을 갖도록 만드는가? 나를 위해, 다른 사람들을 위해, 문화 속에서? 이 시대에 우리는 우리 자신으로부터 더 깊은 뜻을 이끌어 내는 경향이 있다. 가령, 우리는 우리 자신과 연결되어 있다고 느끼는 사람들과의 접촉, 우리가 성취하는 일 그리고 우리의 이상에 더 깊은 뜻을 부여한다. 더 깊은 뜻이나 의미는 저절로 생겨나지 않는다. 우리는 의미를 창조한다는 것이 일반적인 생각이다. 우리는 그것을 우리 주변의 세상에 더한다. 왜냐하면 현실은 그 자체로는 아무런 의미나 뜻이 없기 때문이다.

하지만 이러한 이미지는 조금 일방적으로 보이지 않는가? 때때로 우리는 의미 있는 순간에 압도된다. 가령, 자연의 아름다움에 감명을 받거나 누군가의 말이나 행동에 감동을 받을 때다. 이러한 의미 있는 경험은 외부로부터 온다. 그러므로 그것은 항상 우리의 행동이나 성성력의 산물은 아니다. 의미가 우리 자신에게서 나온 것이 아니라면, 그것은 어디서 온 것인가?

우리가 이 장을 시작할 때 사용한 인용문은 쉬운 것이 아니다. 도여베르트의 견해에 따르면, 의미는 더 깊은 총체성, 정합성 및 관계성과 관련이 있다. 그는 의미라는 단어를 '드러낸다', '가리킨다' 그리고 '신적 기원'과 연결시킨다. 약간 어려운 주제지만 우리는 이것을 언급하지 않고 시작할 수는 없다.

문제: 어떤 것이 어떻게 뜻과 의미를 가질 수 있는가?

이 책의 중심에는 네덜란드의 법학자이자 철학자인 헤르만 도여베르트의 저작이 있다. 현실은 더 깊은 뜻을 가지고 있지 않으며 우리는 오직 우리 자신으로부터 뜻과 의미를 도출해야 한다는 생각에 대해 도여베르트보다 더 단호하게 저항한 철학자는 거의 없다. 현실은 모든 면에서 뜻이 있으며, 더욱 강력하게 말하자면, 현실은 하나며 그 자체가 이미 의미고 뜻이라는 것이 그의 확신이었다.

이러한 확신은 신깔뱅주의(neocalvinisme)로 알려진 전통에 의해 생겨났다. 도여베르트와 같은 신 깔뱅주의 사상가는 종교 개혁의 창시자 중 한 명인 프랑스 태생의 신학자 쟝 깔뱅(Johannes Calvijn, 1509-1564)의 견해와 일치한다.

깔뱅에서 도여베르트까지는 긴 여정이다. 이 장에서 중간 단계는 생략한다. 나중 장에서 이러한 중간 단계들에 대해, 특히 도여베르트의 가장 중요한 선임자인 아브라함 카이퍼(Abraham Kuyper, 1837-1920)의 업적에 대해 더 많이 언급할 것이다. 이 장에서 우리는 도여베르트가 어떻게 그의 신깔뱅주의적 신념을 철학적으로 표현했는지 밝힌다.

그렇게 함으로써 우리는 철학과 세계관의 관계에 특별한 주의를 기울인다. 이 관계에 대해 명확히 이해하는 것이 중요한데 그래야 도여베르트가 현실이 뜻과 의미로 가득 차 있다는 견해를 이렇게 변호하는지가 명확해진다. 이 견해는 철학적으로 입증될 수 있는가? 그리고 그 입증에서 세계관은 어떤 역할을 하는가?

맥락: 창조에 관한 깔뱅의 견해

먼저, 깔뱅의 주된 관심이 무엇이었는지 설명하겠다. 우리는 가장 중요한 요점만 언급할 것이다. 종교 개혁은 16세기의 종교 운동으로 당시 로마 가톨릭교회의 신학과 실행에 비판적이었다.

무엇보다도 깔뱅과 다른 개혁가들은 다음과 같이 주장했다.

1. 모든 현실은 하나님의 창조물이다. 하나님을 떠나서 그 자체로 존재할 수 있는

것은 아무것도 없다. 전체 현실은 그 존재와 선재(先在)에 있어서 매 순간 하나님께 의존하고 있다.

2. 존재하는 모든 것은 그 자체의 독특한 본성에 따라 창조되었다. 이것은 세상에 엄청난 다양성이 있는 동시에 독창적이고도 복잡한 정합성과 질서가 있음을 의미한다.

3. 각 사람은 하나님과 직접적인 관계를 맺고 있다. 깔뱅은 각자 하나님께 직접 나아갈 수 있다고 믿는다. 가톨릭 전통에서 이러한 접근은 주로 성직자에 의해 중재된다. 깔뱅의 비판은 이것이 쉽게 남용으로 이어진다는 것인데, 가령 당신이 하나님으로부터 좋은 말을 듣기 위해 목사에게 지불해야 한다는 것이다.

4. 인간은 불완전하며 악에 빠지기 쉽다. 그러므로 좋으신 하나님께 나아간다는 것이 자동적으로 이루어지는 것은 아니다. 인간은 구원(구속)되어야 하며, 그 구원은 믿음을 요구한다. 그것은 믿음에 의해서 – 그리고 오직 믿음에 의해서만(*sola fide*) – 인간은 구속된다. 믿는다는 것은 하나님께 신뢰함으로 엎드리는 것이며 신실함으로 주님과 연결되는 것이다. 깔뱅은 가톨릭 전통에서 신앙을 대신해 하나님께로 나아가는 길로서 '선행'에 초점을 맞추는 것을 거부한다.

5. 인간은 청지기로 부름 받았다. 사람들은 이 세상에서 해야 할 사명이 있다. 그 사명 또는 소명은 창조세계(지구)를 개현하며 발전시키는 것이다. 이것이 바로 인간이 위임받은 것(땅, 재화, 재능)을 맡은 청지기로서 하는 일이다. 따라서 우리 인간은 지구의 주인이 아니다. 지구는 우리의 소유물이 아니다. 우리 자신의 은사와 재능조차도 우리 것이 아니다. 지구는 하나님께서 지구에 대해 설계하신 목적에 부합하도록 배열되어 있다. 인간은 이러한 목표를 실현하는 데 있어서 하나님의 동역자다.

도여베르트는 이러한 깔뱅의 원칙들 위에 서 있다.

=== 핵심: 모든 것은 '의미'다 ===

도여베르트는 위의 견해를 두 가지 철학적 근거로 '번역'한다. 첫 번째 기본 개념은 현실은 그냥 존재하는 것이 아니고, 우연과 시간에 의해 결정되는 과정의 산물도 아니라, 하나님을 나타내고 그분을 가리키기 때문에 그 자체로 의미가 있다는 것이다(그림 1.1). 우리의 이해력이 그렇게 불완전하지 않다면, 우리는 하나님께서 현실 가운데 어떻게 자신을 드러내시는지, 그리고 그분이 창조물을 통해 무엇을 원하시는지를 직접 경험하고 볼 수 있을 것이다. 우리는 또한 모든 현실이 어떻게 그분을 우주의 창조자이며 보존자로 가리키는지 보게 될 것이다. 이 두 가지 개념, 즉 하나님이 누구신지 **나타내는**(uitdrukken) 것과 그분이 누구신지를 **가리키는**(verwijzen) 것은 하나다. 도여베르트는 성경을 거의 인용하지 않지만, 이 근본적인 근거에 관해서는 인용한다. 그는 사도 바울이 로마의 기독교인들에게 보낸 편지를 인용하는데, 그 편지에서 바울은 모든 것이 "하나님으로부터 나왔고 하나님으로 말미암으며 하나님께 돌아간다"(로마서 11:36)라고 적었다.

'나타냄'과 '가리킨다'는 단어의 의미는 회화를 기반으로 설명할 수 있다. 프랑스의 인상파 화가 클로드 모네(Claude Monet)는 자신이 현실(감정, 인상)을 어떻게 경험했는지

[그림 1.1] 그림에서, 당신은 여러 가지 색깔로 창조된 실재를 볼 수 있는데, 이것은 그 기원을 가리키며, 동시에 이 기원을 나타낸다. 그러나 기원 자체는 피조물과 근본적으로 구별되며, 인간이 연구할 수 있는 한계를 초월한다. 이 장의 뒷부분에서 논의하겠지만, 하나님은 철학적 사고의 경계선 개념이다. 따라서 양자 간에 선이 있는 것이다.

를 그림으로 **나타내고** 싶었다. 미술관에서 그의 그림을 보면 '저것은 전형적인 모네다'라고 말할 수 있다. 즉, 그림은 화가(모네)를 **가리킨다**. 이와 비슷한 방식으로, 도여베르트는 현실의 존재에 대해 '나타낸다'와 '가리킨다'라는 단어를 사용한다.

이러한 관점은 급진적이다. 이것은 피조물과 하나님의 관계에 모든 강조점을 준다. 스스로 존재하는 것은 아무것도 없다. 모든 것을 시시각각 하나님께서 주관하신다. 존재하는 모든 것은 그분이 누구시며, 무엇을 원하시는지를 나타내는 동시에 그분을 가리킨다. 도여베르트는 이러한 이중적 통일성에 대해 '의미'라는 용어를 도입한다. 이것은 본 장이 시작되는 인용문, "의미는 모든 창조된 피조물의 존재 방식이다"로 다시금 우리를 이끈다. 이 단어를 이해하기 위해 뒷부분부터 시작하겠다. '피조물'은 존재하는 모든 것이다. '창조된'이라는 말은 지음받았으며 하나님에 의해 존재하도록 부름을 받았다는 뜻이다. '존재 방식'은 어떤 것이 존재하는 상태다. 그러므로 인용된 단어들은 모든 피조물이 존재하는 방식이 '나타냄'과 '가리킴'이라는 의미에서 '의미'라는 단어로 요약될 수 있음을 뜻한다.

두 번째 근본적인 이념은 여기에서 이어진다. 그 '의미'가 실제로 어떻게 나타나는가 하는 방식은 엄청나게 다양하다. 동시에 이 모든 다양성 속에는 놀라운 질서와 정합성이 있다. 다음 장들에서 우리는 그 다양성, 질서 및 정합성을 탐구할 것이다.

요약하자면, '의미'는 도여베르트의 사상에서 핵심 개념이다. 의미는 무엇보다도 나타내고 가리키는 것에 관한 것이다. 또한 의미는 실재의 다양성과 질서 및 정합성과 관련이 있다.

═══ 정교화: 오래된 문제들에 대한 새로운 시각 ═══

도여베르트가 깔뱅의 원리를 철학적 근본 사상으로 번역하는 방식에 대해 많은 논의가 있었다. 현실이 '의미다'라고 말할 수 있는가? '의미를 가진다'고만 말할 수 있지 않는가? 그럼에도 불구하고 의도는 분명하다. 도여베르트는 의미라는 단어에 나타내고 가리키는 새로운 뜻을 부여한다. 의미는 존재하는 모든 것의 핵심이다. 사실, 그것은 실재에 대해 말할 수 있는 가장 깊고 근본적인 것이다. 현실이 의미인 이유는 존재하는 모든 것의 핵심이 나타냄과 가리킴으로 구성되기 때문이다.

우리는 세 가지 철학적 문제, 즉 사고의 속성과 담지자, 그 한계에 대한 문제 그리고 주의(-ismes)의 문제에 기초하여 이 사상을 더욱 새롭게 설명해 보고자 한다.

속성과 속성의 담지자

위의 내용은 철학의 일반적이고 지배적인 견해, 즉 실재의 사물과 과정은 속성과 그 속성의 담지자로 구성되어 있다는 견해와 모순된다(그림 1.2). 속성은 '무엇'의 속성이다. 그 '무엇'은 담지자다. 그러한 담지자를 지칭하는 데 사용되는 용어는 물체, 물질, 본체, 가장 작은 입자, 생명력, 에너지, 정보이다. 이러한 담지자는 그 자체로 불확정적이며,

개체 + 속성들

[그림 1.2] 많은 철학자들은 실재 사물이 중립적인 담지자(위쪽 그림의 회색 사과)와 그 담지자의 속성(위쪽 그림의 색깔 있는 사과)으로 구성되어 있다고 믿는다. 이것은 가령 사과의 모양, 영양가, 맛 또는 가격이다. 도여베르트는 담지자와 속성을 구분할 수 없다고 본다. 그의 주장 중 하나는 사물의 다양한 속성(이 경우 사과)은 아래 그림에서 볼 수 있듯이 항상 전체와의 관계에서 보아야 한다는 것이다.

의미

재료, 즉, 더욱 구체적인 것이 나타나 있는 형태를 형성한다.

도여베르트는 이 아이디어에 대해 두 가지 반대 의견을 가지고 있다. 이 두 가지 반론은 모두 실재를 의미로 보는 그의 입장에서 비롯된다. 첫 번째 반론은 '담지자가 되는 것'이 중립적이고 무의미하다는 견해에 대한 것이다. 그것은 그 자체로 있고, 아무것도 나타내지 않으며, 아무것도 가리키지 않는다. 이 담지자라는 것은 하나님과 피조물 간의 관계를 정당하게 나타내지 않는다. 도여베르트의 견해에 따르면, 하나님은 '담지자'에 관해서도 실재의 핵심까지 관여한다.

두 번째 반론은 '속성의 담지자'라는 개념이 추상화, 즉 과학적 사고 방식의 산물이라는 것이다. 이론적으로는 속성과 속성의 담지자를 구별할 수 있지만, 실제로는 담지자가 별도로 나타나지 않는다. 실제로 담지자 속성은 항상 얽혀 있다. 과학 연구에서는 사물의 '물질적인 면'과 그 속성을 구분하는 것이 좋다. 그러나 그 물질이나 담지자를 독립적인 어떤 것으로 만들기 시작하면 추상화가 되어졌다는 사실을 잊어버리게 된다. 그것은 철학에서 '사물화(즉, 속성이나 일부 현상을 독립적인 것으로 만드는 것)'와 '물질화'(라틴어 *res en facere*에서 유래한 것으로 무언가를 사물로 만드는 것)와 같은 용어처럼 사고의 오류이다. 도여베르트 자신은 절대화에 대해 말하면서 라틴어 동사 *absolvere*를 언급하는데 이는 분리를 의미한다. 절대화(Absolutization)는 사물의 한 부분이나 양상이 전체로부터 분리되어 마치 그 자체로 존재하는 것처럼 그 자체로 독립적이 될 때 발생한다(그림 1.3).

속성의 담지자로서의 존재에 대해 우리가 말하는 것은 사실 또는 사건과 같은 용어에도 적용된다. 도여베르트는 과학적 사실-항상 추상화 과정의 결과-을 중립적이고 독립적인 것으로 바꿀 수 있다는 생각을 거부한다. 지구가 온난화되고 있다는 사실은 별개의 또는 독립적인 사실이 아니라 우리의 생활 환경과 관련된 부분적인 현상이다. 그러므로 지구가 따뜻해질 때 경종이 울리는 것이다. 지구 온난화는 기후 변화, 기근 및 이주로 이어진다. 다시 말해, 독립적이고 중립적인 사실들은 존재하지 않으며, 다른 사실들과 분리되거나, 하나님과 동떨어진 것도 없다. 이러한 독립적이고 중립적인 견해는 존재하는 것이 존재하는 다른 모든 것과 연결되어 있다고 주장하는 깔뱅주의의 창조 교리에 위배된다. 존재하는 모든 것은 창조주에 의해 유지된다.

절대화

[그림 1.3] 형형색색의 사과는 우리가 일상생활에서 경험하는 사과다. 속성의 다양성뿐만 아니라 통일성도 가진 사과다. 노란 사과는 절대화된 사과다. 가령, 사과는 비타민, 섬유질 및 칼로리로만 구성된 것으로 만들어졌다. 우리가 현실에서 경험하는 통일성에서 한 양상이 분리되어 사과의 모든 것으로 제시된다.

심화 1.1: '존재', 언어 및 형이상학에 관해

도여베르트는 존재하는 모든 것의 핵심은 나타냄과 가리킴으로 구성된다고 말한다. 누군가는 도여베르트가 실재를 일종의 언어로 바꾼나고 반박힐 수도 있고, 좀 디 이렵게 말한다면, 그는 현실이 그것의 상징적 기능에 통합되게 한다고 할 수도 있다. 나타내고 가리킨다는 것은 어떤 것이 무엇'인지'를 나타내는 것이 아니라 그것이 무엇을 상징하는지를 나타내는 동사다. 그러나 현실은 하나의 언어인가? 모든 것이 상징인가?

문제는 '이다'라는 단어에 있다. 이 동사는 'be' 동사의 형태를 가리키고 나타내는가? 아니면 존재에 대해 무언가를 말하는 방식인가? 이것에 대해 몇 가지 언급을 하겠다. 도여베르트가 모든 피조물의 존재 방식을 '의미'라고 부를 때, 그는 존재에 대해 말하는 것이 아니라 모든 사물들(그리고 사람들)이 존재하는 방식에 대해 말하고 있다. 그는 존재 자체에 대해 말하지 않는다. 이는 그가 학자로서, 그리고 또한 철학자로서, 그가 '이론적 사고방식'이라고 부르는 것에 묶여 있다는 사실을 알고 있기 때문이다. 이런 사고로는 사물의 본질이나 전체를 결코 파악할 수 없다. 철학자들이 깊이 파고들지만, 그들이 전체 또는 본질로 보는 것은 사실 실재의 일부 또는 양상에 대한 개념적 지칭이다. 이러한 개념적 지칭과 실재 자체 사이에는 간극이 남아 있다.

이것은 왜 도여베르트가 자신을 형이상학자로 소개하지 않았는지를 설명해준다. 형이상학은 존재론을 다루는 철학적 학문이며, 따라서 사물의 전체와 본질을 다룬다. 이런 면에서 도여베르트는 그의 시대 속에서 활동했다. 1차 세계대전 이후 유럽에서는 철학자로서 '존재'에 대해 감히 말할 수 있는 사상가가 거의 없었다. 감히 그렇게 한 가장 중요한 대륙 철학자는 마르틴 하이데거(Martin Heidegger)였다. 그러나 하이데거의 철학은 매우 복잡하기 때문에 여기서 그의 입장을 논하지는 않겠다.

요약하자면, 도여베르트가 모든 존재의 존재 양식으로서 의미는 나타냄과 가리킴의 조합으로 구성된다고 말할 때, 그는 실제로 이러한 용어들의 일반적인 의미를 확장하고 있다. 그가 다소 과장된 언어를 사용한다고 말할 수도 있다. 하지만 그가 생각하는 방향은 분명하다. 즉 존재하는 모든 것은 모든 면에서, 근본적 기원이신 하나님으로부터 생각되어야 한다. 이 기원과의 관계가 정확히 무엇을 뜻하는지는 철학적 이론은 고사하고 실제로 말로 표현할 수 없다. 결국, 그것은 우리가 더듬거리면서 무언가를 말하려고 하는 추측이며 신비다.

생각의 한계

의미로서의 실재에 대한 도여베르트의 사상은 분명히 알 수 있듯이 존재하는 것이 무의미한 물리적, 생물학적 과성의 우연적 산물일 뿐이라는 생각과는 반대된다. 현실이 우연에 근거한 것인지 설계에 의한 것인지에 대한 논의에서 도여베르트는 설계라는 입장에 서 있다. 그러나 그는 '지적 설계' 운동처럼 설계의 존재를 증명하고 싶어하지 않을 것이다. 이 운동의 지지자들은 현실이 우월한(신성한) 설계에 기초하고 있다는 것을 과학적으로 증명할 수 있다고 생각한다. 도여베르트는 실재에서 효율적인 질서와 그것의 신성한 기원은 확신한다. 그의 요점은, 아무리 독창적인 추론을 하며 탁월한 증거를 제시한다고 해도 이것은 증명할 수 없는 신념이라는 것이다. 지적 설계를 지지하는 사람들은 무신론이 가장 합리적인 사고 형태라고 주장하는 사람들과 같은 구덩이에 빠진다. 그 함정은 인간이 이성의 한계 너머에 있는 것에 대해 무언가를 말할 수 있다는 가정이다. 신의 존재는 추측할 수는 있지만 증명할 수는 없다. 신은 철학적 사고의 경계 개념이다. 도여베르트에게 질서와 의미 또한 이러한 경계 개념과 같다. 철학적인 방식으로, 그것들은 신앙 안에서 경험되며 추측되는 어떤 것을 가리키지만, 논리적으로 완전히 증명될 수는 없다.

그렇다고 해서 철학이 신 그리고 질서와 의미로서의 현상에 대해 침묵해야 한다는 뜻은 아니다. 오히려, 그것들은 어쨌든 항상 거기에 있기 때문에 일상 경험에서 자신을 드러내는 실재다. 그러나 이러한 실재에 대해서는, 철학 안에서도, 돌이켜 보면서 그리고 실재적인 방식으로 무언가를 말할 수 있을 뿐이다.

그러므로 도여베르트는 독특한 의미에서 기독교 신앙의 수호자다. 그는 하나님의 존재를 증명하려는 시도에 대해서는 정면으로 반대할 것이다. 이러한 시도들은 이론적이기 때문에 필연적으로 하나님에 대한 체험을 감소시킨다. 그것들은 말하자면, 당신이 하나님을 연구 대상으로 제시하고 그분을 연구할 수 있다고 가정한다. 그러나 이론적으로 우리는 하나님을 파악할 수 없다. 그렇게 하려는 사람들은 우리가 성경과 신앙의 경험을 통해 알고 있는 살아 계신 하나님과는 다른, 하나님에 대한 추상적인 이해로 끝나게 된다. 우리가 일상의 경험을 통해 알고 있는, 말로 표현할 수 없을 정도로 복잡하고 다면적인 질서도 마찬가지다. 또한 그것은 자연 법칙 및/또는 진화석 실서로 환원될 수도 없다. 실재의 의미는 또한 이론적 사고를 벗어난다. 우리 자신을 초월하는 실재에 대한 깊은 유대감 대신, 과학자와 철학자들은 의미에 대해 평면적인 개념을 구성하며, 그 안에서 의미는 때로는 주관적인 선호 그리고 자연의 합리적 질서로 축소된다.

따라서 종교적 입장의 진리는 과학적으로 증명될 수 없다. 그것은 객관화될 수 없으며 이론적 형식화에 저항한다. 그것은 정합성을 보여주는 개념, 일관성 있는 공식, 열매 맺는 일 그리고 번영하는 삶 속에서 간접적으로 자신을 드러낸다.

'-주의들'

만약 실재에 그 자체로 존재하는 것이 아무것도 없다면, 실재의 한 양상이나 일부를 정당하지 않게 독립적이라고 가정하는 모든 이론은 거짓이다. '-주의들(-isms)'에 대한 도여베르트의 비판은 이러한 생각에 기초하고 있다. 많은 형태의 학문(wetenschap)과 철학의 근본적인 오류는 실재의 다른 부분이나 양상과의 정합성으로부터 부분이나 양상들을 분리하고, 이러한 부분들이나 양상들을 독립적이고 절대적인 것으로 만드는 것이다. 그 결과는 일방적이고 환원주의적이다. 환원주의(Reductionisme)는 실재의 어떤 것이 (잘못된 방식으로) 다른 것으로 환원되는 것을 의미한다. 그런 다음 이것이 독립적이 되고 절대화된다. 이런 식으로 유물론은 실재의 물질적, 물리적 성격을 독립적으로 만든다. 유물론자에 따르면, 모든 현상은 원자와 분자 사이의 상호 작용으로 설명할 수 있다. 생물학주의는 생물학이라는 렌즈를 통해 모든 것을 바라보기 때문에 가령 심리적 현상도 뇌의 생물학적 과정으로 환원된다. 우리는 양상론에 관한 장들(4, 5장)에서 환원주의를 다시 다룰 것이다.

평가와 비판

신칼뱅주의 세계관은 도여베르트가 철학자로서 실재를 특징짓고 해석하는 데 중요한 역할을 한다. 도여베르트가 말한 실재의 존재 양식으로서의 의미 개념은 기독교적 창조관의 철학적 번역이다. 동시에 도여베르트는 항상 철학을 무엇보다도 모든 가능성과 한계를 수반하는 이론적 활동으로 간주한다. 이것은 세계관과 철학 사이의 복잡한 관계로 이어진다. 한편으로 철학은 독립적이어야 하지만, 다른 한편으로는 항상 전과학적 직관과 경험도 존중한다. 도여베르트의 기독교적 세계관 때문에 이러한 직관과 경험은 종교적 색채를 띠고 있다. 9장에서는 이 주제에 대해 더 자세히 설명하도록 하겠다. 나아가 도여베르트는 이른바 선험적 비판(transcendentale kritiek, 8장)으로 자신의 접근법을 이론적으로 정당화하려 할 것이다. 나머지는 자신의 철학이 스스로 말하게 하고 부수적으로 그는 철학과 기독교 세계관의 융합을 언급할 뿐이다.

도여베르트의 철학은 광범위한 사람들에게 어필했으며 현재에도 네덜란드 및 해외의 대학 및 기타 교육 기관에서 여전히 강의되고 있다. 공감을 불러일으킨 것은 크리스천들이 사회의 발전, 기술, 과학, 그리고 모든 종류의 전문직의 발전에 기여할 수 있는 무언가를 가지고 있다는 것이다. 도여베르트의 철학은 기독교적 영감이 모든 종류의 토론에서 당신을 제외시키는 것이 아니라, 오히려 핵심을 지적함으로써 당신 자신을 중심에 둔다는 것을 보여준다. 그 핵심은 철학이나 과학이 제시할 수 있는 것보다 더 넓고 깊은 차원을 필요로 한다는 것이다.

의심할 여지없이, 기독 신앙과 철학을 관련시키는 다른 방법들도 있다. 도여베르트는 철학에서 자신의 위치를 정하고 당시의 큰 질문들에 대해 성찰한다. 동시에 그는 자신의 신깔뱅주의 세계관에 대해서도 분명히 밝히고 있다. 이런 점에서, 그는 접근 방식 양상에서(내용이 아니라) 레비나스(Levinas) 같은 사상가와 닮았는데, 그 또한 종교적으로 영감을 받은 (유대적) 급진주의로 당대의 사고를 깨뜨리려고 노력한다. 레비나스는 현상학(fenomenologie)에 관심을 가졌던 반면, 도여베르트는 주로 신칸트주의(Neokantianisme)에 관심을 가졌다(심화 5.1 칸트와 신칸트주의 참조, 83-85쪽). 다른 사상가들은 세계관에서 시작하여 시대의 문제에 대해 세계관적으로 생각함으로써 기독 사상가로 자리매김한다. 아브라함 카이퍼는 그러한 세계관적 사상가의 한 예다.

그러므로 우리는 로마로 가는 길이 하나 만이 아님을 기억해야 한다. 더욱이, 세계관과 철학은 학계뿐만 아니라 공개 토론, 개인 생활, 다른 사람들과의 대화, 직장 상황 그리고 영적이고 묵상하는 상황에서도 서로 만난다.

도여베르트의 사상은 처음부터 비판적인 반응을 불러일으켰다. 가령, 창조에 대해 지나치게 강조하여 하나님의 '주권적 의지'에 너무 무게를 두는 것은 아닌지, 따라서 하나님의 성육신과 고난에 관해서는 부족하지 않는지에 대한 질문이 제기되어 왔다. 좀 더 폭넓게 말하자면, 실재의 의미에 대한 도여베르트의 철학은 세상의 모든 불의와 비참함에 비추어 볼 때 너무나 긍정적이고 고상한 것이 아닌가? 인간 경험의 차원에서 그런 철학을 가지고 우리는 무엇을 해야 하는가? 의미가 있다는 것을 '안다'고 해도, 그 어떤 것도 경험하지 못하고 고통, 무력감, 파괴 및 악의에 짓눌려 있다면 무슨 소용이 있겠는가?

이것은 정당하고 중요한 질문들이다. 도여베르트는 주로 이러한 질문의 문화적 양상에 초점을 맞춘다. 그는 사회의 악이라는 주제에 예민하다. 그의 견해에 따르면, 악은 원래 선한 창조에 기생하는 것이다. 다시 말해, 악이 아무리 강력하더라도 창조 시에 주어진 연결 고리 밖에서는 결코 작용할 수 없다는 것이다.

현대적 적용: 의미부여 또는 주어진 의미?

의미의 경험은 외부로부터 오는 것일까, 우리는 서론에서 궁금해했다. 아니면 의미의 경험은 우리 자신, 우리 내면의 산물, 우리의 창조적 능력의 산물인가? 이 질문에 대한 도여베르트의 대답은 명확하고 모호하지 않다: 현실은 의미와 뜻으로 가득 차 있다. 의미와 뜻은 모든 종류의 경험과 의미의 구성에 선행한다. 이것이 사실이라는 것은 현실이 창조되었다는 사실과 관련이 있다. 창조되었다는 것은 역사의 시작에서 분리되지 않음을 뜻한다. 그것은 우리가 현실 속에서 편안함을 느끼게 하고 현실이 우리가 하는 일에 응답하도록 보장하시는 창조주의 영구적이고 신뢰할 만한 임재를 의미한다.

이 '임재'를 정확히 어떻게 생각해야 하는지, 그리고 그것이 신이나 초월성에 대한 어떤 종류의 믿음과 양립할 수 있는지에 대해 묻고 말할 것이 많다. 이것은 추후에 다루겠다. 도여베르트의 의미 개념은 인간과 현실을 하나로 묶어주기 때문에 매우 중요하다. 의미의 개념이 없다면, 인간은 그 자체로 무의미한 현실에 의미 있게 개입하여 행위하는 존재(행위자)로서 현실과 대면하게 된다. 강조점은 자신의 의미 경험을 창조하는 것을 중심으로 삶이 움직이는 자유로운 사람에 있다. 도여베르트는 '인격동인(persoonsmotief)'이라는 용어로 이 입장을 설명한다. 다른 경우에는 주로 기술 및 과학과 같은 '의미를 부여하는 개입(zingevend ingrijpen)'에 중점을 둔다. 이 경우, 의미는 현실에 대한 적극적인 개입에 의해서, 특히 기술적-과학적 개입의 형태로 만들어지고 구성된다. 도여베르트는 이러한 입장을 '과학동인(wetenschapsmotief)'이라는 용어로 설명한다(3장 참고). 도여베르트에 따르면, 우리가 의미를 주어진 것으로 보지 않으면 필연적으로 인간과 현실 사이의 간극이 발생하며, 그 안에서 의미는 때로는 자유로운 사람의 의미에 대한 경험이며, 때로는 현실에 대한 과학적, 기술적 개입에 기초한 의미의 구성이다.

이 두 가지 점 모두 도여베르트 이후에 더욱 화제가 되었다. 전자, 즉 자유인의 의미 경험에 대해 생각한다면, 우리의 생각은 현재 우리가 '경험적 문화(belevingscultuur)'라고 부르는 것, 즉 음악, 파티, 축제, 그리고 마약의 영향 아래에서의 강렬한 경험에 대한 경향으로 향한다. 두 번째, 인간의 개입에 기초한 의미의 구축과 관련하여, 자연에 대한 무한한 착취로 인해 기후와 생활 환경에 가져오는 모든 결과를 함께 생각하는 것은 명백하다.

　주어진 의미도 없고, 창조에 대한 생각이 없다면, 삶은 불안해진다. 우리는 우리 자신 안에서 의미를 찾고 스쳐 지나가는 경험에서 의미를 부여한다. 우리는 행동하면서 세상에 우리의 흔적을 남김으로 그것으로부터 우리의 의미를 부여하려는 경향이 있다. 그러나 그 경험과 행동만으로는 결코 충분하지 않다. 항상 더 많은 것이 필요하다. 창조의 관점에서 볼 때, 그런 끝없는 탐색과 행위는 필요 없다. 우리의 행동과 경험은 두번째이다. 첫번째로, 현실은 우리가 없어도 충분히 제공할 수 있는 것 이상을 가지고 있다. 현실은 하나님을 의미를 주는 근원으로 가리킨다.

　따라서 도여베르트에 따르면 뜻과 의미는 내재적이다. 그들은 현실에 내재되어 있다. 의미는 무엇보다도 먼저 발견되고, 수용되는, 열린 마음이 필요하다고 강조한다.

"과학적 분석의 의미를 구별하는 사고에 아직 도달하지 못한 순진한 경험(naïeve ervaring)은 우리의 세계적 정합성의 실재를 추상화된 의미-양상으로 표현하지 않는다. […] 오히려 **사물들**과 사회적 관계의 구체적이고 개별적인 통일성 그리고 그들의 상호 관계 속에서 파악한다. 즉 산과 강, 나무와 동물, 집과 거리, 탁자와 의자의 구조 속에서, 가정과 도시, 사업과 교회 등에 있는 사람들의 구조 속에서 […] 학문적 사고는 시간내적 실재의 분리된 **면들**에 대한 지식을 획득하기 위해 **사물**에 대한 순진한 **개념**을 과학적이고 **기능적인 개념**으로 분리한다.

_ 헤르만 도여베르트(*WdW*, I, pp. 45-46)

도여베르트(DOOYEWEERD)

제2장

지식

── 서론 ──

우리가 안다는 것을 어떻게 알 수 있는가? 그리고 그 근거는 무엇인가? 가짜 뉴스, 복잡한 사회적 질문들 및 과학에 대한 의구심의 시대에 매우 시사적인 질문이다.

우리는 무언가를 관찰했을 때 그것을 안다고 말한다. 오늘은 손님이 왔다. 나는 그 사람의 말을 들었고, 보았으며, 악수했기 때문에 이 사실을 안다. 지각에는 청각, 시각, 촉각의 세 가지 감각이 있다. 앎은 또한 기억, 이야기, 증언, 추론, 텍스트, 이미지, 다이어그램 및 공식과 같은 다른 지식의 근원에 기원할 수도 있다. 나는 다른 사람들이 쓴 것을 읽는다. 다른 사람들은 또다른 사람들로부터 이 지식을 얻었다 등등. 이 사슬의 시작은 때로는 추적할 수 있지만 때로는 그렇게 할 수 없다. 네스 호에 괴물이 있었는지는 알 수 없다. 그러나 질소가 특정한 화학 구조를 가지고 있는 것은 추적할 수 있다. 옛날에 누군가가 이 구조를 발견했다. 그리고 이 발견은 다른 사람들에 의해 수없이 확인되었다.

과학은 지식을 획득하는 데 중요한 역할을 한다. 현재 과학의 권위가 논의되고 있지만-'과학은 단지 의견일 뿐이다'라는 말을 생각해 보라.-많은 사람들은 여전히 과학을 지식을 얻는 가장 중요한 수단으로 보고 있다. 일부 과학자들, 특히 일부 철학자들은 이 점에 대해 더 나아간다. 가령, 신경철학자 패트리샤 처치랜드(Patricia Churchland)는 평범한 언어가 과학적인 언어로 대체될 것으로 믿는다.

이 장을 시작하는 인용문에서 볼 수 있듯이, 도여베르트는 일상적 경험과 학문적 경험을 구분한다. 일상의, 또는 순진한 경험에서, 우리는 사물과 사회 구조를 상호 연관된 통일체로 경험한다. 하지만 학문적 경험에서 우리는 사물과 구조를 분석하고 다양한 양상들을 구별할 것이다.

문제: 학문의 한계

이 장에서 우리는 지식이 무엇인가에 대한 질문을 다룰 것이다. 우리는 주로 경험적 지식과 학문적 지식 간의 관계에 초점을 맞춘다. 우리는 그 관계를 어떻게 보아야 하는가? 그리고 도여베르트에 의하면, 지식에 대한 지배적인 사고 방식의 가장 큰 오류는 무엇인가?

맥락: 변화하는 시대의 학문

도여베르트는 많은 것이 변하고 있는 시기에 지식의 본질에 대한 질문을 제기한다. 고전적 실증주의(또는 경험주의)는 퇴출되고 있는 것처럼 보인다. 실증주의자들에 따르면, 과학적 지식은 억제되지 않은('객관적') 경험에 의한 관찰과 논리(또는 수학)의 결합으로 구성된 돌로 지어진 건축물로 이해될 수 있다. 논리적 법칙과 관찰한 것들을 결합하여 우리는 특정 법칙 또는 법칙적인 관계를 따르는 더 큰 전체를 인식하게 된다. 이러한 지식의 이미지는 1930년경부터 흔들리기 시작한다. 억제되지 않은 지각이라는 것이 과연 있는가? 우리의 지식을 형성하는 데 언어는 어떤 역할을 하는가? 이 접근 방식은 외부적인 면을 너무 강조하지 않는가? 현상학자들은 그렇다고 말한다. 그들은 실증주의에 반기를 들고 일상의 경험으로 돌아가 그 경험에서 더 깊은 구조를 찾는다. 사실, 이러한 구조는 실재와 관계를 맺는 근본적인 방식에 기반을 두고 있는 것으로 보인다. 지식과 경험은 매우 다양하게 존재하며, 현상학에 따르면 항상 우리가 실재와 관계를 맺는 방식의 표현이다. 실증주의와 거리를 두는 또 다른 사상은 실용주의다. 실용주의에서 지식은 모델들, 개념들, 방법들 및 이론들의 형태로 사고 도구를 사용하여 세계에 개입하는 행동의 한 형태다.

핵심: 순진 경험과 학문적 사고방식

언뜻 보면 도여베르트는 지식에 대해 상당히 명확한 견해를 가지고 있다. 그는 일상의 지식과 학문적 지식을 구분한다(그림 2.1). 그에게는 일상의 지식과 경험이 더 중요하다. 학문적 지식은 언제나 부차적이고, 나아가 인위적으로 만들어진 것이다. 일상의 지식이 원천이며, 학문적 지식은 기껏해야 그 원천에서 파생된 것이다.

그렇다고 해서 도여베르트가 학문에 관심이 없거나 학문을 덜 중요하게 여긴다는 뜻은 아니다. 오히려 그는 모든 종류의 학문, 특히 그 기초에 대해 거의 백과사전적인 지식을 보여준다. 그는 수학, 생물학, 법학 및 사회학의 발전에 매료된 것이 분명하다. 그러나 그에게는 항상 일상의 지식이 우선이며 그 지식이 가장 중요하다. 왜냐하면 매일의 경험은 우리에게 현실의 전체성, 그 정합성 및 다양성에 대한 가장 좋은 관점을 제공하기 때문이다. 경험적 지식은 통합적이지만, 학문적 지식은 정의상 그렇지 않다.

도여베르트는 일상 경험을 '순진한(naïef)'이라고 부른다. 그가 순진하다는 것은 유치하다는 것을 의미하는 것이 아니라 다른 의미, 가령 이론, 철학 또는 이데올로기의 왜곡된 형태에 영향을 받지 않는다는 것을 뜻한다. 물론, 이것은 모든 종류의 질문을 제기하는 생각이다. 이에 대해서는 나중에 다루도록 하겠다. 먼저, 학문과 순진 경험에 대한 도여베르트의 이야기가 어떻게 관련되어 있는지 살펴보겠다.

학문은 항상 일상적이고 순진한 경험에 비해 부차적인 것이라고 우리는 앞에서 말했

단순 경험

학문적 사고

[그림 2.1] 일상적 또는 순진한 경험 속에서, 우리는 현실의 모든 다양성과 다양한 사물 또는 구조의 정합성 속에서 현실을 경험한다(왼쪽 그림). 과학적 사고방식에서 우리는 특정한 관점으로 현실을 바라본다. 우리는 다양성을 잊어버리고, 정합성에 주의를 덜 기울이며, 모든 관심을 한 가지 양상, 가령 가족이나 사업의 사회적 또는 경제적 양상에 집중한다.

객관화　　　　　추상화　　　　　분석

[그림 2.2] 어떤 사물이나 현상을 학문적으로 연구하기 시작하면 어떤 일이 일어날까? 도여베르트는 세 가지 다른 과정이 있다고 주장한다. 첫 번째 과정은 사과나무나 과수원이 아닌 사과에 집중하기로 결정하는 것이다(왼쪽 그림). 두 번째 과정은 사과의 모양, 영양가, 맛 및 가격(가운데 그림)과 같은 사과의 다양한 면을 구분하는 것이다. 세 번째 과정은 영양가와 같은 한 가지 양상을 자세히 살펴보는 것이다(오른쪽 그림).

다. 이것은 도여베르트에게 매우 중요한 점으로, 심지어 그는 자신의 주요저작의 영어 버전을 이점으로 시작한다. 대략 요약하면 그는 다음과 같이 말한다. 우리의 일상 경험에는 학문적 지식에는 결여된, 환원할 수 없는 무언가가 있다. 우리는 일상 생활에서 우리를 둘러싼 세상의 다양성과 정합성을 모두 경험한다. 너욱이 다양성과 정합성이라는 두 가지는 실제로 밀접하게 관련되어 있다. 그들은 서로가 없이는 존재할 수 없으며 통일된 경험의 기초를 형성한다.

　그러나 학문적 사고방식을 채택하면 자명한 통일성을 잃게 된다. 이러한 태도는 학자로서 특정 현상을 연구할 때, 가령 실험을 고안하고 그 실험의 틀 내에서 관찰하고 가설을 세울 때 발생한다. 그런 다음 잠시 현실을 멈추고 매우 특정한 면이나 더 큰 그림의 일부에 집중한다. 현실의 특정한 면이나 부분에서, 당신은 특정한(일반적인, 일반적으로 유효한) 연관성을 찾으려고 노력한다. 이 과정에는 객관화, 추상화 및 분석이 포함된다(그림 2.2). 객관화는 이미지의 동결, 즉 실험이 충족해야 하는 조건을 정의(경계 조건의 표준화)하여 연구하고자 하는 것을 객관화할 수 있게 만드는 것을 말한다. 추상화(문자 그대로: 분리)는 더 큰 전체에서 다른 면을 분리하여, 자유로운 준비 및 별도의 연구를 의미한다. 분석은 중심이 되는 면을 자세히 살펴보고 그 안에서 새로운 것, 즉 특정한 법칙적 관계 또는 기타 새로운 발견을 할 수 있는지 확인하는 것을 의미한다.

객관화, 추상화 및 분석을 통해 연구중인 현상의 다양한 양상 간의 연결은 끊어진다. 도여베르트에게 중요한 점은 다양한 양상과 상호 관계에 대해 많은 것을 배운다 해도 학문에서는 그 정합성을 완전히 회복할 수 없다는 것이다. 새로운 지식의 작은 조각을 더 큰 그림에 다시 넣으려고 하면 결코 제대로 작동하지 않는다. 그것은 원래의 연결이 끊어졌기 때문이라고 도여베르트는 지적한다. 새로 발견된 모든 지식과 하위 연결은 함께 모아도 전체적인 좋은 그림을 제공하지는 않는다.

원래의 정합성은 일상 경험 속에 암묵적으로 남아 있으며, 우리는 그것을 인식하지 못한다. 하지만 그것은 여전히 있다. 사유의 이론적 태도는 이러한 일관성에 이르는 길을 열어주지만, 언제나 부분적으로만 그렇다.

정교화: 지식의 유형과 진리의 차원

도여베르트에 따르면, 대부분의 학문적 지식 이론에서 무엇이 잘못되어 있는가? 우리는 몇 가지 중요한 주제에 대해 논의하고자 한다.

객체와 대상, 종속면과 법칙면

요점은 학문적 지식에 대한 많은 입장에서 '객체(object)'와 '대상(Gegenstand)' 사이에 혼동이 있다는 것이다(그림 2.3). 도여베르트가 말한 '객체'는 무엇이고, '대상'은 무엇을 의미하는가? 도여베르트는 일상적인 언어에서 벗어나 말하고자 하는 것이 미묘하고 중요하기 때문에 세심한 주의를 기울이는 것이 중요하다. 객체는 우리가 구체적 현실 속에서 일상적인 것들과 관계를 맺는 모든 것이다. 독일어 단어 '게겐슈탄트(Gegenstand)'는 학문의 대상을 가리킨다. 학문적 지식에 대한 우리의 생각에서 일어나는 모든 종류의 오류는 보다 근본적인 오류, 즉 '객체'와 '대상'의 혼동으로 거슬러 올라갈 수 있다.

도여베르트에게 '객체'라는 용어는 '우리가 아는 대상'을 의미하는 것이 아니라 인간, 동물 또는 식물에 의한 작업 또는 영향에 종속되는 한 구체적 실재의 모든 상상할 수 있는 부분을 의미한다. 도여베르트의 철학에서 객체는 구체적인 것이다. 식물이 특정 미네랄을 먹고 산다면 이러한 미네랄은 식물에게 영양을 공급하는 객체가 된다. 개미가 나뭇잎 조각을 개미집으로 끌고 간다면, 그 잎은 끄는 객체가 된다. 사람의 행위에는 그러한 객체들이 끝없이 많다. 우리는 또한 여러 가지 방법으로 이러한 객체와 관련될 수 있다. 나는 나무를 그늘의 원천으로 사용할 수 있고, 그것을 잘라서 팔 수 있으며, 그것을 볼 수 있고 감탄할 수도 있다. 나무에 대한 지식도 많이 모을 수 있다. 그 지식의 관계는 나와 나무가 맺고 있는 많은 관계 중 하나일 뿐이다. 따라서 객체라는 용어는 인간의 지식에만 국한되지 않고 현실의 사물과 인간, 동물 및 식물의 상호 작용의 모든 상상할 수 있는 형태를 나타낸다.

'대상(Gegenstand, '나에 대해 반대편에 있는 것'을 뜻하는 독일어)'이라는 용어는 두 가지 점에서 객체가 의미하는 것과 다르다. 우선, 대상라는 용어의 사용은 전적으로 학문적 활동과 관련되어 있으며, 따라서 학문적 객관화, 추상화 및 분석과 연결되어 있다(그림 2.2, 31쪽). 두 번째 요점은 이와 관련되어 있다. 즉 학문적 지식에서 대상은 실재의 이

객체   대상

[그림 2.3] 학자들은 그들이 완전한 실재를 탐구하고 있다고 생각한다. 그러나 도여베르트는 이에 동의하지 않는다. 왼쪽 그림은 모든 양상 및 관계와 함께 전체 현실을 묘사한다. 오른쪽 그림은 학자들이 하는 일, 즉 그것들을 객관화하고 추상화하는 일을 보여준다. 그들은 그렇게 한 결과를 분석할 것이다. 그러므로 학자들이 '오직'한 대상에만 초점을 맞추고 있으면서 완전한 실재에서 물체를 연구하고 있다고 생각하는 것은 큰 오류이다.

른바 "법칙면"에 속한다. 도여베르트에게 법칙면이란 실재에 적용되는 법들(및 규범들)을 의미한다. 법칙면 외에도 법의 적용을 받는 실재의 양상도 있다. 도여베르트는 이 양상을 종속면이라고 부른다. 도여베르트가 subject라는 용어를 사용한 것은 이례적이다. 그에게 이것은 아는 주체가 아니라 법에 '복종'하는 것이다(라틴어에서 sub-는 '아래'를 의미하고 -jectum은 '던져진'을 의미함). 주체는 현실에 적용되는 법과 규범에 종속되는 것이다.

도여베르트는 왜 이렇게 복잡하게 말하는가? 도여베르트에 따르면 학문은 일반적인 믿음과 달리 현실의 구체적인 사물에 초점을 맞추는 것이 아니라 현실에 적용되는 연결과 법칙에 초점을 맞춘다. 이러한 연결과 법칙은 현실의 법칙면에 속한다. 그것들은 학문적 객관화, 추상화 및 분석의 과정에서 발견된다. 언뜻 보기에 이 아이디어는 전혀 혁명적이지 않은 것처럼 보인다. 그러나 학자들은 실재에 대한 이론적 용어로 나타내는 것을 '실제로' 있는 그대로 받아들이는 경향이 강하기 때문이다. 하지만 도여베르트는 이 점에 대해 매우 원칙적이다. 즉 학문은 실재 그 자체를 대상으로 삼지 않고, 오직 실재의 특정한 양상만을 취하며, 그 양상의 법칙면을 주로 다룬다는 것이다.

현재 일반적인 인식론에 대한 비판

현재 일반적인 인식론에 대한 도여베르트의 비판은 이러한 접근 방식에서 이해될 수 있다. 그에 따르면, 기존의 인식론은 '평준화(nivellerend)'된 것이라고 보았다. 이는 두 가지 측면에서 그러한데 첫째, 일반적 인식 이론가들이 일상적 인식을 마치 과학적 인식의 한 형태인 것처럼 묘사하기 때문이다. 이 과정에서 객체와 대상 간의 중요한 구분이 무시된다. 그 결과, 구체적인 객체(도여베르트의 용어로)가 마치 대상처럼 취급된다(위의 내용 참고). 둘째, 이 평준화는 구체적 세계에서 사물에 대한 우리의 경험의 풍부한 다양성과 다면성이 '대상(도여베르트가 'Gegenstand'라고 부르는)'에 대한 지식으로 환원된다는 점에서도 나타난다.

이 평준화는 우리가 일상적 경험을 이해하는 방식에 중요한 영향을 미친다. 도여베르트가 반대하는 인식론에서는 구체적 경험이 더 이상 다면적이고, 감각적이며, 역동적이고, 계층적이며, 다형적이지 않다. 기존의 인식론은 경험을 세계의 사실을 식별하는 사고 경험으로 환원시키는 경향이 있다.

기존의 인식론은 학문을 이해하는 방식에도 영향을 미친다. 그것은 과학적 지식이 일상 현실의 구체적인 사물에 관한 것이라고 암시한다. 그러나 도여베르트는 이를 부정한다. 그의 관점에서 학문은 구체적 현실의 양상들을 객관화하고 추상화하는 것으로 시작한다. 이 양상들은 정의, 추상적 개념, 모델, 공식, 법칙, 도식, 패턴 등과 같은 대상들(Gegenstände)로 분석된다. 따라서 과학적 현실과 일상적 현실 사이에는 본질적으로 거리가 존재한다.

학문에 대한 이러한 관점은 반실재주의(anti-realisme)나 명목주의(nominalisme)로 해석될 수도 있다. 명목주의는 개념이 단지 인식 주체의 마음속에 존재할 뿐, 실제로 존재하는 현실의 어떤 것과 관련이 없다는 견해다. 하지만 도여베르트는 이 견해에 항상 반대했다. 이 책의 저자들은 그의 관점을 실용적이고 현실적인 것으로 해석한다. 학문은 세계와 상호작용하며 행동하는 형태로 보는 것이 가장 적합하다고 볼 수 있다. 이 과정에서 위에서 언급한 인지적 도구가 사용된다. 이것을 통해 학자들은 현실의 특정 양상을 '개현'하려고 시도한다. 여기서 개현은 현실을 심화시켜 발전시키는 것을 의미한다. 도여베르트의 인식론에서 초점은 (사고와 추론에 의해) 현실을 개현하는 데 있다. 이는 학자의 마음속에서 어떤 일이 일어나는지에 초점을 맞추는 전통적 인식론(심화 2.1)과 다르다. 전통적 인식론은 지식이 확실히고 정당화될 수 있는지('justified true belief')를 묻는 방식으로 지식의 본질을 규명하려 한다. 이러한 이론에서 지식은 현실의 표상(afbeelding)이며, 인간의 정신 어딘가에 있다. 하지만 도여베르트에게 이론, 공식, 설명 모델, 새로운 개념은 우리의 정신적 공간에 있는 표상이 아니라, 우리의 이해력을 심화시키고 현실을 개현하는 데 도움이 되는 일종의 도구이다.

심화 2.1: 표상 이론과 이에 대한 비판

인식 과정에 대해 자주 듣는 견해는 인간이 주체로서 자신의 인지 능력을 가지고 현실을 관찰하고, 그 안에서 특정 현상을 식별한 다음 그 현상을 자신의 의식 속에 표상(일종의 이미지)의 형태로 저장한 후 그것을 처리한다는 것이다. 이 소위 표상 이론에 따르면, 학자는 자신의 인지 능력을 현실에 적용하고, 그 다음에는 그 현실이 객체가('객관화')된다. 그리고 모든 종류의 외부적이고 개인적인 영향은 가능한 한 많이 제거

된다. 이 객관화된 현실은 다시 들어와 현실의 표상(이미지)으로 변형된다. 따라서 두 가지 변화가 일어난다. 즉 현실이 학문에 식별 가능한 어떤 것으로, 그리고 이 객관화된 현실 조각은 인간 정신 속에서 편집 가능한 표상으로 변환되는 것이다. 인간 지식에 대한 이러한 이미지는 현상학(fenomenologie), 구성주의(constructivisme), 실용주의(pragmatisme) 및 행동주의(enactivisme)와 같은 다양한 현대 철학에서 강하게 비판된다. 학문적 지식에 대한 도여베르트의 견해는 표상 이론에 대한 가장 초기 형태의 비판 중 하나다.

요약하자면, 학문적 지식은 인간과 무관하고 중립적이고 객관적이라고 여겨지는 사실에 초점을 맞추는 것이 아니라, 그 현실에 적용되는 구조적 원리와 법칙(법과 규범)에 초점을 맞춘다. 우리의 학문적 지식은 모든 종류의 다른 형태의 행동과 함께 행동의 한 형태다. 이론적 지식은 더 큰 전체에서 특정 양상을 추상화하고 분석을 통해 심화한다. 따라서 이론적 지식은 객관적 사실을 중립적으로 등록하는 것이 아니라 현실에 적용되는 구조와 적용 가능한 법칙에 초점을 맞춘다.

이러한 생각으로, 도여베르트는 학문적 지식은 주체는 자신의 개입을 제거하고 객체를 사실적이고 결정 가능한 것으로 환원하여 방법과 기술로 파악할 수 있다고 보는 주체-객체 관계의 관점에서 이해되어야 한다는 견해를 비판한다.

네 가지 관점에서 보는 진리와 실재

결국, 도여베르트는 그의 인식론을 독창적인 진리론으로 엮었다. 이 이론은 학문적 지식에 관한 것일 뿐만 아니라 더 넓은 의미의 지식에 관한 것이다. 도여베르트가 말하는 것의 핵심은 근본적으로 다른 형태의 앎이 있으며 이러한 형태의 앎은 우리가 인간으로서 현실에 어떻게 근거하고 연결되어 있는지와 밀접하게 관련되어 있다는 것이다. 여기서 우리는 인간의 지식이 사람들과 그들이 살고 있는 현실 사이의 관계에 내재되어 있다는 더욱 심화된 생각을 볼 수 있다.

진리는 다차원적이고 관점적인 개념이다. 각 관점은 현실에 대한 특정 형태에 부합하며 한 지평에 묶여 있다. 모든 경험과 지식에는 한계가 있다. 그 한계가 어떠한지는 경험하고 아는 방식에 달려 있다. 모든 관점이 함께 모여 경험하고 아는 풍부한 방식으로 이어진다. 서로 다른 앎의 방식은 서로를 전제로 한다. 동시에 그들은 너무 달라서 서로 환원될 수 없다.

따라서 현실 전체에 대한 모든 것을 포괄하는 지식 같은 것은 없다. 지식은 항상 부분적인데, 그 이유는 지식이란 하나의 선택한 관점, 즉 사람이 자신을 조정하고 현실에 맞추는 방식에 의해 결정되기 때문이다. 따라서 도여베르트가 왜 고전적 형이상학에 반대하는지 새롭게 이해할 수 있게 된다. 그에 따르면, 이것은 당신이 현실의 본질 또는 전체를 이론적으로 파악할 수 있다고 보기 때문이다. 하지만 그렇지 않다. 전체는 모든 지식의 전제 조건이다. 그것은 결코 우리가 아는 것의 산물이 될 수 없음을 전제한다. 이론적 지식은 불변의 본질(형이상학)이 아니라 (법칙과 같은) 구조에 초점을 맞춘다.

도여베르트는 현실과 관련하여 경험하는 네 가지 근본적인 관점 또는 방식을 구분한다(그림 2.4, 38쪽). 각각의 관점은 특정한 지평, 즉 현실에 대한 특정한 관점에 묶여 있다. 이러한 관점은 특정한 직관에 의해 뒷받침된다. 그 직관은 우리가 현실에 내재되어 있는 데서 비롯된다.

일상 경험의 관점은 **개체**(*individualiteit*)의 직관을 동반한다. 모든 사물, 생명체 또는 과정은 독특하고 끊임없이 변화한다. 이러한 독특함과 변화무쌍함 때문에 우리의 일상 경험은 매번 다르다. 도여베르트는 '플라스틱한'이라는 용어로 이러한 가변성을 언급하며, 따라서 **플라스틱한 경험의 지평을 이야기한다**.

학문적 지식은 이렇게 변화하는 현실의 질서와 법칙에 초점을 맞춘다. 이 지식은 합법적인 관계를 구별하는 능력에 기반을 두고 있으며 **다양성**(*verscheidenheid*)의 직관과 연결된다. 도여베르트는 여기서 양상적 다양성, 즉 기능양식이나 존재양식들 사이의 다양성을 언급하고 있다(4장). 이러한 다양성은 현실의 구조에 뿌리를 두고 있다. 학자들이 현실의 법칙 양상에 초점을 맞출 때 이러한 구조와 법칙을 발견한다.

세 번째 관점은 현실이 **전체**(*geheel*)라는 직관에 의해 뒷받침된다. 이 직관은 우리의 모든 앎에 대한 근본적인 전제다. 우리는 존재하는 모든 것이 놀라운 방식으로 전체를 형성한다고 가정하지 않고는 현실을 알 수 없다. 도여베르트는 이러한 관점을 선험적이라고 부른다. 이 말은 모든 앎이 하나의 실재가 있다는 (선험적, 근본적, 선행적인) 전제에

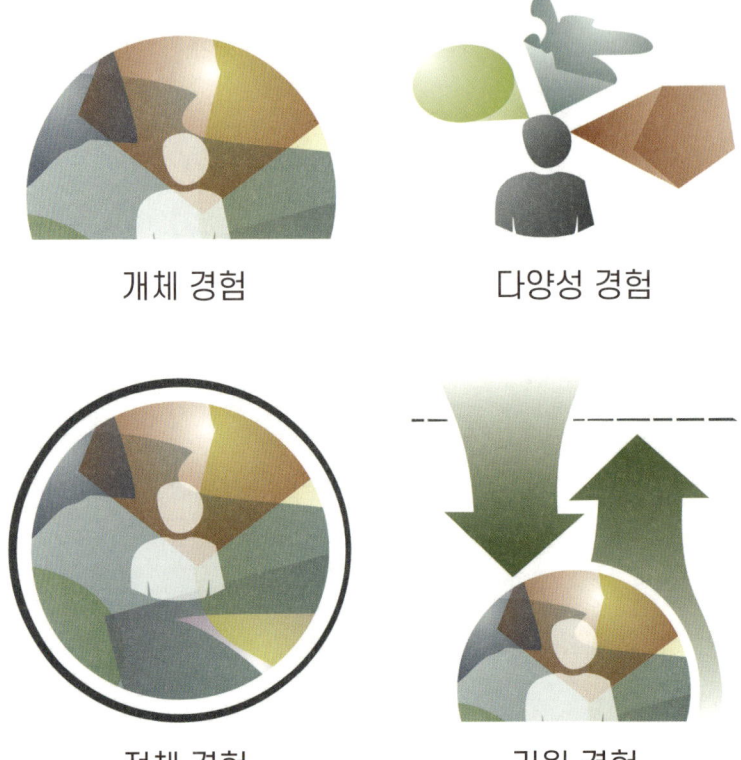

실재의 네 가지 관점

[그림 2.4] 사람들은 다양한 방식으로 현실을 경험하고 안다. 따라서 하나의 진리가 있는 것이 아니라 우리가 현실에서 어떤 방식으로 보는가에 따라 다양한 진리가 있다. 일상의 경험(왼쪽 위)에서 우리는 사물과 사건을 그 고유성, 다양성 및 변화성 속에서 경험한다. 학문적 경험(오른쪽 위)에서 우리는 그 현실의 특정한 면, 가령 물리적, 경제적 또는 도덕적인 면의 법칙과 규범에 초점을 맞춘다. 철학적 경험(왼쪽 아래)에서 우리는 현실 전체를 경험하며, 그 가장 중요한 특성은 우리의 세계관에 의해 결정된다. 그림의 원은 전체를 강조한다. 기원에 대한 경험(오른쪽 아래)은 실재의 기원에 대한 종교적 경험(넓은 의미에서 종교적)에 관한 것이다. 이 그림의 선은 초월적 기원에 대한 우리의 지식에 한계가 있음을 가리킨다.

기초한다는 것을 의미한다.

마지막으로, 실재는 **기원**이 있다는 직관에 의해 결정되는 관점이다. 이 기원은 초월적이며, 우리에게 알려진 현실 너머에 있다. 이 직관은 우리 경험의 종교적 지평을 가리킨다. 앞 장에서 보았듯이 존재하는 모든 것은 기원을 가리키며 기원은 존재하는 모든 것에서 자신을 나타낸다. 의미로서의 실재의 존재는 근원에 대한 의존성에 기초를 둔다.

그러므로 진리는 다차원적이고 관점적인 성격을 지닌다. 각 관점은 현실을 대하는 특정 방식과 연결된 근본적인 직관의 표현이다. 전체적으로 네 가지 종류의 직관이 있다. 개체(일상적 경험에서), 다양성(학자로서 현실의 법적 양상에 초점을 맞춘다면), 더 깊은 통일성(현실 전체에 철학적으로 접근한다면) 그리고 기원(현실의 의미적 성격을 종교적으로 통찰한다면)에 대한 직관이다. 현실은 독특하고 변할 수 있으며, 동시에 질서 있는 다양성을 보여준다. 그것은 또한 더 깊은 통일성을 보여준다. 이 통일성은 그 자체로 존재하는 것이 아니라 기원을 가리킨다(심화 2.2).

심화 2.2: 기원

기원은 도여베르트가 하나님 또는 우상을 언급하는 철학적 단어다. 그는 의미의 참된 또는 왜곡된 기원에 대해 말한다. 도여베르트가 말하는 핵심은 인간뿐만 아니라 실제로 현실 전체가 이 기원의 어떤 것을 드러내고 동시에 모든 면에서 그 기원을 가리킨다는 것이다. 이러한 생각은 거대한 우주의 역동성을 가리킨다. 모든 것은 그분에게서 나와서 그분으로 말미암고 그분에게 돌아간다고 우리는 이전 장에서 도여베르트(바울과 함께)가 말한 것을 들었다. 이 기원의 역동성은 하나님에게 반응하지 않는 것, 즉 기원과 아무런 관계가 없는 척하는 것이 불가능하다는 사실로 이끈다. 모든 인간은 직관적으로 '책임이 있는' 존재며 책임을 져야 한다는 것을 알고 있다. 이 책임에는 환원할 수 없는 무언가가 있는데, 그것은 바로 기원과의 관계를 가리킨다. 설령 사람들이 그 직관을 억누른다 하더라도, 그들은 이 관계 속에서 기원에 응답하며 이것을 그들의 행동으로 표현한다.

앞에서 볼 수 있듯이 도여베르트는 결코 평범한 철학자가 아니다. 인간의 지식에 관해서, 그는 현실의 표상으로서의 지식이나 기술적 또는 지적 상상력의 산물로서의 지식에 관심이 없다. 그것은 마음대로 적용하거나 현실에 투영할 수 있는 산물이다. 지식은 알려진 대상과의 관계의 심화에 기초한다. 사람뿐만 아니라 대상에서도 무언가를 '개현'하는 심화다. 당신 자신을 앎으로써 당신 자신이 풍요로워질 것이고 동시에 당신은 더 많은 것을 보게 될 것이다. 그것이 어떻게 일어나는지는 당신이 현실에 대해 어떤 태도를 가지는가에 달려 있다. 도여베르트는 이러한 태도 또는 자세를 지평 및 관점과 같은 용어로 표현한다. '당신의 태도'에서 가장 중요한 방법은 어떤 근본적인 직관을 표현하는 것이다.

비판과 평가

지식과 진리에 대한 도여베르트의 견해는 독창적이지만 도전을 받지 않은 것은 아니다. 학문적 지식과 일상의 경험 사이의 대비가 도여베르트에 의해 너무 크게 만들어진 것은 아닐까? 일상의 경험이 온갖 학문적 용어와 통찰로 뒤범벅이 된 것이 우리 시대의 특징이 아닌가? 이것은 정당한 질문이다. 모든 종류의 채널(학교, 언론, 소셜미디어, 텔레비전, 팟캐스트)을 통해 과학적 통찰력의 대중화는 우리 일상 지식의 일부가 되었다. 물론, 현실에 대한 우리의 견해는 그 점에 의해 영향을 받는다. 그러나 문제는 이것이 일상 경험의 의미와 성격에 영향을 미치는가 하는 것이다. 새로 습득한 지식은 우리 자신의 삶으로 번역되어 일싱 경험의 일부가 된다. 이 경험은 정합성과 다양성을 똑같이 신비로운 방식으로 보여준다. 하지만 학문적 지식이 과학적 지식과 일상적 지식 간의 구분이 지워질 정도로 우리 세계에 침투했다는 가정은 지지할 수 없는 것처럼 보인다. 물론 학문적 통찰이 현실에 대한 우리의 견해에 영향을 미치지만, 그렇다고 해서 그것이 일상 경험의 성격을 근본적으로 바꾼다는 의미는 아니다.

또 다른 요점은 도여베르트가 일상 경험을 '순진한' 것으로 규정하는 것과 관련이 있다. 이것은 특히 우리 시대에 사물에 대한 다소 낭만적인 표현으로 보이며, 마치 일상 경험이 손대지 않고 근시안, 속임수 및 미혹에 취약하지 않은 것처럼 보인다. 이것은 매우 시사적인 문제다. 가짜 뉴스와 다른 모든 종류의 속임수의 시대에 우리의 관심은 광고,

선전, 소셜 미디어 및 그 알고리즘에 의해 고도로 조작되고 통제된다. 우리의 경험은 결코 순진하지 않다. 사실, 우리는 이러한 무의식적인 영향으로부터 어느 정도 자유롭기 위해 최대한의 노력을 기울여야 한다. 그것은 우리의 생각과 행동의 자유에 관한 것이다. 우리의 주의를 교묘하게 조작하는 것은 또한 도여베르트의 핵심인 진리와 인간 경험에 대한 직관을 위협한다. 그러나 도여베르트는 아마도 이 모든 것을 부인하지 않을 것이다. 그는 선(前)이론적 표상(사고에 선행하는 전제)과 직관은 통일성, 다양성, 정합성, 의미, 기원과 같은 근본적인 개념에 기초하여 비판적으로 질문될 수 있고 또 제기되어야 한다고 강조할 것이다. 우리 시대에 그는 아마도 그것이 우리가 함께 수행하는 탐구라는 사실을 더 강조할 것이다.

현대적 적용: 실천과 환원주의

도여베르트의 접근 방식이 가진 매력적인 점은 실용적인 적용 가능성과 현대적 관련성이다. 이것은 언뜻 보기에는 그렇게 명확하지 않을 수 있으며 실제로 도여베르트의 다소 특이한 용어를 살펴봐야 한다. 실용적이고 관련성이 높다는 것은 도여베르트가 지식의 습득을 행동의 한 형태로 보고 지식은 그 자체로 어떤 것이 아니라 질문, 맥락 및 해당 지식이 역할을 하는 상호 작용 유형에 따라 의미를 획득한다고 보기 때문이다. 지식은 종종 책에서 읽은 것이나 선생님이 말해주는 것과 동일시된다. 도여베르트는 단어와 텍스트는 쓰여진 것이든 말한 것이든 상호 작용 속에서만 의미를 획득한다고 말한다. 그러한 상호 작용이 없다면, 그것들은 불확정적이고 의미 없는 인공물일 뿐이다. 이것은 '번역', 즉 학문적 지식을 전문적이고 다른 실천으로 번역하는 것에 대한 현재의 논의에서 매우 중요한 점이다. 학자들 사이에서 자명한 지식이 과학 밖에서는 갑자기 명확하지 않은 것으로 드러나고 모든 종류의 질문을 제기한다. 이는 코로나 사태 초기에 부각됐다. 초기 단계에서는 과학 지식이 매우 빠르게 발전했기 때문에 몇 주 전의 통찰력은 더 이상 의미가 없었다. 일반 대중은 이것을 더 이상 파악할 수 없었다.

지식 현상의 복잡성에 관한 한, 도여베르트의 조직 철학은 또한 모든 종류의 출발점을 제공한다. 따라서 특정한 개념의 다양한 의미는 해당 개념이 적용되는 실천적 분석을 통해 명확해질 수 있다. 물리학에서 중력은 자연의 네 가지 기본 힘 중 하나인 기본 물리적 개념이다. 이 용어의 의미는 특정 이론에 명시되어 있다. 중력은 물체 사이의 인력에 의해 결정된다. 이 힘은 특정 공식을 사용하여 계산할 수 있다. 엘리베이터를 탈 때, 나는 중력을 다르게 경험한다. 즉 나는 그것을 더 많이 느끼는데 위로 올라갈 때는 더 무겁고, 아래로 내려갈 때는 더 가벼워지는 것 같다. 그 가볍고 무거운 느낌은 나를 끌어당기는 지구에 대한 나의 움직임 방향과 속도와 관련이 있다. 과학과 일상 경험이라는 두 가지 맥락은 서로 다른 경험과 의미를 가진 동일한 물리적 개념이다.

도여베르트 사상의 가장 중요한 결과는 이론적 사고는 항상 부차적이며 결코 일상 경험을 대체할 수 없다는 것이다. 이것은 과학주의와 환원주의의 시대에 매우 중요하다. 과학주의(과학의 절대화)는 오직 과학만이 무엇이 진실이고 무엇이 존재하는지를 결정할 수 있다는 견해다. 환원주의는 어떤 것(예: 철이 뜨겁다는 느낌)은 분자의 이동 속도에 불과하다는 것을 의미한다. 학문적 지식은 정의상 환원적이다. 객관화, 추상화, 분석을 통해 대상은 방법적, 통계적 및/또는 논리적으로 처리될 수 있는 것으로 축소되고 환원된다. 그 과정에서, 당신은 문제의 많은 현상들, 즉 그것의 개체성, 주목받지 못하는 양상들, 더 큰 전체에 내재되어 있는 정합성을 놓치게 된다.

"모든 학문은 무엇이든 간에 신앙에 기초를 두고 있다. 당신은 신에게 의지하거나, 자아에서 시작하거나, 당신의 이상을 굳게 붙잡는다. 아무것도 믿지 않는 사람은 존재하지 않는다."

_ A. 카이퍼(Kuyper, 1880, pp. 31-32)

도여베르트(DOOYEWEERD)

제3장

기본동인들

서론

학문과 철학을 중립적으로 실행하는 것이 가능한가? 세계관, 이데올로기, 종교 없이 학자나 철학자로서 일할 수 있을까? 아브라함 카이퍼는 그렇게 생각하지 않는다.[1] 그는 모든 학자나 철학자는 무언가를 믿으며 그 '무언가'가 그의 생각에 큰 영향을 미친다고 믿는다. 헤르만 도여베르트는 이에 동의하며 기본동인에 대한 그의 이론에서 이 생각을 자세히 설명한다.

문제: 주권 문제

도여베르트가 해결하고자 하는 문제는 하나님의 주권이 일상 생활에서 어떻게 구체화되는가 하는 것이다. 이 말의 의미는 무엇인가? 하나님과 피조물은 어떤 관계인가? "주권"이란 삶의 모든 영역에서 하나님의 통치를 인정하는 것을 의미한다. 그는 이 통치가 더 이상 모든 사람에게 인정되지 않거나 정치와 사회에 일관성 있게 적용되지 않는다고 말한다. 그러나 하나님이 창조의 주님이시며 주인이시라면, 이 '주인되는' 관계와 '분리된' 것은 아무것도 없다. 이것이 하나님과 피조물의 관계를 생각하는 기초가 되어야 하지 않을까? 이 하나님의 주권은 사회와 학문의 다양한 분야에서 인간의 소명에 어떤 의미가 있는가? 그리고 현실의 서로 다른 부분들은 서로 어떻게 관련되어 있는가? 도여

---

[1] 최용준, "아브라함 카이퍼의 학문과 신앙의 통합에 관한 고찰", 「신앙과 학문」, 제26권 4호 (통권 89호) (2021년 12월), 309-326 참조. (역자 주)

베르트는 교회, 국가, 사회 간의 관계에 대한 하나님의 주권의 결과에 대해 생각하기를 원했다. 그리고 이 하나님의 주권이 수학, 물리학, 경제학, 법학, 윤리학, 철학과 같은 다양한 학문에 대해 무엇을 의미하는지도 알기를 원했다.

맥락: 우리 안에서 타오르는 불

아브라함 카이퍼는 1880년 10월 20일 암스테르담의 자유대학교(Vrije Universiteit) 개교식 연설에서 자신의 생각의 원칙을 아름답게 표현했다. 이 연설에서 그는 왜 네덜란드에 기독교 대학이 있어야 하는지 스스로에게 묻는다. 이 질문에 답하기 위해 그는 하나님의 주권을 그의 사상에서 전면에 내세웠던 종교 개혁자 장 깔뱅으로 거슬러 올라간다. 카이퍼는 예수 그리스도께서 '하늘과 땅의 모든 권세'를 주장하신다고 강조한다(마 28:18). 그러나 이 주권은 보편적으로 인정되지 않았고 지금도 인정되지 않는다. 그와 공동 설립자들은 그리스도의 음성에 의해 부름과 충동을 느꼈다. '불이 우리 뼈 속에서 계속 타올랐다. 그분은 우리보다 더 강하시며 우리를 인도하시고 자극하셨다. 우리는 쉴 수 없었다. 그럼에도 불구하고 우리는 계속 나아가야 했다'(Kuyper, 1880, p. 36).

카이퍼는 자신뿐만 아니라 모든 인간이 특정한 신념이나 관점에 의해 움직인다는 것을 깊이 확신했다. 이것은 학자들에게도 적용된다. 나아가, 그는 특정한 출발점에 대한 믿음 없이는 학문을 할 수 없다는 견해를 가지고 있었다. 과학이 중립적일 수 있고 또 중립적이어야 한다고 주장하는 자유주의자들과 다른 사람들에게 그는 '아무것도 믿지 않는 사람은 존재하지 않는다'는 급진적인 결론에 도달한다(Kuyper, 1880, pp. 31-32). 그렇기 때문에 그리스도가 모든 실재의 주인이라는 전제에 기초하여 학문이 수행되는 장소가 있어야 하는 것이 매우 중요했다.

카이퍼의 정신은 이미 젊은 도여베르트의 생각에서 발견될 수 있다. 학생 시절에 그는 예술에 관한 여러 논문을 썼는데, 여기서 그는 예술 역시 하나님의 영광에 의해 인도되어야 하며 그리스도의 주권이 중심이 되어야 한다고 주장했다. 동시에 그는 기독 학생회에 관한 기사를 쓰면서 세계관의 중요성을 강조했다. 그는 '모든 것은 우리 안에서 타오르는 불에 의해 온 세상이 안에서부터 비춰지기 때문이다'라고 적었다(Verburg, 1989,

p. 24).

1922년 5월, 헤르만 도여베르트는 1879년 아브라함 카이퍼가 설립한 기독교 정당인 반혁명당(Anti-Revolutionaire Partij)의 연구소인 카이퍼 재단(Kuyperstichting)의 소장직에 지원했다. 당시 그의 나이는 27세였다. 지원서에서 그는 연구소가 카이퍼의 원칙에 따라 운영되어야 하며 '주권 문제를 심층적으로 연구할' 필요가 있다고 밝혔다(Verburg, 1989, p. 44). 같은 해 10월, 그는 소장으로 일을 시작했다.

핵심: 이성은 자율적이지 않다

도여베르트 사상의 핵심은 '이성은 자율적이지 않다'는 말로 요약할 수 있다. 도여베르트는 이성, 즉 지성, 인간의 지식, 특히 학문적 지식이 독립적이라는 생각에 강하게 반대했다. 독립성이란 이성이 모든 종류의 문제에 대해 어떻게 생각할지를 스스로 결정할 수 있다는 것을 의미한다. 도여베르트는 이 견해를 거부한다. 그는 세계관이 항상 중요한 역할을 한다고 강조한다. 사실, 우리의 세계관은 우리가 어떻게 생각하고 행동하는지를 크게 결정한다. 이 생각은 도여베르트가 1923년 연구소를 위해 쓴 첫 번째 조언에서 이미 찾을 수 있다.

> 깔뱅주의의 슬로건, 즉 삶의 모든 영역에서 하나님의 주권을 인정한다는 것에는 깊은 철학적 의미가 내포되어 있다. 그것은 세계관의 차이가 사고와 행동 모두에 무조건적으로 결정적이어야 하며, 신앙과 불신앙이 서로 손을 맞잡을 수 있는 중립 지대는 어디에도 찾을 수 없다는 유일하고도 올바른 기본 관념에 기초하고 있다(Verburg, 1989, p. 48).

그의 필생의 저작 『법이념 철학』(*De Wijsbegeerte der Wetsidee*, 1935)에서 도여베르트는 사고가 중립적이지 않다고 적었다. 그는 하나님의 주권이 중심이 되는 기독 신앙과 이성의 자율성이 중심이 되는 철학 사이의 관계를 확립하기 위해 어떻게 노력해 왔는지를 말한다. 그는 솔직히 인정한다. "나의 모든 시도는 실패했다." 도여베르트는 '내 생각의 위대한 전환점'은 '생각 자체의 종교적 뿌리의 발견'이라고 썼다(Dooyeweerd, *WdW*, I, p. v). 다시 말해, 모든 철학과 학문적 이론은 신앙에 대한 특정 관점에 기초하고 있으며, 따라서 종교적 선택을 암시한다. 당신은 결코 그것을 피할 수 없다. 더 나아가 실재에 대해 의미 있는 생각을 할 수 있기 위해서는 그러한 관점과 선택이 필요하다고 말한다.

전개: 네 가지 기본동인

이러한 종류의 종교적 선택을 어떻게 감지할 수 있는가? 이 질문에 대한 도여베르트의 대답은 특정한 학문적, 철학적 질문에 대한 답변이 어떻게 이루어지는지 조사하는 것이다. 이것은 우리 삶의 의미, 현실의 질서 및 우리가 지식을 습득하는 방식과 같은 질문들과 관련이 있다.

도여베르트는 '기본동인(grondmotief)'이라는 단어로 그러한 종교적 선택의 총체성을 요약한다. 이 단어에는 두 가지 의미가 함께 있다. 무엇보다도, 그것은 인간의 마음 속에 작용하는 급진적인 추진력에 관한 것이다. 그것은 영감, 열정 및 참여에 관한 것이다, 즉 '우리 안에서 타오르는 불'이다. 또한 그것은 근본적인 신념('근거')의 총체에 관한 것, 즉 원칙, 출발점 및 원리다. 도여베르트에 따르면, 기본동인은 개인적 감성이나 개인의 동기에 관한 것이 아니라 과학, 문화 및 사회에서 표현되는 시대 정신에 관한 것이다. 서양 문화사에서 도여베르트는 그리스, 기독교, 로마 가톨릭 및 인본주의의 네 가지 기본동인을 구별한다.

그리스적 기본동인: 형상-질료(vorm-materie)

도여베르트의 견해에 따르면, 그리스 사상은 두 개의 기둥에 의해 주도되고 결정된다. 한 기둥은 형상이라는 기둥이고 다른 기둥은 질료라는 기둥이다(그림 3.1, 50쪽). 이 두 기둥 사이에는 긴장과 갈등이 있다.

질료라는 기둥부터 살펴보겠다. 이것은 물질이 지배적인 신적인 생명의 흐름에 대한 믿음으로 특징 지어지는 고대 자연 종교에서 찾을 수 있다. 이 흐름의 순환 속에서 새로운 형태의 식물, 동물 및 인간이 끊임없이 출현하고 있다. 그러나 이러한 새로운 형태는

[그림 3.1] 낡은 자연 종교와 새로운 종교 사이에는 긴장이 존재한다. 이 그림은 이러한 긴장을 묘사한다. 즉 어둡고 신비로운 생명의 흐름과 그 통제할 수 없는 운명을 가진 자연 종교(질료: 회색의 움직이는 원)와 신들이 생명의 흐름에서 물러나 현실을 형성하는 새로운 종교(형상: 신들의 신전)다.

형상 | 질료

성숙하게 된 후 다시 소멸된다. 자신의 형태를 가진 모든 것은 멸망할 운명에 처해 있다. 남은 것은 맹목적이고 예측할 수 없는 운명에 의해 조종되는 암흑물질이다. 이러한 자연 종교에서 신은 유동적이고 보이지 않는다. 그들은 그들 자신의 고정된 형태나 정체성을 가지고 있지 않다.

형상이라는 기둥은 올림피아 신들의 세계라는 새로운 종교-그리스 폴리스 또는 도시국가의 공식 종교-에서 발견된다. 새로운 종교의 특징은 형태와 척도 그리고 조화였다. 새로운 신들은 신성한 생명 흐름의 순환으로부터 '벗어났다'. 그들은 그들만의 형태와 정체성을 가지고 있었다. 가령, 아폴로는 예술과 학문의 신이었고 디오니시우스는 포도주와 인간 문명의 신이었다. 신들은 올림푸스 산의 보좌에 앉은 문화 세력이었으며, 지상에서는 완벽하게 조화를 이루는 신전에서 숭배될 수 있었다.

도여베르트는 새로운 종교가 오래된 자연 종교를 흡수하려고 노력했지만 암흑 물질과 천체 형상 사이의 긴장은 여전히 남아 있었다고 주장한다. 가령, 우리는 죽음에 대해 이런 긴장을 볼 수 있다. 고대 자연 종교에서 죽음은 어둡고 예측할 수 없는 운명이다. 새로운 종교에서 신들은 불멸의 개별적 형태를 가지고 있으며 물질을 자유롭게 형성할 수 있는 힘을 가지고 있다. 그러나 그들은 필멸자의 운명을 통제할 힘이 없다는 것이 밝혀졌다. 즉, 어두운 생명이 흐르는 세계와 신들의 조형력은 잘 연결되어 있지 않다. 이러한 긴장 관계는 계속해서 그리스 사상을 지배하였고 결국에는 해결할 수 없는 것으로 판

명되었다.

기독교적 기본동인: 창조, 타락 그리고 구속(schepping, zondeval en verlossing)

도여베르트는 그가 설명하는 두 번째 기독교적 동인을 '창조, 타락 그리고 구속'이라는 단어로 구별한다(그림 3.2). 도여베르트는 이 동인을 그리스 사상과의 근본적인 단절로 본다.

이 단절은 이 동인의 첫 번째 단어인 '창조'에서 먼저 표현된다. 기독교 사상에서는 신들에 의해 형성된 암흑 물질이 전혀 없다. 맹목적이고 예측할 수 없는 운명도 없다. 그리고 신들이 사람들의 등 뒤에서 상호 반목하며 싸우는 것도 전혀 없다. 반면에 성경은 하나님을 하늘과 땅의 창조주로 묘사한다. 그분은 세상을 질서 있게 창조하셨다. 그분은 물질, 태양, 달, 새, 물고기, 식물, 동물, 사람을 창조하셨다. 그분은 당신의 형상대로 인간을 창조하셨다.

도여베르트에 따르면 이 동인의 두 번째 단어인 '타락'도 새로운 생각을 불러일으킨다. 그리스 사상에서 우리는 질료의 기둥(맹목적이고 예측할 수 없는 운명)과 형상의 기둥(형태와 조화를 위한 노력) 사이의 투쟁을 발견한다. 이 투쟁은 무엇보다 인간의 삶에서 표현되는데, 그 안에서 육체(질료)의 감각적 욕망과 이성(형상)의 빛나함이 우선권을 놓고 성

창조　　　　　타락　　　　　구속

[그림 3.2] 도여베르트는 기독교 신앙을 세 단어, 즉 창조(조화), 타락(인간과 인간, 하나님과 인간, 인간과 다른 피조물 사이의 단절) 그리고 구속(십자가는 깨어진 관계를 새롭게 하지만, 타락의 흔적은 여전히 보인다)으로 요약한다. 이 요약은 하나의 신앙고백이다. 그 고백에서 그는 성경을 인용한다.

자신의 형상대로 인간을 창조하셨다. 하나님께서는 인간에게 지상에서 당신을 대표할 수 있는 모든 은사와 가능성을 주셨다. 그러나 어느 순간 인간은 하나님을 떠나 자신의 길, 즉 타락을 선택했다. 이 선택으로 악은 인간의 생각과 행동을 자유롭게 통제할 수 있게 되었다.

이 동인의 마지막 단어인 '구속'은 희망을 준다. 결국 그리스적 사고는 관점을 제공하지 못한다고 도여베르트는 말한다. 질료의 기둥에 내재된 악은 여전히 존재하며, 이성은 종종 맹목적인 운명 앞에서 무력한 채로 남아 있다. 반면에, 성경은 예수 그리스도라는 인격체의 형태로 희망을 제시한다. 이 구속에는 몇 가지 양상이 있다. 무엇보다도, 그것은 인간이 행하는 모든 악에서 비롯된 죄책감을 제거하는 것과 관련이 있다. 둘째, 성령으로 말미암아 인간이 새롭게 되는 것을 말한다. 이러한 갱신은 인간의 마음 안에 자리를 잡고 죄를 통제한다. 마지막으로, 구속은 모든 창조를 포함한다. 도여베르트는 그리스도를 '창조의 새로운 뿌리'이자 '재창조의 새로운 뿌리'라고 부른다(Dooyeweerd, *WdW*, II, pp. 27, 30).

도여베르트는 기독교적 동인에는 내재적 긴장이 없다고 본다. 그 이유는 실재를 하나님의 창조물로 보기 때문이다: 하나님은 자신의 법과 규범을 실재 속에 두셨고, 따라서 그 안에는 통일성과 질서가 인식된다. 그러므로 피조물의 일부분이 다른 부분의 희생으로 절대화되어서는 안 된다. 타락은 인간 자신이 그 신성한 질서에서 벗어났음을 보여주며, 구속은 하나님의 주권을 인정하는 길로 돌아가는 길을 제공한다. 기독교적 동기가 내재적 긴장을 가지고 있지 않다는 주장은 '평가와 비판' 부분에서 다시 다룰 것이다.

로마 가톨릭의 기본동인: 자연과 은혜(natuur en genade)

도여베르트가 구별하는 세 번째 기본동인은 '자연과 은혜(은총)'이라는 로마 가톨릭의 동인이다(그림 3.3). 도여베르트의 견해에 따르면, 이 기본동인은 토마스 아퀴나스의 철학 전면에 등장한다. 그는 그리스 사상과 기독교 사상을 통합하려고 노력했다. 아퀴나스 사상의 핵심은 신이 실재를 '물질'과 '형상'으로 창조했다는 생각이다. 물질은 육체와 이성적 영혼으로 구성된 자연적 존재로서 인간 안에서 출현한다. 그 형상은 창조주의 의도에 따라 생각하고 행동할 수 있는 인간의 초자연적인 능력으로 나타난다. 이러한 관점

[그림 3.3] 자연 동인(왼쪽 사람)과 은혜 동인(오른쪽 사람) 사이에는 긴장이 있다. 이러한 긴장은 자연(뇌에서 나오는 생각으로 묘사됨)과 은혜(후광으로 묘사됨)가 통합적으로 생각되지 않기 때문에 발생한다. 서로 다른 방향을 바라보며 위계적 관계에 서 있는 두 사람 간에 긴장이 미묘하게 나타난다. 신앙(은혜)은 이성(자연)에 기반을 두고 있지만, 도여베르트에 따르면 그것은 이성과 충분히 연결되어 있지 않다.

자연 | 은혜

에서, 이성과 신앙 사이에는 모순이 없다. 이성(자연)은 철학의 영역에, 신앙(은혜)은 종교의 영역에 초점을 맞춘다.

도여베르트는 자연과 은혜의 기본동인에도 고유한 긴장이 내재되어 있다고 생각한다. 두 개의 '기둥'은 깊이 연결되어 있지 않다. 두 가지 요소가 절대화되는 이원론적 조망이 있다. 때로는 한쪽 기둥이 우세하고 그 다음에는 다른 기둥이 우세할 수 있는데, 이는 하나님의 창조 사역에 대한 질서와 모순된다.

인본주의적 기본동인: 자연과 자유(natuur en vrijheid)

마지막 기본동인은 '자연과 자유'라는 인본주의적 동인이다(그림 3.4, 54쪽). 이 기본동인은 르네상스 시대, 즉 인간의 '재생'이 중심이었던 시대에 기원을 두고 있다. 그 이상은 보편적인 인간으로 발전할 '새로운 인간'이었다. 이러한 흐름에서 인간은 점점 더 관심의 중심이 되었다. 하나님, 성경 또는 교회가 인간과 문화, 예술과 학문, 정치와 사회에 대해 무엇인가 할 말이 있어야 한다는 생각은 점점 더 많은 압력을 받게 되었다.

새로운 인간에 대한 생각은 피코 델라 미란돌라(Pico della Mirandola)가 쓴 『인간의 존엄성에 관한 이성』(*Rede over de menselijke waardigheid*, 1486)이라는 책에서 두드러지게 나온다. 그 안에서 우리는 하나님께서 아담에게 그가 세상의 한가운데에 놓았고 자유롭

자연 | 자유

[그림 3.4] 이 그림은 뉴욕에 있는 자유의 여신상에서 영감을 받았다. 인본주의자는 자신의 자유를 상징하는 횃불을 들고 있지만, 이것은 동시에 인간이 자연(왼쪽의 나무)을 통제하기 위해 사용하는 기술을 상징하는 도끼이기도 하다. 그러나 이 통제된 자연은 인간에게 등을 돌리고 인간의 힘과 자유(왕관)를 빼앗는 용으로 발전한다는 것이 밝혀졌다.

고 주권적인 예술가로서 자신을 형성하도록 허락받았다고 말씀하시는 것을 읽을 수 있다. 다시 말해, 당신은 인간으로서 자신이 누구인지, 어떻게 생각하고, 어떻게 행동하는지 스스로 결정한다는 것이다. 따라서 이 새로운 인간은 완전히 다른 태도, 즉 자연의 힘을 통제할 수 있고 '자연의 운동장'에서 자유롭게 살 수 있는 사람으로 자연에 접근한다.

도여베르트는 '자연'과 '자유'의 양 기둥간에 긴장이 있음을 보여준다. '자연'이라는 기둥에서는 우리 주변의 현실을 가능한 잘 통제하는 것이 중요하다. 이렇게 하여 과학과 기술로 우리는 점점 더 자연을 파악할 수 있다. 가령, 의학, 농업 및 식품 기술의 발전을 고려해 보라. 그러나 이러한 현실에 대한 통제는 우리의 자유를 위협하는 데까지 나아갈 수 있다. 두 가지 예를 들어 보겠다.

첫 번째 예는 마을과 도시의 안전에 관한 것이다. 많은 곳에는 경찰이 바람직하지 않은 행동에 대처할 수 있는 기회를 제공하여 시민의 안전을 강화하는 카메라가 있다. 그러나 동시에 이러한 카메라는 누가 어디에 있었는지 기록하기도 한다. 그러나 이러한 유형의 데이터, 특히 '빅 데이터'와 결합하면 인간의 자유에 위협이 될 수 있다. 결국, 다른 사람들은 무심코 당신의 삶을 엿볼 수 있다. 이처럼 도여베르트는 인본주의가 자연과 자유 사이의 긴장을 해결할 수 없다고 본다. 그 이유는 이러한 전통에서 자유는 무제한적인 것으로 간주되며, 무제한의 자유를 실현하기 위해서는 생활 환경에 대한 무제한의 통제가 필요하며, 이는 결국 인간의 자유에 대한 위협으로 이어지기 때문이다.

두 번째 예는 화석 연료의 사용에 관한 것이다. 서구 시민의 자유는 화석 연료를 추출하고 사용하기에 적합하게 만들 수 있는 기술의 광범위한 사용에 기반을 두고 있다. 그러나 이러한 광범위한 사용은 기후 변화로 인해 서구인의 자유에 대한 위협으로 보인다.

요약하자면, 도여베르트는 그리스 및 로마 가톨릭과 마찬가지로 인본주의적 동기도 화해할 수 없는 갈등을 초래하는 이원론적 성격을 가지고 있다고 결론지었다.

심화 3.1: 세 개의 선을 가로지르는 페리

프랑스의 철학자 뤽 페리(Luc Ferry)는 그의 저서 『철학의 시작. 당신의 삶에 대한 다른 시각으로』(Beginnen met filosofie. Met andere ogen kijken naar je leven, 2006)에서 도여베르트의 기본동인 이론에 대한 소중한 변수를 제시한다. 페리도 도여베르트(1장 참고)처럼 현실에 대한 근본적인 질문들을 던진다. 현실의 다양성, 정합성 및 통일성에 대한 질문이다. 인간과 사회 윤리, 의미, 구원 및 구속에 관한 질문들이다.

서양 철학의 역사를 이해하기 위해 페리는 그 역사에 대해 세 가지 질문을 던진다. 첫 번째 질문은 우리가 살고 있는 세계를 이해하는 것에 관한 것이다(이론). 세상은 어떤 모습인가? 즉 적대적인가 아니면 우호적인가, 조화로운가 아니면 무질서한가, 비밀스러운가 아니면 이해될 수 있는가? 그리고 우리는 어떻게 그 세계에 대한 지식을 얻을 수 있는가? 두 번째 질문은 정의에 대한 열망에 관한 것이다(윤리). 우리는 다른 사람들에 대해 어떻게 공정하게 행동해야 하는가? 마지막 질문은 구원을 찾는 것에 초점을 맞춘다(지혜). 우리는 어떤 이야기와 믿음과 전통에서 지혜, 구속, 희망 그리고 의미를 찾을 수 있는가?

페리의 연구는 그리스, 기독교, 근대 및 포스트모던 사고는 위의 세 가지 질문에 대해 근본적으로 다른 답을 제공함을 보여준다. 따라서 서양 철학의 역사, 그리고 서양 문화의 역사는 세 가지 경계선으로 특징지어진다. 첫 번째 선은 그리스 사상에서 기독교 사상으로의 전환이고, 두 번째 선은 기독교 사상에서 근대 사상으로의 전환이며, 세 번째 선은 근대 사상에서 포스트모던 사상으로의 전환이다.

그리스 사상에 관해, 페리는 특히 스토아주의에 초점을 맞춘다(그림 3.5). 이 학파에 따르면, 우리는 현실을 살아있는 유기체로 볼 수 있다. 이 유기체의 각 기관은 적절한

그리스 사상

[그림 3.5] 이 그림에서 그리스 사상의 신성한 질서는 신전과 신전 앞에 서 있는 인물들에 의해 묘사되어 있다. 자유로운 남성 그리스인은 권력을 가지고 있으나(월계관) 노예, 여성, 야만인(작은 인물들)과 같은 다른 사람들은 위계서열에서 더 낮다.

기능을 수행하고, 올바른 위치에 있으며, 다른 기관과 조화롭게 함께 작동한다. 이 비인격적이고 질서 정연한 구조는 스토아학파가 '신성한' 또는 '로고스'라고 부르는 것이다: 그것은 인간을 초월한다. 스토아학파는 이 조화로운 우주 질서는 공정하고 선하다고 본다. 따라서 자유인과 노예, 남자와 여자, 그리스인과 야만인 등 모든 사람은 이 질서 안에서 자신의 위치를 받아들여야 한다. 삶을 있는 그대로 '받아들이는 것'에서 궁극적인 지혜를 발견할 수 있다. 죽음 역시 받아들여야 하며, 인간의 궁극적인 목표와 구원은 신성한 우주의 일부가 되는 것이다.

기독교의 부상은 그리스 사상과의 근본적인 단절을 의미한다. 이것은 실재에 대한 생각에서 전면에 등장한다. 신성(神性)은 더 이상 우주의 질서와 동일시되지 않고, 예수 그리스도라는 인격체의 형상을 취한다(그림 3.6). 여기서 페리는 로고스에 대해 말하는 요한복음의 서문을 언급하기도 한다. 그 윤리적 결과는 윤리의 기초로서 자연 질서가 거부되고 모든 사람의 평등을 출발점으로 하는 '사랑의 법'으로 대체된다는 것이다. 조화로운 우주와의 익명적이고 비인격적 연합은 개별적 구원과 개인적 부활에 길을 내어준다.

인본주의 시대인 근대 철학의 출현은 서양 문화의 역사에서 두 번째 경계선으로 이어진다. 그리스인들과 기독교인들이 여전히 그들 자신보다 외부에서 기원을 끌어오는 반면, 근대 사상은 인간 외부의 어떤 근원도 반대한다(그림 3.7). 그것은 헬라어 로고스의 개념을 거부하고 하나님의 권위에 의문을 제기한다. 실재에 관한 한, 실재의 질서

[그림 3.6] 예수 그리스도의 십자가와 부활(빈 무덤)은 새로운 윤리의 기초를 놓는다. 사랑의 법이 중심이다. 사람은 평등하고(인물은 같은 크기) 인류는 통일체를 이룬다(인물은 서로를 바라보고 포옹한다).

기독교 사상

는 신성한 기원을 가지고 있지 않으며 인간에 의해 도입된 것으로 인간의 구성물이다. 윤리 또한 신성한 사랑의 법에 근거한 것이 아니라 인간의 이성에 기초한다. 선한 것은 모든 인류에게 선해야 했다. 구원 또한 더 이상 '위'에서 오지 않으며 더 이상 영원까지 확장되지 않는다. 구원은 인간이 자신의 삶 동안 기술, 법률, 학문, 예술, 경제를 통해 스스로 실현한다.

우리는 지금 후기 근대 또는 포스트모던이라고 불리는 시대에 살고 있다. 뤽 페리는 포스트모던적 사고는 근대적 사고의 급진화로 본다(그림 3.8, 58쪽). 근대에서 사람들은 여전히 인류 전체의 관점에서 생각했지만, 포스트 모던 사고에서는 자신의 몸, 삶, 윤리 및 구원을 형성하는 개인에 초점을 맞춘다. 페리는 철학자 프리드리히 니체(Friedrich Nietzsche)를 포스트모던 사상의 기초에 놓는다. 니체는 근대 사상이 삶 그 자체보

[그림 3.7] 근대적 사고에서는 모든 사람이 평등하고(사람들의 크기는 같다) 인간의 이성(뇌에서 나오는 생각)이 중심이다. 이 인간 이성은 다양한 학문 분야를 발전시키고 그 자체로 현실의 질서, 사회 윤리 및 인간의 구원과 구속의 기초가 된다.

근대 사상

포스트모던 사상

[그림 3.8] 자의식을 가진 사람은 자신의 삶을 자유롭게 형성한다. 주먹은 힘, 저항, 반항의 상징으로 사용된다. 이런 자의식을 가진 사람은 자신의 삶을 통제하려는 힘과 충동(원형의 회색 영역)에서 벗어날 수 있을 만큼 충분히 강하다.

다 더 높은 가치를 계속 믿어왔다고 본다. 그것은 평등, 자유, 연대, 민주주의 등과 같은 가치에 관한 것이다. 니체는 자신을 '망치를 든 철학자'로 소개하며, 그의 용어를 빌리자면 '우상들'이라는 모든 근대적 가치들을 무너뜨려 인간 개인을 위한 공간을 창조하고자 한다. 현실에는 질서나 조화가 없으며, 하나로 환원될 수 없고 끊임없이 서로 충돌하는 무한한 힘과 충동이 있다. 니체의 윤리학에서는 인간 개개인의 창조적 힘이 전면에 내세워지며 그의 삶을 웅장하고 자유로운 방식으로 형성하는 것을 목표로 한다. 니체는 또한 구원을 강렬하고 고귀하며 용감한 삶의 관점에서 생각한다. 여기에는 후회와 회한의 여지가 없으며 이는 몇 번이고 다시 살 가치가 있는 삶이다.

페리는 철학의 역사를 이해하기 위해 도여베르트와는 약간 다른 접근법을 선택한다. 이것은 부분적으로는 같고 부분적으로는 다른 대답으로 이어진다. 두 접근법 모두 서양 철학의 역사에 대한 명확한 그림을 제공한다. 역사는 연속성의 역사가 아니라 근본적인 단절의 역사라는 것이다(그림 3.9). 그리고 모든 파열과 함께, 왜 그것이 급진적인지는 분명하다. 페리의 접근법은 대단한 수사학적 힘을 가지고 있으며, 포스트모던 사상의 중요한 파열을 덧붙인다. 도여베르트의 접근 방식은 시작점과 원칙뿐만 아니라 추진력, 열정 및 참여에 관한 것임을 보여준다. 그는 또한 사상의 전통이 종종 내적 긴장으로 가득 차 있음을 폭로한다.

페리의 세 가지 단층선

[그림 3.9] 페리의 견해에 따르면, 그리스 사상, 기독교 사상, 근대 사상 및 포스트모던 사상은 현실의 질서, 사회 윤리, 인간의 구원과 구속에 대한 질문에 대해 근본적으로 다른 대답을 제공한다. 다시 말해, 서양 철학의 역사에는 단층선이 있다.

평가와 비판

기본동인에 관한 이론은 여러 가지 이유로 여전히 매력적이다. 그것은 서양 문화의 다양한 사고 전통의 기초가 되는 세계관적 또는 종교적 선택에 대한 눈을 뜨게 해준다. 또한 이것은 인간으로서 우리가 이성(출발점, 원칙, 가치)의 도움뿐만 아니라 마음(영감, 열정, 참여)의 도움으로 선택한다는 것을 분명히 한다. 이런 식으로 도여베르트는 우리의 행동에 매우 결정적인 인간의 더 심층적인 면을 올바르게 보여준다.

우리는 시간이 지남에 따라 기본동인에 관한 이론이 비판을 받아왔다는 점에 유의한다. 이 이론은 서로 다른 시대에 살았던 매우 다양한 사상과 사상가들을 정당하게 다루는가? 어떤 사상과 사상가들은 어떤 구속을 강요당하고 있지는 않은가? 다양한 기본동인의 형식화에 대한 비판도 있다. 가령, 후속 연구는 그리스 문화에서 더 오래된 자연 종교의 존재와 새로운 문화 종교의 출현에 대해 확인하지 못했다. 가톨릭 측에서는 로마 가톨릭의 기본동인을 비판했으며 개신교 사상과 가톨릭 사상 사이의 유사점이 차이점보다 더 크다는 주장을 제기했다. 또한 기독교적 동기가 철학적 사고의 긴장을 초래하지 않는다는 도여베르트의 논제에 대해 비판적 질문을 제기할 수 있다. 어쨌든, 기독교 철학자들은 연구를 위해 그들의 일을 계속하고, 때로는 막다른 골목에 이르며, 그들의 생각은 죄로 인해 어두워진다.

도여베르트의 접근 방식은 추상적이고 접근하기 어렵다. 이 접근법을 더 쉽게 이해하고 철학 분야의 모든 새로운 통찰을 정당화하기 위해 우리는 서양 문화와 철학의 역사에 대한 프랑스 철학자 뤽 페리의 견해에 대해 다루었다. 페리의 이런 사상은 기본동인에 대한 이론이 특별히 철학과 개별 학문뿐만 아니라 정치와 사회에 대한 사고에도 여전히 관련되어 있음을 보여준다.

현대적 적용: 뉴라이트-현대의 포퓰리즘

서구 세계 어디에서나 뉴라이트 또는 현대 포퓰리즘의 부상을 볼 수 있는데, 미국, 브라질, 영국, 프랑스, 독일, 이탈리아, 네덜란드 등이 그렇다. 이 뉴라이트는 민족주의자에서 '분노한 백인 남성'에 이르기까지, 반(反)연약한 남성에서 반유대주의자, 반페미니스트에서 인종차별주의자에 이르기까지 완전히 다른 집단을 단결시키기 위해 다양한 소셜 미디어를 영리하게 이용한다. 무엇이 새로운 우파를 추동하는지 이해하려면, 그들의 도덕적 원칙과 근본적인 전제에 대해 물어야 한다. 현실, 도덕 및 미래에 대한 그들의 비전을 말이다.

뉴라이트 지지자들은 세계가 심각한 위기에 처해 있다고 믿는다. 그들에 따르면, 이 위기는 권력을 쥐고 있는 현재의 엘리트들, 즉 정치인, 공무원, 학자, 언론인 및 예술가들에 의해 야기된다. 그들은 페미니즘에 굴복함으로써 백인이 지배하던 사회 질서를 손상시켰다. 그들은 다른 문화에서 온 이민자들에게 공간을 제공했으며 '백인' 국가의 '인구 혼합'에 적극적으로 기여했다. 그들은 서구 세계를 괴롭히는 많은 위기의 원인이다.

뉴라이트 지도자들은 자신들의 리더십 아래 새로운 황금기가 열릴 것이라고 믿는다. 그들은 자신들을 구원을 가져오고 사회를 병폐에서 구출할 새로운 메시아로 여긴다. 그들은 문화적으로 동질적인 집단에 기초한 세계 질서를 믿는다: 각 민족은 자신의 국가이다. 그들은 어떤 인종이 다른 인종보다 우월하다고 믿는다. 그들의 견해에 따르면, 새로운 세계 질서는 남녀 간의 불평등에 기초를 두고 있으며, 집단의 이익이 개인의 이익보다 우위에 있다.

뉴라이트는 반(反)계몽주의 또는 또 다른 종류의 근대주의로 특징지어질 수 있다. 뤽 페리의 용어를 빌리자면, 기독교 사상과는 근본적인 단절이 있다. 그들은 주권적인 하나님에 대한 개념을 거부한다. 그들은 사회의 약자를 돌보는 눈을 가지신 예수 그리스도의 도덕성을 멸시한다. 그들은 하나님의 왕국이 '위로부터' 온다고 믿지 않는다. 동시에 그들은 현대적 사고와는 다른 길을 걷고 있다. 그들은 평등, 자유, 연대의 가치를 거부한다. 그들은 법치국가에 기초한 민주주의를 원하지 않는다. 그와 반대로, 그들은 남녀와 인종 사이의 불평등을 조장한다. 그들은 '국민을 대신하여' 말하는 강력한 지도자를 주장한다.

도여베르트와 함께 우리는 뉴라이트가 주장하는 새로운 질서가 통제와 자유 사이의 엄청난 긴장을 특징으로 한다는 점을 지적한다. 결국 포퓰리즘 유토피아는 권력의 길을 통해서만 실현될 수 있다. 이것은 새로운 엘리트에 속하지 않는 모든 시민들의 자유의 결핍으로 이어진다. 따라서 도여베르트는, 통제의 동인을 규범적 틀에 포함시키기를 거부하는 사람은 누구나 불평등과 권리의 결핍에 충분한 여지를 제공한다고 말할 것이다.

"햇빛이 무지개에서 갈라져 다양한 색깔로 갈라지고, 이 모든 풍부한 색채가 하얗고 깨어지지 않는 빛 안에서만 통일을 이루는 것처럼, 현실의 모든 시간적 양상은 하나님께서 우리에게 모든 것을 주신 그리스도 예수 안에서 초시간적 통일성을 발견한다."

_ 헤르만 도여베르트(*CS*, p. 39)

도여베르트(DOOYEWEERD)

제4장

양상들

= 서론 =

세상에 대한 복잡한 질문을 하나의 차원이나 핵심 질문으로 축소할 수 있을까? 아니면 세상은 다면적인 것으로 밝혀지고 우리는 그 다양성을 계속해서 고려해야 하는가? 이 질문은 우리를 도여베르트 철학의 보석 중 하나인 양상 이론(de leer van de aspecten)으로 이끈다.

이 장에서 우리는 실재의 다양성에 대해 논의하고, 다음 장에서는 실재의 정합성과 통일성에 대해 논의한다. 다양성과 통일성은 도여베르트 사상에서 밀접하게 연결된 개념이다(그림 4.1).

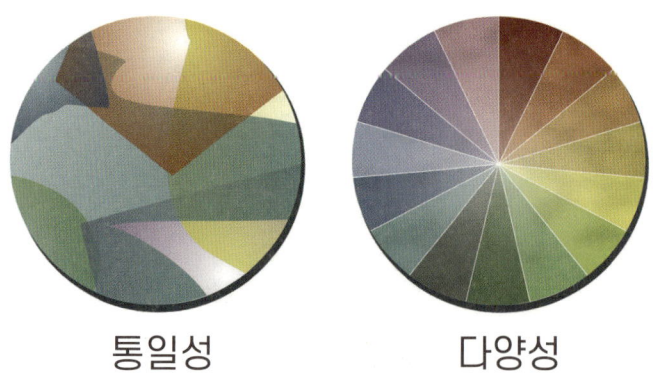

통일성　　　다양성

[그림 4.1] 도여베르트 사상에서, 다양성/다면성과 정합성/통일성은 동전의 양면과 같다. 통일성에 대한 이해 없이는 다양성에 대해 생각할 수 없으며, 그 반대 경우도 마찬가지다.

문제: 현실의 다면성에 대한 공정한 이해

헤르만 도여베르트는 매우 일찍부터 다양한 학문 간의 관계에 대한 질문에 관심을 가졌다. 그는 자신의 분야인 법학에서 다른 분야의 많은 방법이 사용되었다는 사실에 놀랐다. 그는 그것이 정당한지 의문이 들었다. 법학은 나름의 특성이 있지 않은가? 법학은 나름의 전문 단어를 사용하며, 그 나름의 접근 방식을 요구하지 않는가? 도여베르트는 다른 학문 분야의 방법들이 다른 학문에서도 자주 사용된다는 것을 발견했다. 그는 다양한 분야의 학자들이 자신의 분야가 지닌 특수성을 알고 있는지 궁금해했다.

도여베르트의 문제는 어떻게 하면 서로 다른 학문들 간의 관계에 대해 이해할 수 있는가 하는 것이었다. 그 이면에는 다음과 같은 질문이 있다: 현실의 다양성 (또는 다면성)을 어떻게 올바로 파악할 수 있는가? 그는 깔뱅과 카이퍼의 사상처럼, 이러한 주제들에 대해 생각하는 것이 하나님의 주권에 어떤 의미가 있는지 궁금해했다. 다시 말해, 우리는 서로 다른 학문들 간의 구별에 대해 생각하면서 어떻게 실재의 신적 기원에 대해 정의를 내릴 수 있는가? 실재의 다양성 역시 신적 기원을 가지고 있는가?

맥락: 다양한 학문의 고유한 특성

1922년 4월 8일, 도여베르트는 법과 윤리의 관계에 대해 **법철학 협회**(*Vereniging voor Wijsbegeerte des Rechts*)에서 강연했다. 우리가 아는 한, 이것은 그가 한 첫 번째 공개 강연이었다. 이 모임에서 윤리가 법의 기초이자 출발점이라고 말한 헤르번 스콜튼(Gerben Scholten) 박사의 견해에 초점이 맞춰졌다. 이 명제는 법의 규범이 궁극적으로 윤리의 규범에서 파생됨을 뜻한다. 도여베르트는 이에 동의하지 않았다. 그는 법과 윤리의 차이를 강조했다. 두 영역 모두 고유한 규칙 체계가 있다. 그에 따르면, 두 체계 모두 '주권적'이다. 즉, 각 체계에는 고유한 표준과 권한이 있다. 따라서 법의 체계는 윤리의 체계에 종속되지 않으며 그 반대도 아니다.

몇 년 후, 도여베르트는 한편으로 법과 다른 한편으로 사회학, 심리학 및 논리학 사이의 관계에 대해 비슷한 질문을 던졌다. 도여베르트는 논리학, 법학, 윤리학 및 물리학과 같은 다양한 학문 분야는 각자 고유한 특성을 가지고 있으므로 서로 뚜렷이 구별되어야 한다고 생각했다. 그는 또한 학문적 지식의 특징에 대해 더 예리한 견해를 가질 필요가 있다고 느꼈다. 도여베르트는 학문 내의 이 모든 혼란은 '불충분한 철학적 훈련'에 기인하며, 그 결과 '올바른 분별력'이 결여되어 있기 때문이라고 보았다(Verburg, 1989, p. 49).

앞서 언급한 강의에서 도여베르트는 '주권적'이라는 단어의 의미에 대해 자세히 설명하지 않는다. 그러나 나중에 한 강의에서 설명한다. 당시 도여베르트는 반혁명당의 연구소인 아브라함 카이퍼 재단의 소장이었다. 그는 카이퍼가 자유대학교의 개교식에서 했던 연설을 명시적으로 언급한다. 이 연설에서 카이퍼는 대학의 책임과 국가의 책임을 분명하게 구분한다. 그러나 그러한 강한 구별이 분리로 이어지지는 않는다. 결국에는 주권자시며 삶의 모든 영역에서 우리가 책임져야 하는 분이 계시는데, 바로 예수 그리스도시다. '그러므로 카이퍼에 따르면, 이 세상의 생활 전체에 그리스도께서 "나의 것"이라고 말씀하지 않는 곳은 하나도 없다!'(Dooyeweerd, CS, p. 35).

이 모든 생각은 결국 양상 이론으로 이어졌다. '양상(modal)'이라는 단어는 '방법' 또는 '수단'을 의미하는 라틴어 '모두스(modus)'를 나타낸다. 1975년, 마지막 인터뷰에서 도여베르트는 양상 이론이 어떻게 생겨났는지 설명한다. 어느 더운 여름 저녁, 헤이그의 모래 언덕을 산책하던 그는 현실이 어떻게 작동하는지에 대한 아이디어를 얻었다. 그는 우리가 현실을 경험하는 다양한 방식이 '양상적 성격'을 가지고 있으며, 서로 다른 '양상적 면'은 상호 정합성이 '반영'되는 구조를 가져야 한다는 것을 알게 되었다. 우리는 이 산책에 대해 많이 알지 못한다. 이 산책은 1922년 여름에 했으며 그의 처남인 디르크 폴렌호븐(Dirk Vollenhoven, 1892-1978)과 함께한 것으로 보인다. 우리가 아는 것은 도여베르트가 1922년 봄에 이 주제에 대해 강연했다는 것이다. 우리는 또한 같은 시기에 그가 '규범적 법이론'에 대한 논문을 썼음을 알고 있다. 다시 말해, 1922년에 그는 실재의 다양성이라는 주제에 집중적으로 관심을 가졌다. 이 책의 나머지 부분에서, 우리는 종종 양태적 이론을 양상이론이라고 부를 것이다.

핵심: 양상의 다양성

다른 철학자와 대면하면서 도여베르트는 그들의 이미지와 개념을 사용하여 실재의 다양성, 기원 및 의미에 대한 문제를 해결할 수 없다는 것을 알게 되었다. 그는 자신의 종교적 통찰을 온전히 정당화하기 위해 자신만의 철학을 개발해야 했다. 1장에서 우리는 도여베르트의 철학에서 정교하게 다듬어진 깔뱅 사상의 가장 중요한 점들을 요약했다. 이 장의 목적을 위해 다음 사항이 중요하다.

1. 실재는 그 자체로 머물러 있거나 스스로 존재하는 것이 아니라 하나님에게서 기원하고, 하나님께 의존하며, 하나님과 관련되어 있다.
2. 존재하는 모든 것은 그 종류대로 창조되었다. 이것은 만물이 매우 다양함을 뜻한다. 동시에 독창적이고 복잡한 질서와 정합성이 있다.

도여베르트는 학문적 렌즈를 통해 현실을 바라보면 열다섯 가지 다른 양상을 발견할 수 있다고 주장한다. 이러한 양상은 각기 고유한 특성을 가지고 있으며 서로 밀접하게 관련되어 있어 서로를 가리킨다. 그것들은 열다섯 가지 다른 기능 방식이며 다른 존재 방식이다.

도여베르트가 이 이론을 가지고 하는 한 가지 일이 있다면, 그것은 모든 형태의 환원주의에 대항하여 댐을 세우는 것이다. 그의 견해에 따르면, 서로 다른 양상은 서로 환원될 수 없다. 동시에 그는 학자들이 현실의 다면성에 마음을 열고 서로 다른 학문 간의 관계에 대한 안목을 갖도록 초대한다.

정교화: 양상 이론

1936년 10월, 도여베르트는 기독 청년들을 대상으로 '기독교적 국가 이념'에 대한 강연을 했다. 이 강의에서 그는 양상 이론에 대한 자신의 추상적인 철학적 성찰을 철학 교육을 받지 않은 젊은이들이 쉽게 접근할 수 있는 방식으로 제시하려고 노력했다. 역사는 그것이 실제로 효과가 있었는지 여부를 언급하지 않는다. 그러나 이 강의에서 우리는 그의 생각에 대한 훌륭한 요약을 찾을 수 있다. 도여베르트 말한다.

> 꽃이 만발한 사과나무는 일상 생활을 절대적인 통일성 즉, 개체적인 것으로 관조할 때 경험된다. 그러나 다양한 학문의 경우, 이것은 개별적인 양상이나 관점에서만 고려될 수 있다. 수학에서는 숫자와 공간의 양상에서만 고려될 수 있고 물리학의 경우 운동의 양상에만 해당되며 생물학은 유기체적 생명의 양상에만, 심리학은 객관적인 감각적 현상의 양상에서만 우리의 주관적인 감각적 인식에 질서를 부여한다. (…) 언어학은 명명의 대상으로서만 존재하며 경제학은 경제적 가치의 대상으로서, 사회학은 인간 교제의 대상으로서, 미학은 아름다운 조화의 대상으로서, 법학은 권리(재산 등)의 대상으로서만 허용되며 도덕은 오직 사랑과 증오의 대상으로서만 존재하고 신학은 오직 신앙의 대상으로서만 존재한다 (우리는 나무가 하나님의 창조물이며 자연의 맹목적인 힘의 우연한 산물이 아니라고 믿는다).
> (Dooyeweerd, *CS*, p. 38)

이 강의에서 도여베르트는 아직 수적 양상과 공간적 양상, 운동적 양상과 물리화학

[그림 4.2] 우리는 실재의 '전체'에 대해 열다섯 가지의 다른 양상들을 구별할 수 있다. 이러한 양상은 나무 그림을 얻기 위해 올바른 위치에 놓아야 하는 퍼즐의 다른 조각으로 간주되어서는 안 된다. 오히려, 퍼즐의 한 조각(나무)만 있고 그 한 조각은 열다섯 가지 다른 방식(**양상적 양상**)으로 존재한다. 각 양상은 고유한 아이콘으로 표시된다.

적 양상을 구분하지 않는다는 점에 유의해야 한다. 또한 다양한 양상에 대한 설명이 간략하다. 나중에, 그는 열다섯 가지의 다른 양상에 도달한다(그림 4.2. 아이콘은 그림 4.5, 74쪽 참조).

일상 생활에서 우리는 실제로 꽃이 만발한 사과나무를 '절대적인 개체'로 본다. 우리는 나뭇가지나 꽃의 수를 세고 싶은 충동을 느끼지 않는다. 우리는 개화의 기초가 되는 다양한 생물학적 과정에 대해 신경 쓰지 않는다. 우리는 또한 나무 소유자의 정확한 권리에 대해 생각하지 않는다. 우리는 왜 꽃이 만발한 나무를 좋아하는지 스스로에게 묻지 않는다. 그리고 꽃이 만발한 사과나무를 즐길 수 있는 것은 먼저 다양한 양상을 모두 풀어낸 후에만 가능하다고 말하지 않을 것이다.

하지만 학문에서는 매우 다르다. 학문적 연구는 일반적으로 객관화, 추상화 및 분석 과정이라는 양상 또는 관점 중 하나에 초점을 맞춘다(2장). 생물학은 사과나무의 개화와 사과의 성장 기초가 되는 생물학적 과정에 관심을 집중하다. 경제학은 사과와 사과나무의 경제적 가치를 다룬다(그림 4.3). 또한 지역 및 국가 경제에 대한 과일 재배의 중요성을 보여준다. 법학에서는 재산권, 벌목 허가의 필요성 및 나무가 재산 경계에 있거나 그 근처에 있을 경우 발생하는 성가신 문제에 관한 것이다.

일상의 경험과 학문적 분석은 서로 어떤 관련이 있는가? 노여베르트의 관점에서 그들은 우리가 현실에 접근하는 다양한 관점을 제공한다. 이러한 관점은 또한 일성한 위계를 가지고 있다. 일상의 경험은 학문적 지식의 토대를 마련한다(2장). 우리는 여기에

[그림 4.3] 학문적 분석에서, 학자들은 연구 대상(사과나무)을 결정하고, 그 대상의 한 양상(예: 경제적 양상)을 확대하고, 그 양상을 자세히 조사한다. 즉, 경제학의 렌즈(파란 안경)를 통해 보면 파란 나무도 보인다.

서도 그것을 볼 수 있다. "꽃이 만발한 사과나무가 얼마나 아름다운지"라고 서로에게 말할 때, 우리는 그 나무의 미적 양상에 주의를 집중한다. 우리가 "그 아이들은 꽃이 만발한 사과나무 사이에서 정말 멋지게 놀고 있다"라고 말할 때, 우리는 그 나무들의 사회적인 양상을 강조한다. 그리고 특정 나무에서 사과를 따는 것이 허용되는 지에 대한 질문을 할 때는 법적 양상이 전면에 등장한다.

열다섯 가지 다양한 양상

시간이 지남에 따라, 양상 이론이 형성되었다. 도여베르트는 열다섯 가지의 다양한 양상을 구별했다(그림 4.4). 각 양상에는 '독특한' 특성이 있으며 도여베르트는 이것을 양

[그림 4.4] 도여베르트는 열다섯 가지의 양상들을 구별한다. 각 양상에는 이름이 있으며 아이콘으로 표시된다.

상에서 '의미의 핵'이라고 부른다.

우리는 열다섯 가지 양상을 '이전'과 '나중'의 특정 순서로 제시한다. 도여베르트는 순서가 위계서열로 간주되는 것을 방지하기 위해 이러한 용어를 사용했다. 우리는 첫 번째 양상, 즉 수적 또는 양적 양상으로 시작하여 마지막 양상인 신앙적 또는 믿음의 양상으로 끝난다.

수적 양상. 첫 번째 양상은 수적(수치적) 또는 양적 양상이다. 이러한 관점에서 현실을 바라본다면, '셀 수 있는 가능성'에 초점을 맞추게 된다. 사과나무의 경우 나무의 가지 수와 과일 수에 대해 이야기할 수 있다. 수치적 양상의 핵심은 '수량'이다.

공간적 양상. 이 양상의 본질은 각 사물이 공간적으로 기능한다는 것이다. 가령, 사과나무의 경우 나무의 모양, 가지, 잎 및 열매에 관한 것이다. 일부 나무는 구형으로 가지치기 되고 다른 나무는 피라미드 모양으로 가지치기 된다. 공간적 양상의 핵심은 '확장성'이다.

운동적 양상. 이 양상의 분석에서는 움직임에 집중된다. 가령, 사과나무의 경우 나무에서 수액이 흐르는 속도, 폭풍우가 몰아칠 때 가지가 흔들리는 속도, 바람에 나뭇잎이 움직임, 사과가 떨어지는 것에 관한 것이다. 이러한 모든 운동에는 특정 운동 법칙이 적용된다. 운동적 양상의 핵심은 '움직임'이다.

물리-화학적 양상. 네 번째 양상은 물리-화학적 양상이다. 이 양상은 사과나무의 모든 물리 및 화학적 과정과 관련이 있다. 무엇보다도 햇빛의 영향으로 이산화탄소가 당으로 전환된다. 그러나 뿌리에서 가지와 잎으로 수분을 운반하는 기초가 되는 물리화학적 과정에 대해서도 설명한다. 이 양상의 핵심은 '에너지' 또는 '상호 작용'이다.

생물적 양상. 생물적 양상은 사과나무에서 일어나는 모든 생물적 과정에서 찾을 수 있다. 물리 법칙과 화학 반응은 이 과정에서 중요한 역할을 한다. 그러나 생물적 양상에서는 새로운 것이 나타난다. 그것은 성장, 개화 및 죽음과 같은 생명 과정을 다룬다. 가령, 성숙한 나무로 자라도록 하는 절단, 꽃의 형성, 사과의 성장, 신진 대사 전체, 환경에 대한 적응, 나무의 노화 및 죽음이다. 이 양상의 핵심은 일반적으로 '생명'으로 설명된다.

감각적 양상. 감각적 양상에서, 우리는 도여베르트의 단어 선택에서 변화를 발견한다. 여전히 사과나무에 관한 이야기지만, 그는 인간의 관점에서 사과나무를 묘사한다.

사과나무 전체를 보고, 꽃냄새를 맡고, 줄기를 느끼고, 사과를 맛보고, 나뭇잎이 바스락거리는 소리를 듣는 등 다양한 감각으로 사과나무를 인식하는 사람이 바로 인간이다. 이 양상은 또한 '투쟁 또는 도피'와 같은 주요 반응을 다룬다. 이 양상은 모두 '감각'과 '감정'에 관한 것이다.

분석적 양상. 분석적 양상은 분석하고 구별하는 인간의 능력에 관한 것이다. 스웨덴의 생물학자 린네(Linnaeus)는 공유된 특성에 따라 유기체를 분류하는 시스템 또는 분류학을 개발했다. 이러한 유형의 분석은 과일 나무에 대해서도 수행된다. 가령, 사과나무(malus domestica)는 장미 가족의 작은 낙엽수 또는 관목 속에 속한다. 분석과 구별은 또한 사고 과정 자체의 요구, 즉 논리적 요구를 제기한다. 그래서 도여베르트는 이 양상의 핵심을 '논리적' 양상이라고 부른다. 그것은 '의식적', 즉 신중하고 이성적인 분별력에 관한 것이다.

형성적 양상. 형성 또는 힘의 양상은 야생 사과나무가 많은 열매를 맺도록 높은 줄기와 낮은 줄기 품종으로 재배된 방식에 초점을 맞출 때 전면에 나타난다. 형성은 항상 통제된 방식으로 무언가를 이루는 것에 관한 것이다. 그것은 사람들의 힘과 영향력, 자원, 식물과 동물, 그리고 서로에 대한 영향력에 관한 것이다. 도여베르트는 또한 역사적인 양상에 대해서도 이야기했다. 그에게 역사는 문화와 관련이 있으며, 문화 발전의 영향 하에서 형성과 관련이 있다.

언어적 양상. 사과나무의 언어적 또는 상징적 양상은 사람들이 나무에 이름을 붙이는 방식에서 볼 수 있다. 가령, 우리는 높은, 중간 그리고 낮은 나무들에 대해 이야기한다. 잘 알려진 사과 품종은 조나단(Jonathan), 제임스 그리브(James Grieve), 엘스타(Elstar) 및 로드 판 보스꼽(Rode van Boskoop)이다. 사과나무의 언어적 양상은 상징적 의미에도 반영된다. 즉 그것은 사랑, 다산 및 불멸을 나타낸다. 사과 자체는 그 자체로 상징적인 의미를 가지고 있다. 즉 유혹이다. 이 의미는 하와가 뱀의 유혹을 받아 금지된 나무의 열매를 먹게 된 성경의 이야기로 거슬러 올라간다(창세기 3장). 사과는 이 열매에 대한 언급에서 상징적 의미를 갖게 되었다. 언어적 양상은 (네덜란드에서) 네덜란드 왕국의 통일과 독립을 상징하는 국기에도 반영된다. 이 양상의 핵심은 의미 또는 상징적 중요성으로 설명된다.

사회적 양상. (사과)나무의 사회적 양상은 다양한 방식으로 전면에 나타난다. 만남의 장소로 기능하는 광장의 큰 나무나 사람들이 그늘진 벤치에서 쉴 수 있는 숲 가장자리의 나무를 생각해 보라. 또 다른 좋은 예는 주민들이 나무를 심어 공터를 공원으로 만드는 데 앞장서고 있는 것이다. 이 모든 활동에서 가장 중요한 것은 '함께함'이다. 그것은 상호 작용, 함께 일을 하고 연결되는 것에 관한 것이다. 이것은 사회적 양상으로 표현된다.

경제적 양상. 사과나무의 경제성은 우리가 나무상점에서 사과나무를 사거나 농부로부터 사과를 사거나 시장이나 상점에서 사과를 살 때 분명하다. 사과나무와 사과는 희소 가치가 있다. 따라서 모든 것에는 가격이 있다. 그러나 경제적 양상은 재정적 양상보다 더 광범위하다. 그것은 또한 돈과 상품의 책임 있는 관리에 관한 것이다. 이 경우, 토양이 착취되지 않고 생물 다양성에 영향을 받지 않으며 경관이 아름다움을 유지할 수 있도록 과수원을 책임 있게 관리해야 한다. 이 책임감 있는 관리는 '청지기 직분' 또는 '신중한 관리'와 같은 용어로 의미의 핵심에 잘 나타난다.

미적 양상. 사과나무의 미적 양상은 이전에 논의되었다. 우리는 꽃이나 열매로 가득한 사과나무를 즐긴다. 봄에는 신선한 새싹을, 가을에는 아름다운 단풍을 즐긴다. 썩어가는 과일의 '추함'이나 '나름의 아름다움'도 미적 양상의 일부다. 이 양상의 핵심은 도여베르트에 의해 '아름다움' 또는 '조화'로 설명된다.

법적 양상. 사과나무의 법적인 양상은 '이 사과나무의 주인은 누구인가?', '농부는 나에게 사과 몇 개를 따도록 허락해 줄 것인가?'와 같은 질문을 할 때 명확해진다. 그것은 나무에 소유자가 있다는 사실과 관련된 권리와 의무에 관한 것이다. 이 양상은 모두 '법'과 '정의'에 관한 것이다. '법'과 '정의'라는 개념의 폭과 깊이는 식량의 공정한 분배에 대한 질문을 던질 때 뚜렷하게 부각된다.

도덕적 양상. 도덕적 양상은 농부나 소유자가 과일 나무에 대한 보살핌과 사랑을 표현하다. 여기에는 가지 치기, 비료 주기, 질병 예방 및 전체 과수원 유지 관리가 포함된다. 이 양상은 (인공) 비료의 사용, 살충제 적용 및 생물 다양성의 손실을 둘러싼 도덕적 고려 사항을 다룬다. '사랑'과 '보건'은 이 양상의 핵심을 설명하는 가장 아름다운 단어이다.

[그림 4.5] 이탄(숫자), 입방체(공간적), 떨어지는 물방울(움직임), 불(물리-화학적), 잎(생체적), 눈(민감성), 돋보기(분석적), 도공의 손(조형), 음성 클라우드 속의 그리스 문자 알파(언어적), 집단의 사람들(사회적), 자본의 성장(경제적), 회화(미학적), 저울(법적), 승인, 반대, 배려하는 손(도덕적) 그리고 지평선 너머의 모든 현실을 비추는 태양(신앙) 등 모든 양상이 아이콘으로 묘사되어 있다.

신앙적 양상. 마지막 양상은 신뢰 또는 믿음의 양상이라고도 하는 신앙적 양상이다. **피스티스**(*pistis*)는 헬라어로 믿음, 신실함 또는 신뢰를 뜻한다. 사람들은 신, 세계관, 이데올로기 등 무언가를 믿을 수 있는 능력을 가지고 있다. 사과나무도 신앙의 대상이 될 수 있다. 그리스도인들은 실재가 하나님에 의해 창조되었다는 것을 믿는다. 따라서 사과나무도 마찬가지다. 반대로 신은 존재하지 않으며, 사과나무는 궁극적으로 우연한 과정의 결과로 보아야 한다고 믿는 사람들도 있다. 또 다른 사람들은 사과나무를 어머니 지구(가이아)와 연결시키고, 가이아 영성에 기반하여 이 나무와의 관계를 가진다. 어느 쪽이든, 신앙의 양상은 '믿음', '신뢰' 또는 '최종적 확신'으로 특징지어진다.

따라서 도여베르트는 '개체'로서 사과나무와 학문적 분석에서 나타나는 다양한 '양상'을 구분한다. 개별적인 사물의 일상 경험에서 양상은 구별될 수 있지만 그 정합성이 먼저 나타난다. 학문적 분석에서 연구자는 이 자명한 정합성은 배제하고 한 양상 또는 사실이나 사건의 부류에 대한 양상들의 정합성에 초점을 맞춘다. 이러한 구분은 도여베르트의 철학에서 매우 근본적이다. 심지어 이것은 실재에 대한 사고의 돌파구라고 말할 수도 있다.

영역주권(Soevereiniteit in eigen kring)

도여베르트는 이 모든 양상이 '주권적'이라고 강조한다. 이 주권은 무엇보다도 그것들이 서로 환원될 수 없다는 사실에 나타난다. 따라서 신앙적 양상은 감각적 양상으로 환원될 수 없고, 논리적 양상은 생물적 양상으로 환원될 수 없으며, 생물적 양상은 물리화학적 양상으로 환원될 수 없다. 서로 다른 양상들은 서로 환원될 수 없는데, 왜냐하면 그들은 모두 자신의 본성과 특성을 가지고 있기 때문에 그들 자신의 법이나 규범의 집합 또는 영역에 의해 특징지어지기 때문이다. 그들은 도여베르트의 용어를 빌리자면, 모두 '그들 자신의 법칙 양상에 갇혀' 있다(Dooyeweerd, *CS*, p. 39). 도여베르트의 견해에 따르면 현실은 다면적이다. 그리고 이 다면적인 현실은 하나 또는 몇 가지 양상으로 환원될 수 없다. 동시에 다음 장에서 살펴보겠지만 이러한 다양한 양상은 여러 면에서 상호 관련되어 있다. 개별 학문들이 이 정합성을 정확하게 이해하는 것은 큰 도전이다.

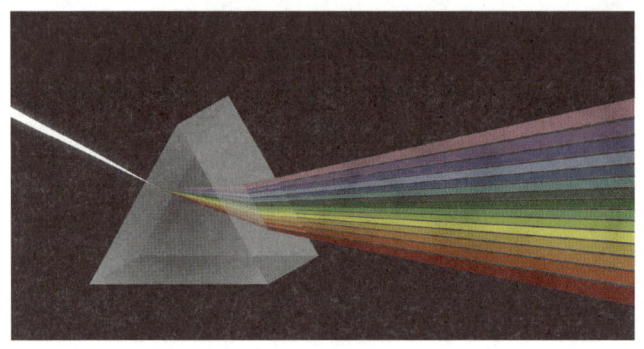

[그림 4.6] 학문적 분석(프리즘)에서, 실재의 통일성(백색광)은 각 양상(각 색상)을 개별적으로 검사하고 분석할 수 있는 방식으로 분해된다.

통일성과 다양성

사과나무와 이러한 모든 다른 양상 사이의 관계는 정확히 무엇인가? 이러한 다양한 양상은 서로 어떤 관련이 있는가? 앞서 언급한 강의에서 도여베르트는 무지개의 이미지를 사용하여 사과나무와 사과나무의 다양한 양상 사이의 관계를 설명하다. 다른 텍스트에서, 도여베르트는 종종 프리즘의 이미지를 사용한다(그림 4.6). 무지개는 '흰색' 햇빛이 빗방울에 의해 굴절되어 백색광이 다양한 색상으로 펼쳐지기 때문에 생성된다. 프리즘을 통한 빛의 굴절에도 동일하게 적용된다. 색채는 '스스로' 서 있지 않고 깨어지지 않는 빛 속에서 통일성을 찾는다. 사과나무의 양상 분석을 행할 때도 같은 일이 발생한다. 학문적 분석에 따르면, 사과나무는 다양한 양상으로 뻗어 나간다. 이러한 모든 양상은 '별도로 사용 가능'하지 않지만 사과나무 자체에서 통일성을 찾는다. 양상이 관련되는 다양한 방법은 다음 장에서 더 자세히 논의될 것이다.

=== 평가와 비판 ===

꽃이 만발한 사과나무의 예는 도여베르트가 일상 경험과 연결되어 있음을 보여준다. 그는 학자들이 사과나무(또는 사과나무들)에 초점을 맞출 때 어떤 일이 일어나는지 보여주려고 노력했다. 사과나무는 모든 종류의 방법을 사용하여 학문적으로 분석될 수 있으며 전체를 접근할 수 있는 방법은 없다. 이것은 그의 접근 방식에 근본적인 개방성을 제공한다. 동시에 도여베르트는 항상 더 많은 학문적 연구가 양상 이론을 조정하고 수정할 것이라는 견해를 가지고 있다. 그러나 이 이론의 핵심인 현실의 다면성은 널리 지지받고 있다.

보다 발전된 모습을 살펴보면 시간이 지남에 따라 수많은 수정이 제안되었음이 눈에 띈다. 몇 가지 예를 들면 다음과 같다. 빌름 아우어네일(Willem Ouweneel)은 감각적 양상을 지각적인 양상과 감각적 양상으로 나눌 것을 제안했다. 결국, 관찰하는 것과 느끼는 것은 다르다. 얀 뎅어링크(Jan Dengerink)는 경제적 양상과 사회적 양상 사이에 목적성의 양상을 삽입하는 반면, 캘빈 시어벨트(Calvin Seerveld)는 미학을 더 앞으로 옮겨 심리적인 것과 논리적인 것 사이(암시와 창의성의 선논리적인 영역으로서)에 위치시킨다. 또한 우리가 이미 지적했듯이 도여베르트가 광범위한 의미를 부여하는 역사적 양상, 즉 문화-역사 교육의 양상에 대한 많은 논의가 있었다. 디르크 폴렌호븐과 다른 사람들의 비판에 따라, 우리는 좀 더 제한된 의미, 즉 형성적 양상을 선택했다. 밥 하웃즈바르트(Bob Goudzwaard, 1934-2024)는 도여베르트의 경제적 양상에 대한 입장을 비판했다. 그에 따르면 경제적 실재는 결핍이 아니라 '신중한 관리'와 '청지기 정신'에 관한 것이다. 경제적 양상에 대한 설명에서 우리는 하웃즈바르트의 노선을 따랐다.

현대적 적용: 식품을 예로 들어 설명하기

식사는 가치 있는 대화의 주제다. 그것에 대해 할 말이 많고 사람들은 그것에 대해 많은 의견을 가지고 있다. 양식을 준비하는 방식에도 문화와 하위 문화에는 큰 차이가 있다. 그렇기 때문에 다른 문화권의 사람들에게 초대받을 때 흥분된다. 사랑하는 사람, 가족 또는 친구와 함께 저녁을 먹으러 가는 것도 종종 즐겁다. 음식에 대한 많은 대화에서 다양한 양상이 다시 나오는 것을 볼 수 있다. 많은 레스토랑은 재료를 현지에서 구매하고(공간적 양상) 유기농으로 재배(생물적 양상)한다고 표시한다. 우리는 맛에 대해 논의하고(감각적 양상), 어떤 향신료가 들어 있는지 구별하려고 노력하며(분석적 양상), 요리사에게 제품 준비 방법을 묻고(형성적 양상) 요리가 나오는 과정(미적 양상)을 칭찬한다. 종교적인 양상은 식사의 시작이나 끝에 기도와 같은 의식에서 볼 수 있으며, 기도자들은 음식에도 하나님께 의존하고 있음을 표현하다. 그러나 우리는 또한 요리 잡지에서 최고의 요리사가 요리 문화에서 거의 신으로 묘사되는 것을 발견한다.

학자들이 식품 시스템을 연구할 때, 양상에 대한 이론은 그들에게 관련된 모든 양상을 고려하도록 강요한다. 많은 연구에서 생물학적이고 경제적인 양상에 중점을 둔다. 하지만 법적인 양상은 어떨까? 서구의 식품 체계는 법과 정의에 기여하는가? 아니면 세계적인 규모로 불공정이 증가하고 있는가? 왜 이 질문은 시스템의 수익성에 대한 질문만큼 끈질기게 제기되지 않는 것일까? 또 다른 질문은 우리 음식의 미적 양상에 관한 것이다. 사과와 당근은 크기가 같고, 색조가 정확히 같고, 모양이 똑같을 때만 아름다운가? 우리가 일탈의 아름다움을 잃어버리지는 않았는가? 그것은 엄청난 낭비로 이어지지 않는가? 마지막으로, 가장 심오하고 종교적인 질문들은 공개 토론에서 종종 간과된다. '우리는 무엇에 의존하고 있는가?', '우리는 하나님에 대한 믿음을 지역 및 세계 식량 생산을 뒷받침하는 과학과 기술에 대한 믿음으로 대체한 것은 아닐까?', '인간과 자연에 대한 우리의 기본 가치는 어디에서 도출되는가?', '우리는 동식물의 본질적 가치에 대해 어떻게 생각하는가?' 등의 질문에서 신앙의 양상이 부각된다.

이러한 예는 양상 이론이 특히 관련이 있음을 보여준다. 이 이론은 문제나 현상을 다른 시각으로 보도록 초대한다.

"현세적 실재의 어떤 양상도, 그리고 결과적으로 현세적인 신적 질서의 어떤 영역도 다른 것들과 분리되어 완전히 독립되어 있지 않다. […] 실재의 모든 현세적 양상들이 그들 자신의 신적 질서들의 양상들(법칙 영역들) 안에 갇혀 있는 동안 **더 깊은 통일성**은 이러한 양상들 중 어느 하나에서도 추구되어서는 안 된다. 그것은 **초(超)** 시간적이고 종교적 성격을 지닌다."

_ 헤르만 도여베르트(*CS*, pp. 41, 39)

도여베르트(DOOYEWEERD)

제5장

통일성

서론

다양한 양상들은 서로 어떻게 관련되어 있는가? 그들은 연결되어 있는가? '별도'로 분리될 수 있는가? 아니면 어떤 '통일성'이 있는가? 이전 장에서 우리는 현실의 다면성에 주목했다. 도여베르트는 이에 대한 그의 철학적 통찰을 양상 이론에서 정교하게 다듬었다. 우리는 '양상적'이라는 단어의 의미를 강조하고 싶다. 그것은 다양한 존재 방식 또는 방법을 나타낸다. 이 장에서 우리는 현실의 정합성과 통일성의 문제에 초점을 맞춘다. 서로 다른 양상은 각기 고유한 면을 가지고 있으며 서로 환원할 수 없기 때문에 이것은 매우 흥미로운 질문이다. 도여베르트의 사상에서 다양성, 정합성 및 통일성의 개념은 서로 밀접하게 관련되어 있다(그림 4.1, 64쪽).

문제: 통일성을 올바로 이해함

양상 이론에서 도여베르트는 우리가 현실을 경험하는 방식을 정의하기를 원했다. 결과적으로 그 경험은 다면적이다. 그리고 우리가 그러한 경험을 철학적으로 표현한다면, 열다섯 가지 양상들을 구별할 수 있다는 것이 밝혀졌다. 동시에 우리는 현실을 하나의 통일체로 경험한다. 우리는 이 모든 다른 양상들이 어떤 식으로든 관련되어 있고 상호 연결되어 있다고 느낀다. 이것은 도여베르트가 해결하고자 했던 문제, 즉 서로 다른 양상들이 어떻게 관련되어 있는가에 대한 문제로 우리를 이끈다. 우리는 어떻게 그 정합성을 철학적으로 해석할 수 있을까? 우리는 어떤 방식으로 통일성에 대해 말할 수 있는가?

맥락: 다른 사상가들과의 대립

젊은 도여베르트는 다양한 학문의 특성에 대한 질문에 집중적으로 관심을 기울였다. 앞 장에서 우리는 그가 한편으로는 법학과 다른 한편으로는 윤리학, 사회학, 심리학 및 논리학 사이의 관계를 성찰했음을 보았다. 같은 시기에 도여베르트는 "규범적 법이론"(Normatieve rechtsleer, 1922)이라는 제목의 연구논문을 썼는데, 이것이 출판되지는 않았다. 이 연구에서 그는 소위 신칸트주의자들의 생각에 관심을 가졌는데 이것은 유명한 철학자 임마누엘 칸트의 전통에 따른 철학적 흐름이다(심화 5.1). 이 연구에서 도여베르트는 우리가 살고 있는 세계가 인간의 생각과 독립적으로 존재하는지에 대한 질문을 다룬다. 신칸트주의자들의 대답은 '아니오'였다. 세계는 인간 정신의 산물이라고 보기 때문이다. 그러나 도여베르트의 대답은 '그렇다'였다. 세상은 하나님의 창조적 활동에 근거하기 때문이다. 이 '그렇다'에서 그는 우리가 현실을 경험하는 방식에 대한 새로운 비전에 도달했다. 이 연구에서 우리는 이미 나중에 '양상이론'이라고 불리게 될 것의 주요 성분을 발견한다. 이 사상가들과의 대화에서 그는 존재하는 모든 것의 상호 정합성과 통일성을 부각함으로써 이 양상에 대한 자신의 관점을 더욱 발전시켰다. 무엇보다도 그는 다양한 양상의 특징과 질서, 가령 예기와 회기에서 나타나는 양상 간의 관계, 법과 규범의 차이점에 대해 논의한다.

심화 5.1: 칸트와 신칸트주의

도여베르트는 소위 신칸트주의자들과 대화하는 데 많은 시간을 할애한다. 이들은 유명한 독일의 철학자 임마누엘 칸트의 전통을 따르는 다양한 독일 사상가들이다.

칸트가 살던 당시, 철학은 두 가지 주요 흐름에 의해 지배되고 있었다. 경험주의자들은 모든 지식은 감각적 경험에 기초한다고 말했고, 합리주의자들은 지식은 근본적으로 인간의 사고에 기초한다고 말했다. 칸트는 지식은 항상 감각 경험 **그리고** 정신 능력의 사용의 산물이라고 주장함으로써 이 두 입장을 연결하려고 했다. 그의 견해에 따르면, 우리의 감각적 경험은 우리의 지성이 그것에 개입할 때만 의미를 획득한다. 오성(Verstand)은 두 가지 방법으로 이 일을 한다. 첫째, 오성은 우리의 감각 경험을 공간과 시간에 대한 '직관 형태'로 조직한다. 다시 말해, 모든 경험은 우리의 오성에 의해 공간(이러저러한 장소)과 시간(그때와 저때)에 위치한다. 둘째, 오성은 우리의 감각 경험을 실체와 인과 관계와 같은 소위 '범주'로 분류한다. 어떤 감각 경험은 '사물 같은' 성격을 띠는데, 이는 우리가 그 경험을 실체라는 범주의 렌즈를 통해 보기 때문이다. 다른 경험들은 우리가 인과성의 범주에 속하는 안경을 썼기 때문에 '인과적' 성격을 획득한다. 가령, 우리는 움직이는 망치와 나무에 박히는 못 사이의 인과관계를 본다.

칸트의 견해는 시간과 공간은 무엇보다도 우리 이성의 속성이지 실재의 속성이 아니라고 본다. 그리고 그것은 실체와 인과 관계 같은 개념에도 적용된다. 이러한 사고 방식은 우리의 경험을 해석할 때 큰 영향을 미친다. 우리는 사물 그 자체는 알 수 없다. 칸트의 말을 빌리자면, '*Ding an sich*'이다. 우리가 알 수 있는 유일한 것은 인간 오성의 감각과 사고 형태 속에서 우리에게 오는 사물이다. 칸트에 의하면 사물 그 자체는 알 수 없다. 기껏해야 우리는 그것을 어렴풋이 알 수 있을 뿐이다. 그러나 그러한 추측–또는 직관–은 진정한 앎의 형태가 아니다.

신칸트주의자들은 보통 헤르만 코헨(Herman Cohen), 폴 나토르프(Paul Natorp), 에른스트 카시러(Ernst Cassirer)와 같은 마부르크 학파(Marburger School)와 빌헬름 빈델반트(Wilhelm Windelband)와 하인리히 리케르트(Heinrich Rickert)와 같은 이름을 가진 바덴 학파(Baden School) 두 종류로 나뉜다.

도여베르트는 주로 마부르크 학파의 신칸트주의자들과 관련이 있었다. 그들은 사물 자체에 대한 추측을 억압함으로써 칸트의 사고를 급진화시켰다. 그들은 또한 어떤 형태의 철학적 또는 종교적 직관도 거부했다. 그들의 견해에 따르면, 감각적으로 알 수 있는 현실 뒤에는 실재가 없다. '나' 또는 '자아'도 마찬가지다: 우리는 우리 마음에서 일어나는 모든 일 뒤에 '나'가 있다고 생각해서는 안 된다. '나' 또는 '자아'는 지적 기능 또는 능력의 총합일 뿐이다.

따라서 마부르크 학파의 학자들은 사물 그 자체에 대한 어떤 형태의 사변이나 가령 헤겔 철학에서와 같이 실재 배후의 다른 실재에 대한 어떠한 사변도 거부했다. 그들은 또한 경험주의가 지식에 이르는 데 있어 우리 오성의 역할을 무시하기 때문에 반대했다. 앎은 존재로부터 나오지 않으며, 반대로, 앎이 존재를 구성(근거, 결정)한다. '오직 생각만이 무엇이 존재로 간주될 수 있는지를 결정할 수 있다'는 헤르만 코헨(Herman Cohen)의 말에 따르면 말이다. 사고가 어떻게 '존재'로 간주될 수 있는 것을 결정할 수 있는가? 이 관점에서 이것은 수학과 논리를 엄격하게 사용함으로써만 수행될 수 있다. 도여베르트는 논리학에 의해 결정된 이 지식 이론에 반대한다. 그의 주요 저작의 제목이 '이론적 사고에 대한 비판'인 것은 괜한 것이 아니다. 이러한 사고는 코헨과 같은 사람들에게는 근본적으로 일방적인데, 왜냐하면 그것은 전적으로 수학과 논리에 의해 결정되기 때문이다.

핵심: 실재의 통일성

다른 사상가들과의 대결은 도여베르트가 자신의 사고를 날카롭게 하고 실재의 질서와 정합성에 대한 자신의 관점을 표현하기 위해 자신의 어휘를 개발하는 데 도움이 되었다. 여기서도 도여베르트는 깔뱅의 생각으로 되돌아가, 실재는 홀로 서 있는 것이 아니라 하나님 안에서 그 기원과 방향을 찾는다는 점에 주목한다. 실재의 질서는 인간의 이성이 아니라 하나님의 창소 활동에 근거한다.

도여베르트가 이에 대해 자세히 설명하는 첫 번째 중요한 생각은 이러한 모든 양상의 통일성이 양상 중 하나에서 발견되어서는 안 된다는 것이다. 하나의 '슈퍼 양상'은 없다. 또한 통일성은 모든 양상의 총체로부터 이해될 수 없다. 도여베르트의 견해에 따르면, 이러한 통일성은 더 깊은 근원과 의미를 가지고 있다. 그것은 (다시) 종교적 기원을 가지고 있다.

두 번째 중요한 사상은 현실 속의 질서와 정합성은 여러 가지 (새로운) 개념들, 즉 회기와 예기, 자신의 영역 안에서의 보편성, 기도와 개현, 객체 기능과 주체 기능의 도움에 의해서만 제대로 이해될 수 있다는 것이다. 이 장에서 이러한 개념에 대해 자세히 설명하겠다.

정교화: 통일성, 정합성 및 다양성

이전 장에서는 다양한 양상을 특정 순서로 제시했다. 도여베르트는 '이전의 양상'이라는 용어로 먼저 논의한 양상과 '이후의 양상'이라는 용어로 마지막으로 논의한 양상을 나타낸다. 우리는 또한 다양한 양상이 상호 환원될 수 없음을 지적했다. 다시 말해, 각 양상에는 다른 양상에서는 찾을 수 없는 고유한 요소가 있다. 그 환원 불가능성은 매우 흥미진진하다. 특히 즉각적으로 질문이 제기된다. 즉 그들은 여전히 연결되어 있는가? 그리고 그들은 어떻게 함께 관련되어 있는가?

통일성의 종교적 기원

앞서 언급한 "기독교적 국가 이념"(De christelijke staatsidee, 1936)이라는 강연에서 도여베르트는 기독교 및 인문주의 사상가들과 현실의 '더 깊은 통일성'에 대해 집중적인 대화를 나눈다. 그는 인간, 실재의 질서, 사회의 구조 및 양상들에 대해 말할 때 이 단어를 사용한다. 도여베르트에 따르면, 실재가 그 모든 다양성 속에서 통일성을 이룬다는 생각은 과학이나 철학에 의해 증명될 수 없다. 그의 견해에 따르면, 그러한 통일성이 존재한다는 느낌이나 직관은 세계관이나 종교에만 근거를 둘 수 있다. 도여베르트의 견해에 따르면, 이 깊은 통일성은 그 신적 기원, 즉 창조주 하나님의 주권적 의지에 기초를 두고 있다(그림 5.1). "실재의 모든 현세적 양상의 **더 깊은 통일성은 초시간적이며 종교적** 성격을 지닌다"(Dooyeweerd, CS, p. 39). 다시 말해, 당신은 학문과 철학의 길을 따라, 양상적 양상들의 더 깊은 통일성을 이성적인 방식으로는 생각할 수 없으며, 오직 종교적 관점에서만 생각할 수 있다. 여기서 도여베르트는 더 나아가 "그리스도 예수 안에서 현세적 실재의 모든 양상들은 그 의미의 참된 성취를 발견한다"고 말한다(Dooyeweerd, CS, p. 39). 이 인용에서 그는 그리스도 안에서 만물이 창조되었고 그분 안에서 모든 피조물이 새로워졌다고 말하는 신약성경의 구절과 연결한다(골로새서 1:16; 고린도후서 5:17 참조). 우리는 이 인용문에서 양상들의 더 깊은 통일성이 '그 의미의 진정한 성취'와 연결되어 있음을 지적한다. 즉, 양상과 양상들의 깊은 통일성의 관점에서 생각하는 것은 '의미'의 개념과 밀접하게 연결되어 있다. 1장에서 우리는 이러한 맥락에서 '나타냄'과 '가리킴'

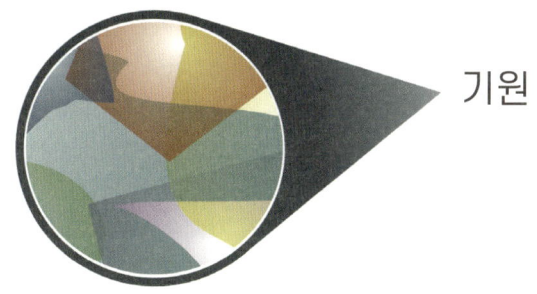

세계관에 기초한 통일성

[그림 5.1] 도여베르트에 따르면, 다양한 색깔인 실재(주위를 둘러싼 원)의 통일성은 오직 세계관적 확신만에 기초할 수 있다. 그 배후의 '기원'은 모든 것이 가리키고 모든 것에서 나타내는 것이다.

이라는 용어를 사용했다. 도여베르트의 견해에 따르면, 이 모든 양상들은 그리스도가 누구인지를 나타내며 이 모든 양상들은 그분을 가리킨다. 도여베르트가 그의 강연 '기독교적 국가론'에서 '기원'이라는 중립적인 단어 대신에 창조주 하나님과 예수 그리스도를 언급한 것은 그의 신앙 고백으로 읽혀져야 한다.

유추: 예기와 회기(antecipaties en retrocipaties)

서로 다른 양상들 사이의 정합성은 무엇보다도 소위 유추에 반영된다. 유추(analogie)란 두 가지 다른 사물, 상황 또는 사건 사이의 공통성을 나타내는 비유적 표현이다. 유추의 예는 다음과 같다. "원자의 구조는 태양계의 구조와 유사하다. 핵은 태양이고 전자는 태양 주위를 도는 행성이다." 이 유추에서 원자의 구조는 우리가 태양계에 대해 가지고 있는 지식을 사용하여 설명된다. 도여베르트는 '유추'라는 단어를 두 양상 사이의 공통성이라는 특정한 의미로 사용한다. 이것은 한 양상이 다른 양상을 가리키는 현상이다. 이것은 두 가지 방법으로 나타날 수 있다: 이전 양상은 나중 양상을 가리킬 수 있으며 그 반대의 경우도 마찬가지다. 다시 말해, 유추라는 비유는 서로 다른 두 양상 사이의 구조적 관계를 가리킨다. 두 가지 예로 생물적 양상에서 경제적 양상으로의 유추와 경제적 양상에서 수적 양상으로의 유추를 들겠다.

가령, "우리는 식량 작물의 광합성 효율을 1.5 또는 2배 증가시킬 수 있다. 이런 식으로 헥타르당 더 많은 식량을 재배할 수 있다"라고 한다면 이것은 하나의 유추가 된다. 광합성은 식물의 가장 중요한 생물적 과정 중 하나로, 햇빛을 통해 물과 이산화탄소를 당/영양소로 변환하는 것이다. 따라서 광합성은 식물의 생물적 양상과 관련이 있다. '광합성의 효율성'이라는 단어는 그 생물학적 과정 자체에 대해 무언가를 말해준다. 즉, 식물이 햇빛을 사용하여 성장하는 정도이다. 그러나 이러한 단어 선택과 수확량을 늘리는 목적은 경제적 양상을 나타낸다. 다시 말해, 이전의 생물적 양상이 나중에 경제적 양상을 가리킨다.

네덜란드의 경제 성장에 기여하는 산업 분야라고 한다면 그 반대다. 이런 경우 네덜란드의 경제적 양상이 중심이다. '성장'이라는 단어 사용은 지난 기간에 그 이전 기간보다 더 많은 상품이 생산되고 판매되었음을 나타낸다. 성장은 수량의 증가를 의미하며, 따라서 경제적 현상이 있다는 사실을 손상시키지 않으면서도 수적 양상을 나타낸다. 다시 말해, 나중의 경제적 양상에서, 이전의 수치적 양상에 대한 언급이 이루어진다. 우리는 이러한 분석을 좀 더 정교하게 만들 수도 있다. 경제 성장은 산업이 생산한 상품의 무역에 기초한다. 이들은 종종 자동차나 건설 자재와 같은 물리적 특성을 가진다. 상품의 흐름에서 수량이 증가하고 있다. 이런 경우 경제 성장이라는 용어는 주로 이러한 물리적 제품을 가리킨다. 그것의 판매와 생산이 증가했다. 따라서 숫자에 대한 파악은 물리적 제품을 통해 이루어진다. 이 예는 양상 이론을 더욱 명확하게 하며, 단순해 보이는 개념의 복잡성과 계층적 구조도 보여준다.

만약 이전의 양상에서 나중의 양상이 나타난다면, 우리는 예기에 대해 말하는 것이다(그림 5.2). 이 합성어는 라틴어 *ante*('이전의')와 *capere*('취하다' 또는 '파악하다')에 기초를 두고 있다. 따라서 예기 한다는 것은 앞서 파악한다는 의미다. 도여베르트는 그리스어 *anti*('대항하여')와의 혼동을 피하기 위해 이 'antecipatie(예기)'('e'와 함께)라는 단어를 일관되게 사용한다. 이렇게 우리는 나중의 양상을 미리 인식하지만 궁극적으로 햇빛과 이산화탄소를 영양분으로 변환하는 예에서 볼 수 있듯이 이전 양상의 질적인 면에서 그것을 본다.

나중 양상으로부터 이전의 양상에 대한 암시가 나타난다면, 우리는 회기(retrocipatie)

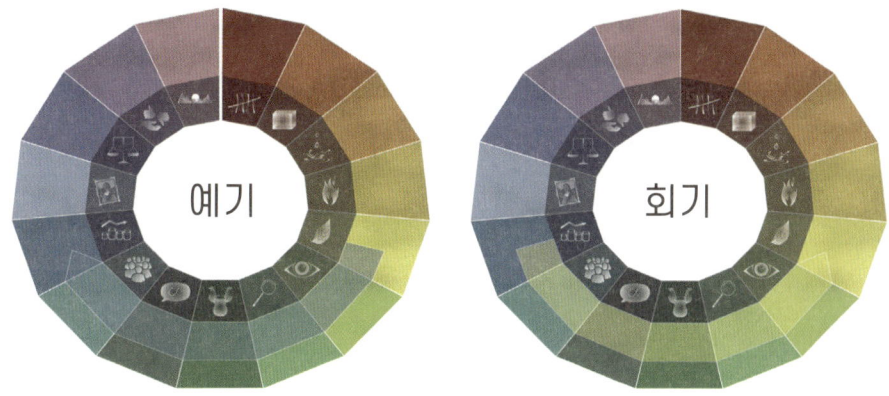

[그림 5.2] '작물에서 광합성의 효율성 증가'라는 표현에서는 생물학적 양상(작물에서의 광합성)과 경제적 양상(효율성)의 두 가지 양상이 함께 나타난다. 이 결합은 특정한 방식으로 일어난다. 즉 예기 또는 미리 앞서 파악하는 것이다. 이 경우 이전 양상(생물학적 양상)은 나중 양상(경제적 양상)을 암시한다. 그림에서 이것은 화살표의 방향인 생물학적 양상에서 경제적 양상으로 표현된다.

'네덜란드 경제의 성장'이라는 표현에서는 수적 양상(성장)과 경제적 양상(네덜란드 경제)이라는 두 양상이 함께 등장한다. 이 결합은 특정한 방식, 즉 회기나 회상에 의해 일어난다. 이 경우 나중 양상(경제적 양상)은 이전 양상(수적 양상)을 연상시킨다. 그림에서 이것은 경제적 양상에서 수적 양상으로 움직이는 화살표의 방향으로 표시된다.

라고 말한다(그림 5.2 오른쪽). 라틴어로 *retro*는 '뒤로'를 의미한다. 회기하면서 우리는 이전 양상을 인식하지만, 그것은 경제 성장의 예에서 볼 수 있듯이 그 질적인 면은 나중의 양상으로부터 취한다.

우리의 언어 사용에서 우리는 많은 예기와 회기를 발견한다. 회계사가 한 회사의 재무제표가 좋아 보인다고 말할 때, 경제적 양상에서 미적 양상으로의 예기가 있다. 변호사가 의뢰인에게 소송을 시작할 수 있는 법적 규범의 여지가 있다고 말한다면, 법적 양상에서 공간적 양상으로의 회기가 있다. 그리고 만약 어떤 기업가가 높은 할인율을 강요하기 위해 자신의 경제적 힘을 사용한다면, 경제적 양상에서 형성적 또는 권력적 양상으로의 회기가 있을 것이다.

영역 보편성(Universaliteit in eigen kring)

도여베르트는 이전에 썼듯이 양상의 더 깊은 통일성을 강조한다. 그는 유추 현상이 이 더 깊은 통일성을 철학적으로 표현하는 열쇠를 제공한다고 믿는다. 실제로, 좀 더 면밀한 분석을 통해 각 양상은 예기와 회기를 통해 다른 모든 양상을 가리킨다는 것이 밝혀졌다. 즉, 각 양상이 우리는 다른 모든 양상과 연결되는 사실을 알게 된다. 도여베르트는 이러한 근본적인 현상을 '영역 보편성'이라고 부른다. 즉, 각 양상은 다른 양상에 대한 참조(예기 및 회기)의 집합으로 특징지어진다. 완전성을 기하기 위해, 우리는 산술적 양상에는 오직 예기만 있고, 신앙적인 양상에는 오직 회기만 있다는 점에 주목한다. '영역 보편성'이라는 개념은 '영역주권'의 반대편 또는 대응물이다. 후자는 각 양상의 특수성(자체적인 법률 및 규범의 영역 또는 집합)을 강조하고 전자는 각 양상의 보편성(다른 양상에 대한 참조를 내포한 자체 영역 또는 집합)을 강조한다.

영역 보편성이라는 현상은 왜 많은 학자들이 환원주의의 함정에 빠지는지를 분명히 보여준다. 결국, 다른 모든 양상은 각 양상에서 인식될 수 있다. 따라서 현실의 완전한 다양성을 한 가지 양상으로 축소하고 싶은 유혹이 매우 크다. 이것은 일부 물리학자들이 우리 현실의 모든 과정이 결국 물리적 과정으로 환원될 수 있다고 믿는 이유를 설명한다. 또한 생물학자들이 이성적 사고, 예술을 즐김, 신에 대한 믿음과 같은 인간의 모든 고등 기능이 생물학적 과정에 불과하다고 정기적으로 주장하는 이유를 설명한다. 마지막으로, 이것은 경제학자들이 재정적 또는 경제적 이익의 관점에서 사회의 모든 과정을 설명하고 이해하려고 노력하는 이유도 설명한다. 아무리 유혹적이라 할지라도, 이러한 종류의 환원은 영역주권으로 표현되는 우리 현실의 다면적 성격을 제대로 표현하지 못한다.

기초 및 개현(Fundering en ontsluiting)

실재의 더 깊은 통일성은 그 양상의 순서에서도 분명하다. 당신은 원칙적으로 두 가지 방식으로 사물을 볼 수 있다: 나중 양상에서 이전 양상으로, 그리고 이전 양상에서 나중 양상으로 보는 것이다. 두 가지 구체적인 예를 사용하여 이 개념에 대해 간략히 다루겠다. 이에 대해 나중에 더 자세히 다루겠다(6장).

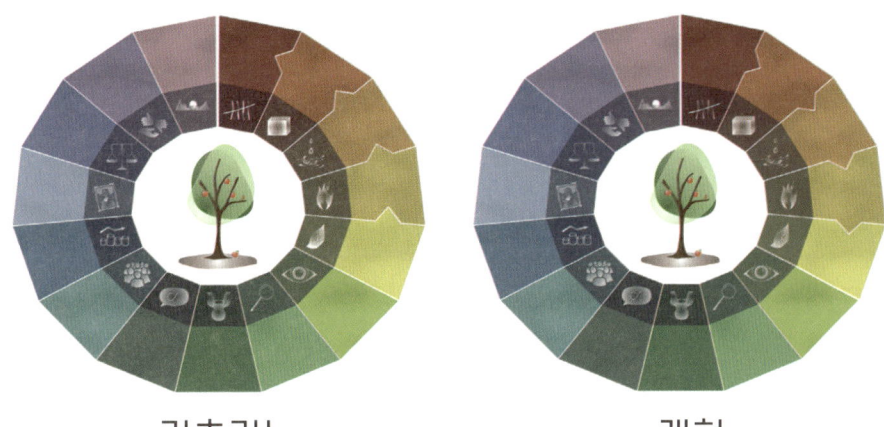

기초기능　　　　　　　　개현

[그림 5.3] 생물적, 물리화학적, 운동적, 공간적 및 수적 양상 간의 관계를 이해하려면 관점의 방향이 매우 중요하다. 나중의 생물적 양상에서 이전의 물리화학적, 운동적, 공간적 및 수적 양상으로 살펴보면, 그 기초가 드러나게 된다. 즉 생물적 양상은 물리화학적, 운동적, 공간적 및 수적 양상에서 사과나무의 기능에 의해 가능해진다. (화살 방향이 나중 양상에서 이전 양상으로 이동한다.) 우리가 이전 양상에서 나중 양상으로 바라보면, 개현 현상이 그림으로 나타난다. 즉 물리화학적 양상은 생물적 양상의 영향으로 심화되거나 개현되고, 운동적 양상은 물리화학적 양상에 의해 다시 개현된다. 그림에서 개현 과정은 화살 방향으로 묘사된다. 즉 이전 양상에서 나중 양상으로 표시된다.

사과나무는 모든 면에서 기능한다(4장). 그러나 생물적 양상은 나무를 나무답게 만드는 특별한 것이 있다. 그래서 우리는 이 양상을 나무의 인도적 기능이라고 부른다(6장). 우리가 지금 다루고자 하는 질문은 이것이다: 생물학적 양상과 그 이전의 양상들 사이의 관계는 무엇인가? 도여베르트의 대답은 수적, 공간적, 운동적 및 물리화학적 양상이 사과나무의 생물학적 기능을 가능하게 한다는 것이다. 다시 말해, 그것들은 사과나무의 생물적 양상의 기반이 되거나 기초를 이루고 있다(그림 5.3, 왼쪽).

기초적 기능의 다른 예는 인간과 동물의 감각적 양상이 이전 양상, 즉 생물적, 물리화학적, 운동적, 공간적, 수적 양상에 기반을 두고 있다는 것이다.

같은 사과나무를 사용하여, 우리는 질문을 던지고 싶다: 우리가 이전 양상에서 나중의 양상으로 볼 때 무엇을 볼 수 있는가? 도여베르트의 대답은 수적, 공간적, 운동적 및 물리화학적 양상은 생물적 양상에 의해 심화되거나 개현된다는 것이다(그림 5.3, 오른쪽, 91쪽). 이 경우, 심화되거나 열린다는 것은 나무의 물리화학적 양상이 나무의 모든 생물적 과정이 가능한 한 많이 지원되도록 생물적 양상의 영향 하에 형성됨을 의미한다. 더 나아가 운동적 양상은 물리화학적 과정이 생물적 과정을 가능한 한 많이 지원할 수 있는 방식으로 형성되어야 한다. 공간적, 수적 양상도 비슷하다. 도여베르트는 생물적 양상이 이끄는 이러한 발전 과정을 '개현'이라고 부른다.

개현은 흔한 현상이다. 탁월한 예는 언어적 양상의 개현 또는 심화이다. 가령, 우리는 법률 용어 또는 종교 언어에 대해 이야기한다. 가령, 변호사와 판사가 사용하는 언어에는 특정 단어와 특징적인 표현이 있다. 목회자와 목사의 언어도 마찬가지다. 법률 언어의 발전에는 법, 정당화 및 정의에 대해 말할 수 있기 때문에 개현 또는 심화가 있다. 죄, 용서, 소망 및 신뢰에 대해 말하는 신앙의 언어도 마찬가지다.

객체 기능과 주체 기능(Objectsfuncties en subjectsfuncties)

4장에서 우리는 꽃이 만발한 사과나무를 통해 양상이론을 설명했다. 양상은 무언가 또는 누군가의 양상이다. 그들은 서로를 가리키며, 예기 또는 회기한다. 이 모든 가리킴은 함께 사물 (또는 사람) 전체에 대한 그림을 제공한다. 주체(subject)와 객체(object)라는 용어의 도입과 함께 우리는 다음 단계로 넘어간다. 이 단계는 더 이상 사물의 양상에 관한 것이 아니라 사물 자체에 관한 것이다. 우리는 여기서 사물이라는 단어를 느슨하게 사용한다. 특성 사물에 관한 것뿐만 아니라 사건과 사람에 관한 것이기도 한다. 무언가 (사물, 사건) 또는 누군가가 주체로 기능할 수 있다. 그런 다음 스스로 능동적으로 기능한다. 또는 객체, 즉 수동적으로 작용할 수 있다. 후자의 경우, 사물 또는 사건은 무언가 또는 다른 사람, 주체와의 관심 또는 교제의 '대상'이다. 그래서 주체는 객체와 함께 무언가를 한다.

주체 기능과 객체 기능이라는 용어는 여기에서 파생된다. 그것들은 사물이 주체 또는 객체로 기능하는 양상을 나타낸다. 따라서 주체 기능은 사물 자체가 능동적으로 활동하는 양상들을 가리킨다. 객체 기능은 사물이 수동적이거나 주의의 대상이거나, 무언가 또는 다른 사람과의 교감이 있는 양상을 나타낸다.

[그림 5.4] 이 현실에 있는 모든 것은 열다섯 가지 다른 양상에서 기능한다. 그러나 그것이 수행되는 방식에는 차이가 있을 수 있다. 나무의 경우, 그것은 생물적 양상을 포함한 수적 양상에서 인간의 간섭 없이 주체로서 기능한다. 즉 나무는 그러한 양상에서 능동적으로 기능한다. 다른 양상, 즉 나중의 양상들(감각적 양상에서부터 신앙적 양상까지)에서, 그것은 객체로서 기능할 수 있다. 즉 나무는 그러한 양상에서 수동적으로 기능한다. 그러면 그것은 인간의 관심과 간섭의 '대상'이 된다.

다시 사과나무를 보자. 그것은 가령, 생물적 양상을 포함하는 숫자적인 기능을 가지고 있다. 즉, 사과나무는 수적, 공간적, 운동적, 물리적 및 생물적 양상에서 활발하게 기능한다. 결국 나무는 셀 수 있으며(숫자적으로 한 그루이다. 두 그루가 아니다), 공간을 차지하고, 움직이며(바람에), 모든 종류의 물질로 이루어져 있고, 자라며 늙고 죽는다. 도여베르트의 용어를 빌리자면, 나무는 생물적 양상까지 포함하는 수적 양상에서 '주체'로 기능한다(그림 5.4).

감각적인 양상에서부터 신앙적인 양상에 이르기까지, 사과나무는 하나의 객체로 기능한다. 이 나무는 무언가 또는 다른 누군가에 의한 간섭의 '대상'이다. 동물은 나무 껍질을 갉아먹을 수 있다(감각적). 여기서 나무는 동물에게 생물적 객체 역할을 한다. 인간은 사과나무를 가지치기할 수 있고(형성적), 팔 수 있으며(경제적), 감탄할 수도 있다(미학적). 이러한 행위와 상호작용 속에서 그것은 형성적, 경제적, 미학적 '객체'로 기능한다.

사과나무는 재배자가 사과의 생산 및 판매를 위해 사용할 수 있다.

우리가 이런 식으로 현실을 바라볼 때, 여기서 항상 이야기하는 현실의 다양성의 무언가가 빛을 발한다. 돌이나 바위와 같은 죽은 사물들은 물리화학적 양상에서 주체로 기능하고, 식물과 나무는 생물적 양상(아마도 감각적 양상에서도)을 포함한 물리적 양상에서 주체로 기능하며, 개와 고양이 같은 동물은 감각적 양상까지 주체로 기능한다. 그리고 인간은 모든 면에서 주체로서 기능한다.

주체 기능과 객체 기능의 구분은 매우 유익하다. 가령, 인간과 기술 보조 도구의 차이점을 설명할 수 있다. 원예 도구를 예로 들어 보자. 사람과 정원의 도구는 모두 물리적 양상에서 동일한 방식으로 기능한다. 결국, 모든 물리 법칙은 사람과 정원 가꾸기 도구 모두에 적용된다. 가령, 낙하의 법칙과 전류의 전도 법칙을 생각해 보라. 그러나 경제적 양상을 살펴보면 큰 차이를 볼 수 있다. 이 양상에서 사람들은 주체로서 기능한다. 사람들은 서비스와 제품을 사고 팔 수 있다. 그러나 이 양상에서, 정원 도구는 객체로 기능한다. 정원 도구는 사거나 팔린다. 가령, 도덕적 양상에도 동일하게 적용된다. 이 양상에서 인간은 주체로 기능한다: 주어진 상황에서 도덕적으로 책임있는 방식으로 행동한다. 이러한 양상에서 정원 도구는 객체로 기능한다. 가령 나무나 관목을 가지치기하는 것과 같이 도덕적으로 책임감 있는 방법으로 정원 도구를 사용할 수 있다. 그러나 사람은 또한 도덕적으로 무책임한 방식으로 정원 도구를 사용할 수 있다. 가령 다른 사람을 다치게 하는 경우이다.

주체 기능과 객체 기능의 관점에서 생각하는 것은 인공 지능에 초점을 맞출 때 매우 흥미로워진다. 만약 '지능적인' 컴퓨터가 증권 거래소에서 주식을 사거나 파는 데 사용된다 해도, 사람들은 경제적 양상에서는 주체로서 기능하고 컴퓨터는 단지 객체로서만 기능한다고 주장할 수 있는가? 전문가 제도가 보건 분야에서 사용되고 치료에 대한 조언을 제공한다면, 당신은 도덕적 책임을 사람만 지고 전문가 제도는 그렇지 않다고 계속 주장할 수 있는가? 우리가 보기에, 도여베르트는 지능형 컴퓨터와 전문가 시스템이 경제적, 도덕적 양상에서 객체로 기능한다는 명제를 여전히 옹호할 것이다. 그러나 그는 또한 사람, 컴퓨터 및 전문가 시스템 간의 상호 작용의 복잡한 연결성을 강조하고 분석하려고 노력할 것이다.

평가와 비판

양상의 더 깊은 통일성에 대한 도여베르트의 관점은 일반적으로 높이 평가된다. 무엇보다도, 이 생각이 우리 자신의 경험에 정당성을 부여하기 때문이다. 모든 다른 양상은 서로 영향을 미치며 어떤 식으로든 상호 관련되어 있다. 둘째, 이 생각은 현실의 다양한 현상을 설명하기 때문이다. 우리가 제시한 예들, 즉 예기와 회기, 영역 보편성, 그리고 기초와 개현에 대해 생각해 보라.

현대적 적용: 종들의 더 깊은 통일성?

도여베르트는 현실의 양상들의 더 깊은 통일성을 경계의 문제로 간주한다. 다시 말해, 당신은 생각하면서 그 깊은 통일성을 이해하려고 노력하지만, 답은 자꾸 당신에게서 멀어진다. 그래서 생각하면서 넘을 수 없는 어떤 한계에 부딪히게 된다. 그때 당신이 할 수 있는 것은 당신의 직관에 의존하는 것이다. 직관은 개인적인 경험, 교육 및 종교적 신념을 포함한 신념에 의해 형성된다. 따라서 경계 문제는 항상 의문을 제기하고 종종 철학자들 사이에 심각한 의견 차이를 초래한다. 한 가지 예를 들어 보겠다.

생물학에서 '종'의 개념은 중요한 역할을 한다. 문제는 서로 다른 생물 종들의 더 깊은 통일성을 어떻게 이해할 수 있는가 하는 것이다. 각 종은 고유한 정체성을 가지고 있으므로 변경할 수 없는 것일까? 또는 종들이 궁극적으로 고정된 본성을 가지고 있지 않다면, 그들은 진화할 수 있다. 도여베르트는 그의 기독 신앙을 바탕으로 생물학에서 이 경계 문제를 명확히 하려고 한다. 그는 1959년에 다양한 생물 종들이 하나님의 창조 활동에 기초를 두고 있다고 적었다. 말하자면, 각 종은 하나님께서 창조 세계에 부여하신 질서의 표현이다. 따라서 종은 자신의 정체성을 가지고 있으며 변하지 않는다.

다른 한편, (다른 기독) 철학자인 야꼽 끌랍베이끄(Jacob Klapwijk)는 도여베르트가 다양한 생물학적 종들이 하나님이 창조에 부여한 질서의 반영이라는 것을 전혀 그럴듯하게 만들지 않는다고 주장한다. 그는 과학적 연구가 '종은 상대적인 영속성의 패턴이지만 고정된 정체성은 없다'는 것을 결정적으로 보여주었다고 믿는다(Klapwijk, 2009, p. 245).

이 논의는 경계 문제의 전형적인 예다. 그것은 항상 당신이 생각하는 동안 얼마나 멀리 갈 수 있는지, 특정 종교적 해석이 비판의 시험을 견딜 수 있는지, 그리고 당신이 전문적인 과학에 정당성을 부여하는지 여부에 관한 것이다.

"그렇다면, 순진한 경험 속에서 사물의 구조에 대한 바람직한 이론적 통찰에 도달하기 위해 우리는 어떤 길을 택해야 하는가? 이러한 통찰은 이론적 분석 없이는 가능하지 않기 때문에, 우리는 당연히 양상이론과의 연결에 의존하고 있다."

_ 헤르만 도여베르트(*WdW*, III, p. 34)

도여베르트(DOOYEWEERD)

제6장

사물

서론

사물은 다양한 종류가 있다. 가령, 나무, 비버 댐, 집, 그림, 테이블, 의자, 로봇 등을 생각해 보라. 우리는 철학자들이 전체적이고 자신의 정체성을 가진 모든 것에 대해 '사물'이라는 단어를 사용한다는 점에 주목한다. 살아 있는 존재도 마찬가지다. 우리는 이 모든 것이 '자체적인' 무언가를 가지고 있음을 안다. 나무는 비버 댐이 아니고, 집은 그림이 아니며, 테이블은 의자가 아니다. 우리는 또한 각 사물의 '특수성'을 이론적으로 분석하고 이해할 수 있을까? 그것을 조사하는 가장 좋은 방법은 무엇인가? 도여베르트의 대답은 명확하다. "그렇다. 우리는 사물의 '특수성'을 이해할 수 있으며 그렇게 하기 위해 우리는 양상 이론을 이해해야 한다." 이 장에서는 몇 가지 새로운 개념들도 소개하겠다.

문제: 사물의 원리 또는 법칙들에 대한 통찰

우리는 다시 '기독교적 국가 이념'이라는 강의로 돌아가는데, 왜냐하면 그것은 너무나 명확하고, 현대의 독자들에게도 그렇기 때문이다. 이 책에서 도여베르트는 영역주권에 대한 카이퍼의 생각[2]을 체계적인 방식으로 정교하게 설명한다. 그의 견해에 따르면 이 사상에는 두 가지 의미가 있다. 첫 번째 의미는 '시간적 실재가 나타내는 다양한 양상들'과 관련이 있다(Dooyeweerd, CS, p. 38). 이전 장들에서 우리는 이 주제를 살펴보았다.

---

2 최용준, "아브라함 카이퍼의 영역 주권 사상이 주는 사회 윤리적 함의에 관한 고찰", 「신앙과 학문」, 제27권 3호 (통권 92호) (2022년 9월), 187-205 참조. (역자 주)

두 번째 의미는 '사물과 사회 구조에 대한 통찰'에 관한 것이다(Dooyeweerd, *CS*, p. 43). 이것은 도여베르트가 해결하고자 했던 문제로 우리를 이끈다. 즉 영역주권은 나무, 비버 댐, 집, 그림, 탁자, 의자와 같은 것들에서, 그리고 교회, 국가, 가족과 같은 사회적 관계에서 어떤 방식으로 드러나는가? 도여베르트는 이러한 것들과 관계에 적용되는 '구조적 원리' 또는 '구조적 법칙'에 대한 통찰력을 얻고자 한다. 그의 견해에 따르면, 그것은 하나님이 주신 구조들에 관한 것이다. 그래서 그는 '구체적인 신적 구조 원리들'이라는 표현을 사용한다(Dooyeweerd, *CS*, p. 43). 도여베르트는 이러한 구조적 원리가 사물과 관계에서 다양한 양상들을 그룹화하는 방식으로 표현된다는 점을 강조한다. 이것은 우리가 서로 다른 양상의 그룹화를 기반으로 한 사물 또는 다른 것과 하나 또는 다른 연결을 구별할 수 있음을 의미한다. 따라서 구체적인 사물과 사회 형태의 구조적 원리를 설명할 때 그는 양상 이론과 밀접하게 관련시킨다. 이 장에서 우리는 사물에 대한 이론에 국한하고, 다음 장에서는 사회적 관계에 대한 이론에 초점을 맞추겠다.

── 맥락: 사물은 우리 생각의 산물인가? ──

도여베르드는 철학에서 - 그가 아는 한 - 현실에서 발생하는 다양한 것들의 구조에 대한 이론적 연구가 수행되지 않았다고 적고 있다. 그러나 그는 현상학자 막스 쉘러(Max Scheler, 1874-1928)의 '중요한 논문'을 언급한다(Dooyeweerd, *WdW*, III, p. 33). 현상학은 현상이 스스로 말하게 함으로써 우리에게 발생하는 현상을 설명하는 철학적 운동이다. 도여베르트는 자신과 쉘러가 두 가지 중요한 점에서 같은 싸움을 하고 있다는 사실에 기뻐한다. 무엇보다 먼저, 사물들이 우리의 이론적 사고의 산물로 간주되어서는 안 된다. 여기서 도여베르트는 임마누엘 칸트의 철학(심화 5.1, 83-85쪽)뿐만 아니라, 사물을 '실체'(1장)로 보는 훨씬 더 긴 사유의 전통에 대해 생각하고 있다. 덧붙여, 도여베르트는 쉘러와 함께 한편으로는 순진한 경험의 특수성을, 다른 한편으로는 이론적 사고의 특수성을 존중해야 한다고 믿는다(2장). 다시 말해, 우리는 순진한 경험을 이론화해서는 안 된다. 일상의 경험에서 우리는 사물을, 자체적인 특성을 가진 하나의 전체로서 경험한다.

동시에 도여베르트는 쉘러가 사물의 구조에 대한 통찰력을 제공하는 데 더 이상 도움이 되지 않는다고 지적한다. 그의 의견으로는, 쉘러는 인상주의적인 이미지를 주는 것 이상을 주지 못한다. 사실, 도여베르트는 쉘러가 자신의 사고의 종교적 기초를 충분히 설명하지 못하기 때문에 사물의 구조에 대한 실질적인 통찰력에 도달할 수 없다는 견해를 가지고 있다(3장).

핵심: 사물의 다양성

도여베르트는 사물의 구조를 이해하기를 원한다. 그는 다른 철학자들의 작업에 의존할 수도 없고 기대하지도 않는다. 나아가, 그는 영역주권의 원칙에 부합하는 사물에 대한 이론을 발전시키기를 원한다. 오직 이런 식으로만, 그는 하나님이 존재하는 모든 것의 창조주이시며 모든 것이 그 자체의 본성에 따라 창조되었다는 확신에 정당성을 부여할 수 있다고 믿는다(1장). 그 자체적 본성은 하나님이 주신 구조와 어느 정도 관련이 있다. 철학의 과제는 이러한 성질과 구조를 파악하고, 해석하며, 설명하는 것이다.

이 문제를 해결하기 위해 도여베르트는 양상이론을 출발점으로 삼는다. 그는 나무, 비버 댐, 집, 그림, 테이블, 의자, 로봇 등 모든 구체적인 것이 현실의 모든 양상에서 기능한다고 주장한다. 확대하면 각 항목에 대해 이러한 양상들이 다른 방식으로 '그룹화'되어 있음을 알 수 있다(Dooyeweerd, CS, p. 43). 첫 번째 차이점은 이미 주체 기능과 객체 기능의 그룹화에서 찾을 수 있다(5장). 가령, 돌, 나무, 사람의 주체 기능과 객체 기능을 그룹화하는 데에는 큰 차이가 있다. 두 번째 차이점은 사물의 이른바 인도적 기능에서 발견된다(2장). 관목이나 나무는 생물적 기능에 의해 인도받고 그림이나 조각품은 미적 기능에 의해 인도된다. 세 번째 차이점은 자연적 사물과 문화적 사물의 구별에서 발견된다(6장). 돌과 나무는 자연 속에서 생겨나고, 그림과 집은 인간의 손에서 나온 산물이다.

양상 이론과 같이 사물에 대한 이론은 모든 종류의 환원주의에 대항하는 장벽을 만든다. 당신은 사물의 다양성을 몇 가지 종류의 유형으로 줄일 수 없다. 그것은 자연에서도 통하지 않고, 문화에서도 통하지 않는다. 예리하게 분석해 보면, '정체성' – 여기서는 사물의 유형(또는 종류)의 정체성으로 이해된다 – 은 매우 복잡한 개념이라는 것이 드러난다. 또한 예리하게 분석하면 한 가지 놀라움에서 또 다른 놀라움으로 넘어간다. 사물은 매우 복잡한 구조로 되어 있으며, 이에 대해 조금이라도 이해하면 자연과 문화에 대한 경이로움이 더욱 커진다.

심화 6.1: 수적 및 종류적 정체성

철학에서 사물이 '무엇인가'라는 질문에 대한 논의는 여러 하위 주제로 나눌 수 있으며, 모두 철학적 지뢰밭이다. 여기서 우리는 주로 정체성이라는 주제에 초점을 맞춘다. 이 또한 널리 퍼져 있고 어려운 주제다. 우리는 사물을 '사물'로 인식할 때 어떤 일이 일어나는가에 대한 질문으로 스스로를 제한한다. 정체성은 '이 하나의 표본'을 가리킬 수 있으며, 다른 한편으로는 '종의 표본이 되는 것'을 의미할 수도 있다. 정체성이 '이 하나의 표본'의 고유성과 관련되어 있다면, 철학에서는 수적 정체성을 말한다. 정체성이 '종의 표본'이 되는 것과 관련이 있다면, 질적 또는 유사한 정체성을 말한다. 따라서 수적 정체성은 이 독특한 하나의 사과나무를 말하며 종류적 정체성은 배나무가 아닌 사과나무라는 사실에 대한 정체성에 관한 것이다.

양상에 대한 도여베르트의 분석은 사물의 특정한 속성과 관련이 있다. 이러한 속성은 사물이 종류적 정체성과 관련이 있다. 도여베르트의 체계(예기와 회기, 주체 및 객체 기능, 인도적 기능 포함)은 종류적 정체성에 대한 기존 통찰력에 흥미로운 심화를 제공한다.

도여베르트는 수적 정체성에 더 어려움을 겪는 것 같다. 그는 그것에 대해 거의 말하지 않으며 그가 말하는 것은 주로 다른 사람들이 말하는 것에 대한 것이다. 가령, 그가 아리스토텔레스, 라이프니츠, 칸트에 대해 말하는 것의 핵심은 그들의 견해가 스스로를 절대적인 것으로, 궁극적인 근거로 간주하는 사고에 기초하고 있다는 것이다. 그들은 독특한 정체성을 이론적 개념으로 만든다. 우리는 도여베르트의 견해를 (독특한) 정체성의 경험과 (수적) 정체성의 기술적–철학적 개념을 구별하는 것으로 바꾸어 말할 수 있다. 철학자들은 항상 독특한 정체성(일상적 경험)을 정체성에 대한 이론적 이해(학문적 분석)와 동일시하는 경향이 있다. 도여베르트는 이에 대해 이의를 제기한다. 유일성의 경험에는 신비롭다는 의미에서가 아니라 주어진 것이라는 의미에서 이해하기 어려운 무언가가 있다는 것이다. 유일성은 학자에게는 신비지만, 모든 일반인에게는 완전히 자명한 것이다.

── 정교화: 사물 이론 ──

다양한 기능들의 그룹화

4장과 5장에서 우리는 꽃이 만발한 사과나무에 대한 도여베르트의 분석을 살펴보았다. 이 분석은 사과나무가 모든 양상에서 기능한다는 것을 보여주었다. 그러나 차이점이 있다. 산술적인 것에서 생물학적인 것에 이르기까지 처음 다섯 가지 양상에서 사과나무는 주체적으로 기능한다. 즉, 사과나무는 이러한 양상에서 활발하게 기능한다. 다음의 열 가지 양상에서, 즉 감각적 양상에서 신앙적 양상에 이르기까지, 사과나무는 하나의 객체로 기능한다. 즉, 이러한 양상들에서 사과나무는 수동적으로 기능하며 인간 행동의 대상이다.

꽃이 만발한 사과나무를 돌이나 동물과 비교하면 양상들의 차이점이 즉시 눈에 띈다. 돌은 처음 네 가지 양상에서 주체로 기능하고 다음 열한 가지 양상에서는 객체로 기능한다. 그리고 동물은 처음 여섯 가지 양상에서 주체로서 기능하고, 다음 아홉 가지 양상에서는 객체로 기능한다.

결론적으로 우리가 사물의 구조에 대한 더 많은 통찰력을 얻으려면 다양한 양상들의 그룹화를 살펴봐야 한다는 것이다.

인도적 기능: 사과나무

나무를 돌에 비유해 보사. 나무와 돌은 처음 네 가지 양상에서 주체로서, 즉 능동적으로, 그 자체로 기능한다. 나무는 생물적 양상에서 주체로서 기능하고, 돌은 그 양상에서 대상으로서 기능한다. 그리고 이후의 모든 양상에서, 나무와 돌은 객체로서 기능한다. 따라서 생물적 양상이 큰 차이를 만든다. 즉 나무는 살아 있고 돌은 살아 있지 않다. 사과나무는 꽃을 피우지만 돌은 그렇지 않다. 사과는 사과나무에 열리지만 돌은 결코 그렇지 않다. 그래서 나무를 나무로 만드는 것은 생물적 양상이다. 철학적으로 표현하자면, 나무의 인도적 기능은 생물적 양상이다(그림 6.1).

또한 다음과 같은 것이 있다. 우리는 방금 나무와 돌이 처음 네 가지 양상에서 주체로 기능한다고 썼다. 나무의 산술적, 공간적, 운동적, 물리화학적 양상을 자세히 살펴보

[그림 6.1] 무엇이 나무를 나무답게 만드는가? 가령, 나무와 돌을 구별하는 것은 무엇인가? 그것은 바로 생물적 양상이다. 이 양상은 사과나무를 인도하고(화살표와 배경색으로 볼 수 있음) 이것은 사과나무가 주체로 기능하는 마지막 양상이기도 하다(밝은 외부 링에서 볼 수 있다).

사과나무의 인도적 기능

면 돌과 큰 차이점을 볼 수 있다. 공간적 양상을 예로 들면, 나무의 모양은 잎이 물과 이산화탄소를 당으로 전환하기 위해 가능한 한 많은 햇빛을 흡수할 수 있도록 한다. 즉, 나무의 구조와 에너지 공급이 최대한 뒷받침될 수 있도록 공간적 양상이 형성되어 있다. 돌의 경우 공간적 양상과 다른 양상 사이에는 그러한 관계가 없다.

운동적 양상도 살펴보면 큰 차이점을 볼 수 있다. 돌이 태양이나 추위의 영향으로 팽창하고 수축할 때 일정한 속도로 발생한다. 특별한 경우에는 특정 속도로 전파되는 열과 추위의 영향으로 균열이 나타난다. 나무는 운동적 양상에서 매우 다르게 기능한다. 수액이 흐르는 속도와 바람에 나뭇잎이 움직이는 것을 생각해 보라. 요컨대, 운동적 양상은 나무가 실제로 살아있는 나무가 될 수 있는 것처럼 보인다.

마지막으로 물리화학적 양상이다. 대부분의 돌은 규소, 나트륨, 칼슘, 칼륨, 마그네슘, 알루미늄 및 철의 산화물 및/또는 탄산염으로 구성된다. 나무의 물리화학적 구조는 훨씬 더 복잡하다. 화학 구조는 특히 복잡하며 광합성을 포함한 많은 (생)화학 반응이 발생한다. 이 양상에서도 모든 것이 나무의 생물적 생명을 가능하게 하는 것을 목표로 하는 것으로 보인다. 4장의 용어로 표현한다면 산술적, 공간적, 운동적, 물리화학적 양상은 나무의 생물적 양상을 뒷받침하는 반면, 생물적 양상은 산술적, 공간적, 운동적, 물리화학적 양상을 개방하고 심화시킨다.

위의 분석은 생물적 양상이 특별한 역할을 한다는 것을 보여준다. 그래서 도여베르트는 이런 기능을 나무의 인도적 기능이라고 부른다. 인도한다는 것은 나무를 (종류적으로) 나무로 만들어 돌이나 동물과 구별하는 것을 의미한다. 만약 우리가 돌과 동물을 같은 방식으로 분석한다면, 우리는 돌의 인도적 기능은 물리화학적 양상이고, 동물의 인도적 기능은 감각적(심리적) 양상임을 발견한다.

인도적 기능: 비버 댐

비버 댐은 매력적이다. 비버는 나무를 자르고 조각으로 '톱질'하여 댐이 건설될 장소로 끌고 가는 능력으로 유명하다. 댐은 나무, 돌 및 진흙 조각으로 만들어진다. 비버 댐은 길이가 수십 미터에서 수백 미터에 달할 수 있으며 물 위로 1미터 또는 몇 미터 솟아오를 수 있다. 댐 뒤에는 연못이 만들어져 비버가 나뭇가지, 바위 조각, 진흙 조각으로 '롯지'를 짓고 수중 입구를 만든다. 롯지는 비버가 잠을 자고, 새끼를 키우고, 겨울에는 따뜻하게 지내고, 포식자로부터 숨을 수 있는 안전한 장소이다. 그들은 또한 거기에 음식을 저장한다.

이런 비버 댐과 롯지를 어떻게 철학적으로 해석할 수 있을까? 무엇이 이 댐의 정체성을 결정하는가? 비버 댐은 나무, 돌, 진흙 등과 같은 죽은 재료로 구성된다. 이 모든 물질은 산술적, 공간적, 운동적, 물리화학적 양상에서는 주체로 기능하지만 생물적 양상에서는 객체로 기능한다. 비버 댐의 인도적 기능은 무엇인가? 이 질문에 답하기 위해 우리는 댐과 롯지의 기능을 잘 살펴 봐야 한다. 그들은 비버의 삶과 생존에 관여한다. 따라서 비버 댐의 인도적 기능은 감각적 양상이나. 이 양상은 사용된 재료의 이전 모든 양상들(산술적, 공간적, 운동적, 물리화학적 양상)을 개현한다. 비버 댐의 인도적 양상은 댐이 객체로 기능하는 양상이다. 결국 나무는 비버에게 감각적 객체로 기능한다(그림 6.2). 이것은 숲 속의 나무와 다르다. 인도적 기능은 나무가 주체로서 기능하는 양상이다.

자연에서 우리는 비버 댐에 필적하는 많은 현상들을 발견한다. 거미줄, 개미 둥지, 벌집, 조개껍질을 생각해 보라. 이 모든 경우에서, 인도적 기능은 생물적 양상에 있는 반면, 거미줄, 둥지, 빗 및 껍질은 생물적 양상에서 객체로 기능한다.

[그림 6.2] 비버 댐은 나무, 돌, 진흙으로 구성되어 있다. 비버 댐은 비버가 살고 생존하기에 적합한 방식으로 만들어졌다. 따라서 비버 댐의 인도적 기능은 감각적 양상이다(화살표와 배경색에서 볼 수 있듯이). 사과나무와는 달리, 이것은 비버 댐의 객체적 기능이다(어두운 바깥 고리에서 볼 수 있듯이).

비버 댐의 인도적 기능

기초적 기능: 주택

원시적인 동굴 집과 벽돌로 지은 집의 차이점은 무엇인가? 동굴은 주로 석회암 암석에서 발견된다. 지하수는 석회의 일부를 녹여 수백 년 또는 수천 년 후에 열린 공간을 만든다. 이 열린 공간이 충분히 크면 집으로 사용할 수 있다. 따라서 동굴 집은 자연적 과정의 결과인 '자연의 산물'이다. 반면에 벽돌로 만든 집은 인간 노동의 결과다. 사람들은 돌을 쌓아 집을 지었다. 그러므로 벽돌로 만든 집은 '문화적 산물'이며, 인간이 빚어낸 작업의 결과다. 자연적인 것과 문화적인 것의 차이를 설명하기 위해 도어베르트는 '기초적 기능'이라는 단어를 소개한다(그림 6.3, 108쪽). 기초적 기능은 사물의 존재의 기초가 되는 양상을 설명한다. 동굴은 자연적 과정의 결과다. 따라서 기초적인 양상은 물리 화학적 양상이다. 집은 인간 행동의 결과이므로 그 기초적인 양상은 형성적 양상이다.

기초적 기능의 개념은 또한 우리를 문화의 모든 종류의 변화에 민감하게 만든다. 가령, 음식에 대해 생각해 보라. 전통적인 수렵 채집인들은 자연에서 직접 식량을 얻었다. 따라서 그들이 식품에 사용하는 재료는 생물적 기반이다. 하지만 현대 식품 산업에서는 다르다. 모든 제품들은 공장에서 가공된다. 이러한 제품의 기본 양상은 형성적 양상이다.

인도 및 기초적 기능: 그림, 법원 및 병원

그림은 '죽은 재료', 즉 물감과 린넨으로 구성된다. 그것들은 사람들에 의해 만들어지

동굴집의 기초적 기능:　　　집의 기초적 기능:
　　물리-화학적　　　　　　　　　형성적

[그림 6.3] 집은 어떻게 생겨나는가? 동굴 집과 벽돌 집 사이에는 큰 차이가 있다. 동굴 집은 자연 과정의 결과다. 도여베르트의 용어로는 이것의 기초적 기능은 물리 화학적 양상(노란색 기초)이다. 벽돌 집은 인간 노동의 결과다. 그러므로 이것의 기초적 기능은 형성적 양상(녹색 기초)이다.

며 따라서 근본적인 양상은 형성적 양상이다. 무엇이 그림을 그림으로 만드는가? 그림은 예술 작품이다. 우리는 그것을 즐길 것을 기대한다. 따라서 그 인도적 기능은 미적 양상이다. 이 경우 비버 댐과 마찬가지로 인도적 기능은 그림이 객체로 기능하는 양상이다.

문화적인 것들에 대해 두 가지 예, 즉 법원과 병원을 더 들겠다. 두 경우 모두 기본 재료인 돌, 칠 및 유리로 지어진 건물이 있다. 법원은 판사가 적절하게 법을 집행할 수 있도록 설계되었으며, 병원은 의사와 간호사가 환자에게 최적의 치료를 제공할 수 있도록 설계되었다. 법원과 병원의 근본적인 기능은 형성적 양상이다: 그것들은 사람들에 의해 세워진다. 그들의 인도적 기능은 각각 법적 양상과 도덕적 양상으로 서로 다르다.

전체-부분 관계: 단순 로봇

좀더 깊이 생각해보자. 컨베이어 벨트에서 한 부품을 다른 곳으로 옮기는 단순한 로봇을 예로 생각해 보겠다. 로봇의 인도적 기능은 형성적 양상이다. 즉 로봇은 통제된 방식으로 기술적 과정을 수행한다. 로봇은 모듈로 구성되고 모듈은 부품으로 구성된다. 모듈과 구성 요소의 인도적 기능은 무엇인가? 그리고 로봇, 모듈 및 부품 간의 관계를 어떻게 이해할 수 있는가?

로봇의 모든 모듈은 로봇이 원하는 동작을 수행할 수 있도록 설계되었다. 구성 요소는 또한 해당 모듈이 기능을 제대로 수행할 수 있는 방식으로 설계 및 조립된다. 이는 모듈과 그 부품이 로봇 전체의 관점에서만 이해될 수 있음을 의미한다. 결과적으로, 이러한 모듈과 그 구성 요소의 인도적 기능은 로봇의 기능, 즉 형성적 양상과 동일하다.

이 특정 상황을 위해 도여베르트는 '전체-부분 관계'라는 용어를 만들었다(그림 6.4). 그 이유는 전체(로봇)가 부품(모듈, 부품)을 어떻게 설계해야 하는지를 결정하기 때문이다. 전체(로봇)의 인도적 기능은 부품(모듈, 부품)의 인도적 기능도 결정한다.

엔캅시스: 얽힌 구조

껍질과 달팽이의 관계를 어떻게 해석해야 할까? 여기에도 전체-부분 관계가 있는가? 도여베르트는 집과 달팽이가 같은 인도적 기능(감각적 양상)을 가지고 있으나 다른 구조를 가지고 있다고 지적한다. 달팽이는 항상 감각적 양상에서 주체적으로 기능하고 껍질은 객체적으로 기능한다. 즉, 두 개의 서로 다른 구조(껍질과 달팽이)가 얽혀 새로운 전체(집달팽이)를 형성한다. 이 경우, 도여베르트는 엔캅시스(얽힌 구조)라고 말한다(그림

전체-부분 관계
로봇 및 로봇의 팔

[그림 6.4] 도여베르트는 로봇과 그 모듈 사이의 관계, 그리고 모듈과 그 부품 사이의 관계를 '전체-부분 관계'라는 용어로 설명한다. 이러한 관계는 전체(로봇)가 부품(모듈, 부품, 여기서는 로봇 팔)이 어떻게 작동해야 하는지를 결정할 때 발생한다. 또한 로봇, 모듈 및 부품은 동일한 양상, 즉 형성적 양상에 의해 인도된다.

집달팽이의 엔캅시스

[그림 6.5] 집달팽이는 서로 얽힌 두 개의 다른 구조(껍질, 달팽이)로 구성되어 있다(원형 리본). 엔캅시스의 전형적인 특징은 얽힌 구조가 상대적으로 독립적으로 유지한다는 것이다. 달팽이와 집은 둘다 감각적 양상에 의해 인도된다. 달팽이는 감각 양상이 주체 기능이고 집은 객체 기능이다. 이 그림에서 감각적 주체 기능은 연두색으로 표시되어 있고, 감각적 객체 기능은 진한 녹색으로 표시되어 있다.

6.5). 조개류와 거미 그리고 거미줄에서도 이와 비슷한 얽힘을 발견할 수 있다.

또 다른 종류의 얽힘은 대리석과 조각상의 엮음이다. 대리석의 인도적 기능은 물리화학적 양상이고 조각품의 인도적 기능은 미적 양상이다. 얽힘은 새로운 전체, 즉 엔캅시스 구조적 전체를 만들어낸다.

또 다른 종류의 얽힘은 토양, 물, 식물 및 동물이 얽혀 있는 생태계에서 찾을 수 있다. 이 얽힘 속에서, 서로 다른 것들은 계속해서 그 자체의 인도적 기능을 갖는다. 즉 돌은 돌로, 식물은 식물로, 동물은 동물로 남는다. 이 모든 것은 새로운 구조를 만들지 않고 서로 얽혀 있다.

=== 평가와 비판 ===

사물 구조 이론은 사물의 구조를 이해할 수 있는 도구를 제공한다. 인도 및 기초적 기능과 같은 개념은 이와 관련하여 특히 유용하다. 가령, 우리는 돌, 식물, 자전거, 법원,

미술관 및 교회와 같은 것들의 차이점을 이해하고 설명할 수 있다. 또한 전체-부분 관계와 엔캅시스를 구별하는 것도 중요하다. 이러한 개념을 통해 사물 간의 관계에 대해 더 깊은 통찰력을 얻을 수 있다.

실제로 이 시스템을 설득력 있게 적용하는 것이 항상 쉬운 일은 아니다. 따라서 판 바우든베르흐(Van Woudenberg)는 도여베르트의 예술 작품의 인도적 기능에 대한 탐색이 탁자와 의자의 인도적 기능에 대한 검색보다 더 매력적인 결과를 산출한다고 지적한다. 탁자와 의자의 인도적 기능은 사회적 양상이다. 그러나 이러한 양상이 거실의 가구가 식당의 가구와 다르게 디자인된 이유를 이해하는 데 도움이 될까?

페어께르끄(Verkerk)와 다른 사람들은 사물이 기능하는 맥락에서 사물의 구조를 이해할 것을 제안했다. 거실의 의자는 다른 사람들과 쉽게 앉아서 어울릴 수 있도록 설계되었다. 그 인도적 기능은 사회적 양상이다. 하지만 치과 의자는 어떨까? 치과 의사의 의자는 치과 치료를 제공할 수 있도록 설계되었다. 즉, 치과 의자의 인도적 기능은 도덕적 양상이다. 그것은 환자를 돌보는 것에 관한 것이다.

현대적 적용: 미래의 에너지 인프라

사물에 관한 이론은 사회의 모든 종류의 발전에 대해 생각하는 데 특히 유익하다. 가령, 미래의 에너지 인프라 개발을 생각해 보라. 이것은 지금보다 훨씬 더 복잡해질 것으로 예상된다. 과거에는 비교적 독립적으로 존재하는 다양한 에너지 시스템(석탄, 석유, 가스, 전기)이 있었다. 전력망은 간단했다. 전기는 중앙에서 생산된 다음 모든 고객에게 운송되었다. 이것은 빠르게 변화하고 있다. 많은 전기가 현지에서 생산되고(특히 태양 에너지), 일부는 현지에서 사용되며, 그런 다음 그리드로 다시 공급된다. **스마트 그리드**는 가능한 한 수요와 공급을 관리하는 데 사용된다. 이와 동시에 수소 인프라도 개발될 것으로 예상된다. 에너지 저장에 대한 수요는 점점 더 시급해지고 있으며, 특히 태양이 많이 비출 때 과도한 전기와 관련하여 더욱 그렇다. 그러나 며칠 동안 태양이 빛나지 않거나 바람이 불지 않는 경우에도 마찬가지다.

기술 인프라를 분석해 보면, 그것들은 많은 하부 구조들로 구성되어 있는 것으로 보인다. 가령, 전기 인프라는 전기를 생산, 운송 및 분배하는 분야의 하부 구조로 구성된다. 이러한 각 하부 구조는 다시 하부 구조로 구성되는 것으로 밝혀졌다. 이러한 모든 관계는 전체-부분 관계의 관점에서 이해할 수 있다.

미래의 에너지 인프라에는 에너지를 생산, 운송 및 분배하기 위한 기술 구조뿐만 아니라 다양한 요구 사항을 가진 다양한 사용자도 포함된다. 가령, 가정, 스포츠 단지, 상점, 공장 및 병원을 생각해 보라. 이러한 사용자들은 자신만의 정체성을 가지고 있으며(7장), 이 정체성은 에너지 인프라에 연결되어도 변하지 않는다. 이러한 모든 사용자는 앞으로 더 높은 요구 사항들을 갖게 될 것이다. 도여베르트의 용어를 빌리자면, 생산자와 사용자는 엔캅시스적으로 얽혀 있으며, 그 상호 의존성이 증가하고 있다.

미래의 에너지 인프라에 대한 기술적, 철학적 분석은 엔지니어, 에너지 회사 및 정부에 매우 중요하다. 과거에는 에너지 인프라의 개발이 느렸다. 엔지니어는 신제품을 개발할 충분한 시간을 가질 수 있었고, 기업은 신제품을 시장에 출시할 수 있는 충분한 시간을 가질 수 있었으며, 정부는 새로운 법률에 맞춰 대응할 수 있었다. 그런 시대는 끝났다. 이러한 활동은 이제 대부분 동시적으로 실행된다. 모든 참여자는 미래에 대해 유사한 비전을 가지고 있어야 하며, 에너지 인프라의 복잡성을 이해하고, 이를 자신의 책임 영역으로 '전환'해야 한다.

엔지니어의 경우 사용자의 정당한 요구를 가능한 한 충족시킬 수 있는 방식으로 인프라를 개발해야 함을 의미한다. 테크 기업으로서는 이윤 극대화를 위해 지배적 지위를 남용해서는 안 되며, 모든 이용자에게 합리적인 가격으로 최고의 서비스를 제공하기 위해 모든 지식과 기술을 활용해야 한다는 의미다. 정부 입장에서는 사회를 위한 에너지 인프라의 중요성을 제대로 인식하고, 기업의 전력 남용을 방지하며, 에너지 빈곤을 퇴치하는 법안을 개발하는 것을 의미한다. 따라서 이러한 종류의 얽힌 구조에서는 다양한 당사자의 책임과 이익을 서로에 대한 관계와 사회와의 관계에서 조정하는 것이 중요하다. 이러한 상황에서는 '일반적 이익' 또는 '사회의 번영'이라는 종합적 규범이 중요한 역할을 한다.

"그러므로 가정, 교회, 학교, 국가, 기업 등과 같은 인간 사회의 단체들은 **그 자체의 내적 구조를 가진 개별적인 총체**다. 이것들 역시 **경제적 또는 법적인 양상**과 같은 현실의 특정 양상에서는 해결될 수 없지만, 원칙적으로 현실의 **모든** 양상에서는 기능한다. 그러나 이 둘을 근본적으로 구별하는 것은 사회 집단의 **전형적인 목적 기능을 결정하는 내적 구조 원리**다."

_ 헤르만 도여베르트(*CS*, pp. 45–46)

도여베르트(DOOYEWEERD)

제7장

사회단체들

서론

사회는 어떻게 작동하는가? 서로 다른 네트워크에서 이동하는 많은 수의 개인으로 구성되어 있는가? 아니면 가족, 학교, 회사, 교회와 같은 별도의 사회적 단체들(maatschappelijke verbanden)이 있는가? 그리고 정부의 역할은 무엇인가? 그것은 사회에서 가장 높은 위계적 수준을 형성하는가, 아니면 단체들 사이의 연결인가? 도여베르트는 사회가 개인으로 구성되는 것이 아니라 자체적인 '내적 구조'를 가지고 서로 병립되는 사회적 단체들로 구성되어 있다고 생각한다.

문제점: 교회, 국가, 사회

1922년, 헤르만 도여베르트는 반혁명당의 학문적 기관인 카이퍼 재단의 소장이 되어달라는 제안을 받았다. 몇몇 지도자들과 대화를 나눈 후, 그는 이 기관이 직면하게 될 도전을 요약한 메모를 썼다. 그는 정치적 조언은 '신깔뱅주의의 인생관과 세계관'의 기초가 법, 경제, 정치의 주요 문제에 어떻게 적용될 수 있는지에 대한 명확한 이해에 기초해야 한다는 견해를 가지고 있었다. 그는 교회와 국가, 국가와 사회, 정부와 국민, 국민 간의 관계를 하나님의 주권이라는 이념에서 고찰하고자 했다. 그 통찰을 발전시키기 위해, 도여베르트는 아우구스티누스와 깔뱅과 같은 과거의 위대한 사상가들로부터 시작하고자 했다. 또한 그는 흐룬 판 프린스터러(Groen van Prinsterer, 1801-1876)[3]와 아브라

---

3 최용준, "흐룬 판 프린스터러의 기독교 세계관에 관한 고찰", 「신앙과 학문」, 제28권 3호 (통권 96호) (2023년

함 카이퍼와 같은 현대의 반혁명 사상가들의 작업을 보다 면밀한 검토의 대상으로 삼고 싶었다. 도여베르트가 카이퍼 재단을 위해 쓴 첫 번째 연구는 그가 아브라함 카이퍼의 생각에 강한 영향을 받았음을 분명히 보여준다. 특히 영역주권에 대한 그의 견해는 교회, 국가 및 사회에 대한 신 깔뱅주의 비전의 업데이트를 위한 기초로 작용하는 것으로 보인다.

맥락: 권력의 문제

1880년, 아브라함 카이퍼는 자유대학교 개교식에서 "**영역주권**(Soevereiniteit in eigen kring)"이라는 제목으로 훌륭한 연설을 했다. 우리는 이것을 앞에서 이미 언급했다. 그는 다른 많은 나라들과 마찬가지로 네덜란드도 위기에 처해 있다는 말로 연설을 시작한다. 그의 견해에 따르면, 이 위기는 진보 또는 보수, 이상 또는 현실, 가난 또는 부요함 같은 질문들에 관한 것이 아니다. 결국 그것은 권력의 문제다. 그런 다음 카이퍼는 하늘과 땅의 창조주이신 하나님을 가리킨다. 그분은 최고의 주권자시다. 그분은 자신의 신성한 능력의 일부를 사람들에게 위임한다. 그러므로 사회에서 당신은 '결코 하나님께 직접 대항하지 않지만', 그러나 당신은 주권적인 권위가 '인간의 직분'으로 행동하는 것을 보게 된다(Kuyper, 1880, p. 9). 이것은 또한 사회의 모든 권력이나 권위가 하나님의 능력에서 나옴을 의미한다.

이 말은 하나님께서 자신의 능력을 한 사람에게 이양하신다는 뜻인가? 유일한 통치자인 황제에게? 그런 다음 그 국민에 관한 모든 문제를 결정하는 국가에게? 카이퍼는 이 생각을 단호히 거부한다. 우선, 종교적인 이유에서다. 그의 견해에 따르면, 하나님께서는 결코 죄 많은 인간에게 절대 권력을 넘겨주지 않으실 것이다. 또한 역사는 절대적인 국가 권력이 항상 사회의 자유 결핍으로 이어진다는 것을 보여준다.

카이퍼는 의도적으로 다른 길을 택한다. 그의 견해에 따르면, 사회는 모든 다른 단체들로 구성되어 있다. 그는 이를 위해 '영역'이라는 단어를 사용한다. 그의 견해에 따르

10월), 123-143 참조. (역자 주)

면, 이 모든 영역들은 '자신의 주권'을 가지고 있다(Kuyper, 1880, p. 11). 가령, 그는 학계, 상업 세계 및 예술계의 영역에 대해 이야기한다. 이러한 각 영역에는 고유한 규범이 있으며 각 영역은 고유한 권위에 의해 관리된다.

카이퍼는 톱니바퀴의 이미지를 사용하여 서로 다른 영역 또는 단체가 어떻게 관련되어 있고 상호 작용하는지 명확하게 보여준다. 기어는 서로 다른 톱니가 부드럽게 맞물리는 경우에만 제대로 작동한다. 그러나 한 바퀴가 다른 바퀴의 특성을 고려하지 않고 다른 바퀴가 어떻게 회전하는지 결정하려는 경우 모든 것이 막히게 된다. 이것은 사회에도 적용된다. 사회는 많은 집단으로 구성된다. 각 집단은 고유한 성격이나 특성을 가지고 있으며 이러한 모든 다른 집단 간의 상호 작용은 풍부하고 다채롭고 역동적인 사회로 이어진다. 그러나 만약 그 집단 중 하나가 최고가 된다면, 가령 국가나 교회가 모든 권력을 스스로 장악한다면, 다른 단체들은 그들 자신의 것이 되지 못하고 사회는 고착화된다.

카이퍼의 견해에 따르면, 국가는 사회가 번영할 수 있도록 해야 할 나름의 책임이 있다. 다른 집단이 제대로 작동할 수 있도록 각 집단이 제한되도록 해야 한다. 국가는 또한 개인이 다양한 집단의 권력으로부터 보호받을 수 있도록 보장해야 한다.[4]

=== 핵심: 병립적 단체들의 다양성 ===

교수 재직 초기에 도여베르트는 사회와 그 단체들에 대한 자신의 이론을 정교하게 다듬었다. 모든 것은 그가 카이퍼의 영역주권 이론, 사회의 다양한 단체들, 그리고 그 다른 단체들 간의 상호작용과 정부에 대한 관점에 의해 많은 영감을 받았음을 보여준다. 동시에, 도여베르트가 그의 양상 이론으로 카이퍼의 유산을 더욱 정교화함으로써 새로운 철학적 틀을 제공했음이 분명하다. 사회와 그 단체들에 대한 도여베르트의 사상의 핵심은 다음과 같이 요약된다.

---

4 최용준, "아브라함 카이퍼의 국가관에 관한 고찰: 반혁명적 국가학(Antirevolutionaire Staatkunde)을 중심으로", 「신앙과 학문」, 제28권 1호 (통권 94호) (2023년 3월), 297-314 참조. (역자 주)

1. 사회에서 우리는 다양한 단체들이 병존함을 발견한다(그림 7.1). 각 단체는 고유한 특성이나 성격이 있다.
2. 개인은 여러 단체에서 동시에 기능한다. 이러한 각 단체에서 인간의 위치는 (부분적으로) 해당 단체의 성격이나 특성에 의해 결정된다.
3. 모든 단체는 그 구성원의 고유성, 자유 및 책임을 반영해야 한다. 다시 말해, 사람들은 그들이 살고 있는 단체에 의해 지배되어서는 안 된다.
4. 이러한 단체들의 형성에는 초임의적 원칙이 중요한 역할을 한다.

이러한 원칙을 가지고 도여베르트는 두 가지 지배적인 견해에 반대한다. 우선, 한 사회가 다수의 개인에 지나지 않는다고 믿는 개인주의에 반대한다. 또한 그는 모든 형태의 국가주의, 즉 정부가 사회를 원하는 방향으로 이끌어야 한다는 견해에도 반대한다. 위와 같은 원칙을 바탕으로 도여베르트는 제3의 길을 제시한다.

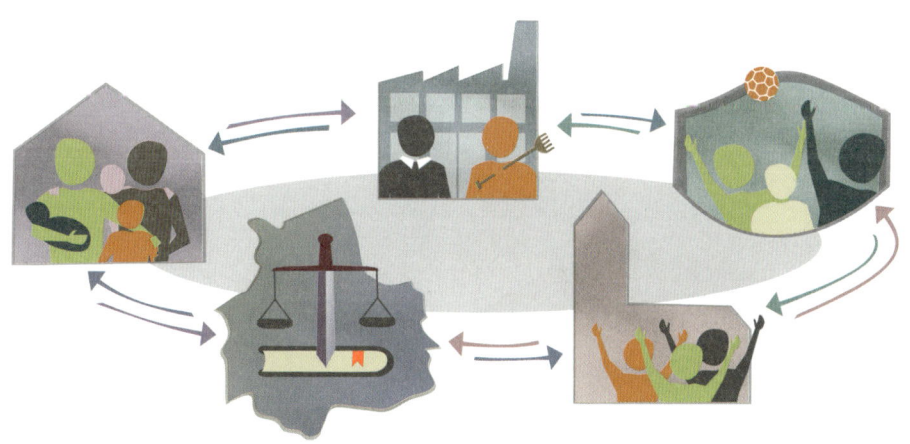

사회적 단체들의 병립

[그림 7.1] 사회는 서로 상호작용하는 수많은 상이한 사회적 단체들로 구성되어 있다. 그림에서 우리는 타원형 모양을 통해 단체들의 병립을 묘사하려고 노력했다. 단체들 간의 일부 상호 작용은 화살표로 표시된다. 왼쪽에서 오른쪽으로 우리는 가족, 국가, 회사, 교회 및 스포츠 클럽의 아이콘을 볼 수 있다.

정교화: 사회적 단체 이론

단체들 및 양상들

도여베르트는 가족, 교회, 스포츠 클럽, 국가 및 회사와 같은 사회적 단체들이 현실의 모든 양상에서 기능한다고 강조한다. 우리는 몇 가지 양상들을 기반으로 이러한 단체들 중 일부에 대해 살펴보겠다.

국가부터 생각해보자. 국가는 모든 양상에서 기능한다(그림 7.2). 종교적 양상은 그 권력의 기원에 대한 견해에 반영된다. 국가는 그 권력을 하나님으로부터 받았는가, 아니면 시민들로부터 얻었는가? 법적 양상은 공공 정의를 추구하는 데 있어 나타나고, 경제적 양상은 공공 자원의 책임 있는 관리에 있어서 나타나고, 그리고 국가 권력이 형성되는 방식에서의 형성적 양상이 나타난다.

또 다른 중요한 사회단체는 가족이다. 도덕적 양상은 가족 구성원들이 서로를 돌보는 데서, 법적인 양상은 부모와 자녀에게 적용되는 법적 규칙에서, 경제적 양상은 수입과 지출을 관리하는 데서, 생물학적 양상은 자녀가 부모를 닮는 방식에서 찾을 수 있다.

마지막으로, 회사도 모든 양상에서 기능한다. 법적 양상은 기업이 준수해야 하는 모든 법적 규칙에 명확하게 반영되고, 경제적 양상은 무엇보다도 손익 계정과 관련이 있으

국가의 양상들

[그림 7.2] 국가는 모든 양상에서, 즉 수적인 양상에서부터 신앙적인 양상에 이르기까지 기능한다. 그렇다고 해서 모든 면에서 모든 상황이 똑같이 중요하다는 의미는 아니다. 상황에 따라 다르다.

며, 사회적 양상은 경영진과 직원이 서로 상호 작용하는 방식에 반영된다.

요컨대, 다양한 사회단체들은 경제적, 법적 또는 도덕적 양상과 같은 한 양상에서는 이해될 수 없다. 그들은 현실의 모든 양상에서 기능한다.

인도적 기능

그러나 문제는, 만약 모든 사회적 단체들이 현실의 모든 양상에서 기능한다면, 우리는 어떻게 그 다양한 단체들의 고유성, 특수성을 이해할 수 있는가 하는 것이다. 다시 말해, 무엇이 국가를 국가로, 가족을 가족으로, 기업을 기업(등등)으로 만드는가? 사물 분석(6장)에서 우리는 '인도적 기능'이라는 개념을 소개했다. 도여베르트는 또한 사회적 단체들을 위해 이 용어를 사용한다. 인도적 기능은 사회적 맥락의 '정체성' 또는 '독특성'을 의미한다.

국가의 인도적 기능은 법률적 양상에 반영된다. 즉 국가는 사회의 법과 정의에 기여해야 한다. 가족의 인도적 기능은 도덕적 양상에서 발견된다. 즉 그것은 자녀들에 대한 부모의 보살핌에 관한 것이다. 마지막으로, 기업의 인도적 기능은 경제적 양상에서 찾아볼 수 있는데, 이는 기업이 책임져야 하는 모든 자산과 손익 계정의 신중한 관리에 관한 것이다(그림 7.3).

[그림 7.3] 가정은 모든 양상에서 기능한다. 그러나 가족을 가족으로 만드는 것은 서로에 대한 돌봄이다. 따라서 도덕적 양상(연한 보라색)이 인도적 기능이다.

가정의 인도적 양상

또 다른 예를 보겠다. 의료 기관의 경우 경제적 양상이 중요한 역할을 한다. 그러나 그것을 의료 기관으로 만드는 것은 도덕적 양상, 즉 아픈 환자들에 대한 보살핌에서 이해될 수 있다. 그러므로 그것의 인도적 기능은 도덕적 양상이다.

우리는 인도적 기능이 전체 맥락과 관련이 있음을 강조한다. 매우 구체적으로 말하자면, 교회가 신앙적 양상에 의해 인도된다면, 이것은 신앙적 양상 자체 뿐만 아니라 다른 모든 양상에서도 표현되어야 한다. 가령, 언어 사용, 가난한 사람들에 대한 배려, 건물의 미학, 교회법, 교인들 간의 사회적 상호 작용 등이 있다.

기초적 기능

사물을 분석할 때 우리는 기초적 기능이라는 개념을 도입했다(6장). 우리는 기초적 기능을 사물의 존재를 가능하게 하는 양상으로 정의했다. 사회적 단체들에 대한 분석에서도 기초적 기능은 단체들을 더 잘 이해하는 데 도움이 되는 것으로 보인다. 우리는 가족으로부터 시작한다. 가족의 형성은 남자와 여자 사이의 성적 관계에 기초를 둔다. 물론 그 관계에는 모든 종류의 양상들이 포함된다. 그러나 자녀와의 관계에서 '기초'는 부모가 (일반적으로) 자녀와 유전적 관계를 맺고 있으며 성관계가 그 관계의 조건이라는 것이다. 물론 특히 우리 시대에는 입양, 혼합 가족 또는 기증자의 정자를 사용한 체외 수정(IVF: In Vitro Fertilization)도 생각해 볼 수 있지만 도여베르트는 (당시) 표준 상황이 무엇이었는지에 대한 분석에 초점을 맞춘다. 그에 따르면, 가족은 생물적 양상에 기반을 두고 있다(그림 7.4).

그러나 스포츠 클럽, 국가 또는 회사는 어떤가? 이러한 단체들은 생물적 양상에 기반을 둔 것이 아니라 역사의 과정에서 특징적인 형태를 획득했다는 것이 분명해질 것이다. 이것은 이러한 단체들이 인간의 형성 활동, 즉 형성적 양상에 기초하고 있음을 의미한다(그림 7.4).

자유로운 형성 또는 규범적 원칙들

이 모든 사회적 단체들을 어떻게 바라봐야 할까? 사람들은 자신이 원하는 대로 자신을 형성할 수 있는 자유가 있는가? 아니면 우리가 고려해야 할 어떤 원칙들이 중요한 역

[그림 7.4] 인도적 기능(배경색)과 기초적 기능(기초색)은 사물과 구조의 정체성을 결정하는 기능들의 집합에 속한다. 이 그림은 그것을 분명하게 보여준다: 세 가지 다른 사회적 단체와 세 가지 다른 기능 집합이다.

할을 하는가? 이 질문은 시사적인 것 이상이다. 우선, 사회적 단체들을 사회적 구성물로 보는 구성주의의 영향 때문이다. 그러나 모든 인간은 자신의 삶을 자유롭게 형성하고 따라서 자신이 살고 싶은 단체를 자유롭게 형성한다는 생각에 기초한 포스트 모던 사고에서도 마찬가지다.

역사를 돌이켜 보면 가정, 교회, 스포츠 클럽, 국가 및 회사와 같은 단체들이 역사의 과정에서 발전해 왔음을 알 수 있다. 여기서 우리는 몇 가지 원칙을 찾을 수 있다. 가령, 가정의 구성원들이 서로를 돌보고, 교회에서 예배를 드리며, 국가가 범죄자를 처벌하고, 기업이 이윤을 창출한다. 그러나 형성에도 큰 차이점이 있다. 이것이 자유로운 형성 또는 규범적 원칙에 관한 질문에 대해 무엇을 의미하는가?

도여베르트는 카이퍼와 마찬가지로 모든 단체들은 규범적 원칙에 의해 특징 지어진다고 강조한다. 그의 견해에 따르면, 각 단체는 그 '자체의 신적 구조'를 가지고 있으며, '하나님이 정하신 그 자체의 생명의 법칙'을 표현해야 한다(Dooyeweerd, CS, p. 19). 각 단체는 또한 '하나님의 주권적 권위로부터 직접 파생된' '고유한 권위와 능력의 영역'을 가지고 있다(Dooyeweerd, VB, p. 47). 다시 말해, 사회적 단체들은 초임의적인 원칙들에 의해 특징지어지며, 따라서 상상할 수 있는 모든 방향으로 형성되지 않을 수 있다.

한 가지 좋은 예가 정부의 임무와 책임에 대한 견해다. 가령, 도여베르트는 정부에 대한 자유주의적 견해를 거부하는데, 그 이유는 그것이 개인과 시장의 자유를 강조하기 때문에 근본적인 원칙에 정당성을 부여하지 않기 때문이다. 그 원칙 중 하나는 정부가 공의를 증진해야 한다는 것이다. 또 다른 원칙은 정부가 하나의 사회적 영역(예: 경제)이 다른 사회적 영역(의료, 교육, 예술)을 지배하는 것을 막는다는 것이다. 도여베르트는 또한 정당, 언론 및 소셜 미디어, 종교 단체 및 교육 기관과 같은 사회 결사의 자유를 심각하게 제한하기 때문에 독재적 국가제도도 거부한다.

동시에, 도여베르트는 이러한 초임의적인 원칙들이 역사와 문화에서 형성된 방식이 매우 다양할 수 있음을 인정한다. 가령, 많은 헌법에서 기본권, 사법부의 독립, 자유 선거 등과 같은 유사한 원칙을 찾을 수 있다. 그러나 그렇다고 해서 이러한 원칙이 실제로 형성되는 방식은 매우 다를 수 있다는 사실을 바꾸지는 않는다.

개인 및 사회단체: 엔캅시스

도여베르트의 견해에 따르면, 사람들은 그들이 살고 있는 사회적 단체들에 의해 완전히 통제되거나 결정되어서는 안 된다. 모든 사람은 자신의 기원과 관련하여 살아간다.

엔캅시스적 얽힘 시민과 국가

[그림 7.5] 도여베르트의 견해에 따르면, 시민은 결코 국가에 의해 지배되어서는 안 된다. 그는 시민과 국가의 관계를 분석함으로써 이 견해를 옹호한다. 그에 따르면, 두 개의 서로 다른 전체(시민, 국가)가 새로운 맥락에서 엔캅시스적으로 얽혀 있으며, 시민은 책임 있는 시민으로 남아 있고 국가는 자신의 임무를 수행할 수 있다.

사람들은 어떤 단체에서든 그 관계 속에서 살아갈 수 있는 공간이 있어야 한다. 중요한 질문은 '도여베르트의 이 비전에 대한 철학적 근거는 무엇인가?'이다.

이전 장에서 우리는 '엔캅시스'라는 개념을 소개했다. 이것의 특별한 점은 각자의 정체성을 가진 서로 다른 '전체'가 새로운 전체로 짜여진다는 점이다. 가령, 비버 댐에는 모든 종류의 물리적 재료가, 달팽이에는 집이, 새 둥지에는 나뭇 가지가 얽혀 있다. 도여베르트에 따르면, 우리는 사람들과 사회적 단체들 사이의 관계에서도 비슷한 것을 발견한다(그림 7.5). 인간과 단체가 얽힌 가운데, 인간은 그 자체의 고유성과 책임을 지닌 '전체'로 남는다. 이러한 특수성과 책임으로부터 인간은 그 단체에 흡수되거나 통제되지 않고 사회적 단체를 형성하는 데 도움을 준다.

심화 7.1: 다양한 유형의 사회적 단체들

도여베르트는 다양한 유형의 단체들을 구별한다.

공동체 관계 및 사회적 관계. 가족, 교회, 스포츠 클럽, 국가 및 회사와 같은 사회적 단체는 지속 가능한 성격을 가지며 내적 통일성을 보여준다. 이러한 맥락에서 도여베르트는 '공동체 관계'에 대해 설명한다. 새로운 아이가 태어나도 가족은 가족으로 남는다. 신임 회원이 스포츠 클럽에 가입하면 스포츠 클럽은 여전히 스포츠 클럽으로 남아 있다. 공무원이 퇴직해도 정부는 계속 기능한다. 도여베르트의 견해에 따르면, 특정한 사회단체는 구성원이 변경되더라도 계속 존속하기 때문에 지속 가능한 성격을 갖는다. 그는 또한 사회적 단체는 규범적으로 결정되고 종종 위계적인 관계로 특징지어진다고 지적한다. 그 관계는 부모와 자녀들(가족), 성직자와 교인들(교회), 코치와 운동선수들(스포츠 클럽), 지도자와 직원들(국가, 회사)이다.

지속 가능한 성격을 갖지 않는 사회적 단체들도 있다. 도여베르트는 이를 위해 '사회적 관계'라는 용어를 도입했다. 가령, 거리에서 가족들 간의 관계, 상점 주인과 손님들 사이의 관계, 기차 칸의 승객들 간의 관계, 작가와 독자들 간의 관계 등이 있다. 이러한 관계는 일반적으로 영속적이지 않다. 모든 승객이 종착역에서 내리면 관계가 끊어진다. 책이 완성되었을 때, 작가와 독자 사이에는 전혀 없거나 매우 제한된 관계만 있을 뿐이다. 이러한 유형의 관계에서 우리는 관계가 여러 종류의 이유로 지속 가능하지 않음을 알 수 있다. 또한 이러한 유형의 관계에는 대부분 위계적 관계가 없음을 알 수 있다.

생물적 기반 및 역사적 기반 단체들. 사실, 우리는 사회에서 단체들의 기초적 기능에 대해 이야기할 때 이미 이러한 차이를 발견했다. 가족은 자연스러운 단체의 가장 좋은 예다. 그것은 부모와 자녀 사이의 생물학적(정확하게는 유전적) 관계에 기반을 두고 있다. 교회, 스포츠 클럽, 국가 및 회사와 같은 단체들은 자연스러운 단체들이 아니라 시간이 지남에 따라 사람들에 의해 형성된다. 즉, 기초적 기능은 형성적 양상이다.

제도적 공동체와 자유로운 모임들. 일부 사회적 단체들은 선택할 수 있지만 다른 단체들은 선택할 수 없다. 우정 관계를 맺을 사람과 맺지 않을 사람을 선택할 수 있다. 또한 더 많이 연락하고 싶은 이웃과 그렇지 않은 이웃도 선택할 수 있다. 이러한 종류의 관계나 연결에 대해 도여베르트는 '자유로운 모임들' 또는 '비제도적' 단체들이라는 덜 투명한 용어를 사용한다. 다른 단체들은 선택할 수 없다. 가령, 당신은 특정 가족의 구성원으로 태어났고 특정 국가의 시민으로 태어났다. 도여베르트는 이러한 유형의 단체들에 대해 '제도적' 공동체라는 용어를 사용한다.

사회적 단체들의 본질을 더 잘 이해하고 사람들과 그 단체들 사이의 관계를 더 자세히 설명하기 위해, 우리는 전체-부분 관계와 엔캅시스의 차이로 되돌아간다(6장). 우리는 전체-부분 관계부터 시작한다.

네덜란드 정부는 큰 조직이다. 문제는 나양한 부서가 정부 전체와 어떤 관계를 맺고 있느냐 하는 것이다. 모회사와 다양한 지사들 간의 관계에 대해서도 동일한 질문을 할 수 있다. 두 예제 모두 전체-부분 관계가 있다. 각 부처는 정부의 일부이고 지사는 모회사의 일부이다. 그들은 자신의 정체성을 가지고 있지 않지만 그들이 속한 조직의 정체성에서 파생된다.

완전히 다른 관계는 협동조합 또는 파트너십의 관계다. 가령, 농민들은 자신들의 이익을 증진시키기 위해 농업 협동 조합으로 연합해 왔다. 지금 농민과 협동조합은 어떤 관계를 맺고 있는가? 여기서 우리는 엔캅시스의 한 형태를 볼 수 있다. 즉 농부들은 그들 자신의 정체성을 유지한다. 그 정체성을 바탕으로 그들은 협동조합에서 함께 일한다.

심화 7.2: 보충성과 영역주권[5]

19세기 말, 유럽에서는 '사회 문제' 또는 '노동자 문제'와 같은 단어로 언급되는 주요 사회 문제들이 발생했다. 로마 가톨릭교회는 이러한 문제들을 집중적으로 연구해 왔다. 회칙 '**노동헌장**'(Rerum Novarum, 1891)과 '**사십 주년**'(Quadragesimo Anno, 1931)은 로마 가톨릭의 사회적 교리의 기본 원칙들을 개괄하고 언급된 문제들을 해결

사회단체들의 보조성

[그림 7.6] 로마 가톨릭의 사회적 교리에서는 '보충성' 개념이 중요하다. 핵심 질문은 사회의 어느 수준에서 어떤 것에 대한 책임을 지는가 하는 것이다. 정답은 항상 사회와 사회의 맥락에서 책임을 가능한 한 낮게 두는 것이다. 이 그림은 국가, 기업, 가족 및 개인의 관계를 가장 높은 것에서 가장 낮은 것으로 보여준다. 국가는 하급 단체가 선택할 수 없는 것에 대해서만 책임이 있다.

---

5 김대인, "보충성 원리와 영역주권론의 비교연구", 「신앙과 학문」, 제29권 4호 (통권 101호) (2024년 12월), 31-59 참조. (역자 주)

하기 위한 도구를 제공한다. 이 교리의 가장 중요한 원칙은 연대(solidariteit), **공동선**(*common good*) 및 보충성(subsidiariteit)이다.

보충성의 원칙은 다양한 책임이 사회의 어느 수준에 있어야 하는지 결정하는 데 도움이 된다. 출발점은 책임을 가능한 한 낮게 배치해야 한다는 것이다(그림 7.6, 127쪽). 즉, 사회의 하위 계층(회사, 가족, 개인)이 무언가 규제할 수 있다면, 상위 계층(정부)은 규제하지 않아야 한다. 간단한 예를 들자면, 당신은 중앙 정부에 동네 바비큐 파티를 조직해 달라고 요청하지 않는다. 보충성의 원칙은 사회적 맥락 내에서도 적용된다. 회사의 직원이 스스로 무언가를 할 수 있다면 경영진이 주도해서는 안 된다.

보충성의 원칙의 긍정적 의미는 필요한 경우 상위 수준이 하위 수준이 책임을 지는 것을 지원하도록 요청된다는 것이다. 이 원칙의 부정적 의미는 사회의 상층부가 하급층의 책임을 떠맡아서는 안 된다는 것이다.

사회의 비전에 관한 한, 보충성의 원칙은 사회적 맥락 내의 위계 질서와 관련하여 영역주권의 원칙에 중요한 보충이다. 가령, 중앙 정부와 지방 당국 간의 관계, 회사의 이사회와 다양한 사업부 간의 관계에 관한 것이다.

다른 한편, 영역주권 원칙은 가톨릭 사상에 중요한 추가와 교정이다. 이것은 도여베르트가 사회적 단체들의 특정 성격(인도적 기능)과 상호 관계(병립)를 모두 예리하게 설명하기 때문에 추가된다. 도여베르트의 사상에서 보충성의 원칙은 사회적 단체 내의 다양한 수준에서만 적용되어야 하기 때문에 수정이다.

평가와 비판

사회적 단체들에 관한 이론은 흥미를 자아내며, 실제적으로도 풍부하다. 그것은 개인을 출발점으로 삼는 (신)자유주의적 사회관에 대해 대안을 제시한다. 그것은 또한 국가가 사회를 조직할 책임이 있다는 사회주의적 관점에 대해서도 대안을 제공한다. 또한 무엇보다도, 그것은 위대한 지도자, 강력한 정부 또는 독재자가 사회 전체에 권력을 행사하는 사회의 위계적 관점에 대해 대안을 제공한다. 도여베르트의 견해에 따르면, '그' 사회는 존재하지 않는다. 서로 상호 작용하며 공존하는 단체들의 '혼합'이라고 말하는 것이 더 낫다. 이러한 단체들은 서로를 지배하도록 허락되지 않고 모든 종류의 방식으로 상호 영향을 미친다.

조나단 채플린(Jonathan Chaplin, 2011a)은 도여베르트가 발전시킨 개념적 혁신이 사회의 발전과 국가의 역할을 반성하는 데 매우 중요하다고 믿는다. 그러나 그는 또한 비판도 한다. 가령, 그는 생물적 기초 관계와 역사적 기초 관계 사이의 구분이 유지될 수 없다는 견해를 가지고 있는데, 그 이유는 생물적 기초 관계도 인간에 의해 형성되기 때문이다.

헹크 볼드링(Henk Woldring)과 딕 카이퍼(Dick Kuiper)는 도여베르트의 이론이 인간 관계의 전체 분야를 설명하지 못한다고 지적했다. 이 시스템에서는 포착하기가 쉽지 않은 현상이 많이 있다. 무엇보다도, 더 모호한 집단과 비공식 집단들이 있다. 특히 소셜 미디어 시대에는 그 수가 증가하기만 했다. 또한 관계 또는 파트너십 변경이라는 용어가 충분한 지침을 제공하는지 여부도 명확하지 않다. 이는 동시대 사회적 상황 속에서 도여베르트의 아이디어를 더욱 발전시켜야 하는 과제다.

또 다른 비판의 포인트는 이러한 접근 방식이 보수주의를 조장할 수 있다는 것이다. 어쨌든, 특정한 사회적 맥락에 대한 규범적 원칙들이 창조의 순서에 따라 정해진다면, 그것늘이 '신성하다'고 선언되는 일이 쉽게 일어날 수 있다. 그러면 비판적 성찰이 이루어지지 않고 필요한 변경이 차단된다. 이러한 비판은 이해할 수 있지만 반드시 정당화되는 것은 아니다. 우리는 항상 도여베르트의 구조 이론이 청사진으로 의도된 것이 아니라 규범적 원칙에 대한 인내심 있고 체계적인 탐색과 노력의 결과로 보아야 한다는 점을 강조해 왔다. 여기에는 맥락이 중요한 역할을 한다. 자신의 사유 지평과 학문적 지식의 추상적 성격에는 항상 한계가 있다(2장). 이러한 한계를 인식한다면, 규범적 원칙은 아무리 잠정적으로 공식화되었을지라도, 현 상태에 의문을 제기할 수 있는 강력한 무기가 될 수 있다. 우리는 기독교 철학자들과 전문가들의 사회 비판에서 이것을 거듭 보게 된다(12-16장).

현대적 적용: 팬데믹에 어떻게 대처할 것인가?

코로나19(COVID-19) 팬데믹은 2020년 초에 발생했다. 이 전염병은 사회 생활을 심각하게 혼란에 빠뜨렸고 많은 희생자를 낳았다. 도여베르트의 사회적 단체 이론이 효과적이고 책임감 있는 위기 관리를 달성하는 데 도움이 될 수 있는가? 이 질문에 답하려면 소위 '따뜻한' 단계와 '피크 이후' 단계를 구별하는 것이 중요하다. 따뜻한 단계에서는 감염 수가 급격히 증가하여 감염 수를 제한하고 전염병의 결과를 제한하기위한 조치가 취해진다. 이 단계에서는 행동의 속도가 중요하며 근본적인 성찰의 여지가 상대적으로 적다. 정점 이후 단계에서는 팬데믹이 대부분 억제되었지만 여전히 새로운 재유행의 위험이 있으며 예방 조치가 여전히 시행되고 있다.

(임박한) 초기 확장 국면에는 위기가 있다. 우리는 신속하게 행동해야 한다. 도여베르트의 견해에 따르면, 올바른 조치를 취함으로써 인구, 특히 취약 계층을 보호해야 하는 것은 실제로 정부에 달려 있다. 대부분의 서구 국가에서는 정부가 이용 가능한 과학적 지식에 근거하여 결정을 내렸다. 비상사태법과 신속사태법이 사용되었다. 때로는 민주적 통제가 부족했고(비상사태법), 때로는 그 통제가 제한적이었다(비상사태법). 이 조치에 대해 공개적으로 토론할 시간도 없었고, 사회적 파트너들은 중요한 결정에 거의 관여하지 않았다. 어쨌든 신속하게 조치를 취해야 했다. 그 조치의 정당성은 정부 조치가 준수해야 하는 '내부 구조 원칙'에 있다. 어쨌든 정부의 일차적인 임무는 법질서를 유지하는 것이다. 이 법질서는 사회가 제대로 기능하기 위한 조건이다. 사회 생활의 불안정은 그러한 법적 질서를 위태롭게 할 수 있다. 가령, (질병으로 인한) 의료 분야의 핵심 부문의 실패, 학자들과 정부 지도자들에 대한 위협, 사보타주, 음모론에 의해 촉발된 대규모 시위를 생각해 보라.

그러나 피크 이후 단계에서는 상황이 다르다. 그런 다음 사회적 토론을 할 시간이 있고 사회적 파트너와 대화를 시작하는 시간이 있다. 더 근본적으로, 그렇게 되면 법질서가 위협받지 않고, 모든 종류의 사회적 연결망이 병립되어 있는 것에 대해 정당성을 발휘할 수 있는 여지가 생긴다. 국가 차원에서는 중앙 정부가 이를 수행할 수 있다. 그것은 다양한 사회적 단체들의 대표자들과 대화에 들어갈 수 있다. 이런 식으로, 그러한 연합체들의 개인적 책임에 대해 공의가 행해질 수 있다. 이러한 협의에서 학교 조직은 특정 상황에서만 가정 교육을 장려하기로 결정할 수 있다. 병원은 환자를 더 잘 분배할 책임을 질 수 있다. 이러한 유형의 대화는 법률 및 규정의 품질과 팬데믹에 대한 참여를 촉진한다. 지역 차원에서 이것은 지역 당국이 지역에서 취해야 할 조치에 대해 지역 사회 파트너와 논의를 시작하는 것에 의해 수행 될 수 있다. 이러한 대화가 제대로 이루어진다면, 지역의 사회적 파트너들이 필요한 조치를 형성하고 준수하는 데 전념하는 헌신적인 당사자로 발전할 수 있다. 다시 말해, 관련된 단체들의 주권과 보충성이 최적으로 존중된다.

원칙에 부여되는 우선권은 또한 맥락에 의해 결정된다는 것을 기억하라. 초기(급성) 단계에서는 법질서의 유지가 우선권을 가지며, 절정 이후 단계에서는 자신의 주권과의 연결을 병립하는 것이 기본 원칙이 되도록 할 여지가 있다.

"어떤 철학적 사고도 초월적 출발점 없이는 가능하지 않다."

"따라서 비판적 자기 성찰의 길은 이론적 사고의 진정한 출발점을 발견하도록 이끌 수 있는 유일한 길이다."

_ 헤르만 도여베르트(*NC*, I, p. 22, 51)

도여베르트(DOOYEWEERD)

제8장

선험적 비판

서론

3장에서 우리는 도여베르트의 사유를 '이성은 자율적이지 않다'는 말로 요약할 수 있다고 썼다. 즉, 생각할 수 있으려면 생각에 선행하는 시작점이 필요하며, 그것이 없이는 생각할 수 없다. 그러므로 이성은 결코 자율적일 수 없다. 도여베르트에 따르면, 그러한 시작점은 종교적이다. 즉, 그것들은 우리 존재의 궁극적인 의미 및 운명과 관련이 있다. 그것들은 우리의 생각과 행동의 원동력이다. 모든 사람은 그러한 동인(또는 동기)을 가지고 있다. 문화 또한 이러한 출발점(동인, 동기)에 의해 움직인다. 도여베르트는 이러한 보다 중요한 동기에 대해 기본동인이라는 용어를 사용한다(3장). 이 장에서 우리는 동인의 역할 중 한 가지 구체적인 징후, 즉 이론적 사고에 대한 동인의 영향에 대한 철학적 탐구를 계속한다.

이 장의 제목은 그다지 매력적이지 않다. 그러나 우리는 그대로 두었다. 그 이유는 도여베르트가 선험적 비판을 그의 철학에서 핵심으로 간주하기 때문이다. 요컨대, '선험적 비판'이란 이론적 사고와 근본적 동인 사이의 본질적 관계에 대한 철저한 조사를 의미한다. '본질적(intrinsiek)'이라는 것은 그것이 사고의 구조와 현실에 뿌리 내리고 있음을 의미한다. '선험적'이라는 형용사는 이론적 사고를 이해하기 위해 '필연적으로 전제되어야 하는 것'을 가리킨다. 아무리 추상적인 생각이라도 그 자체로 시작하고 끝나지 않는다. 가령, 생각하고 논쟁하는 사람들은 논리의 법칙에서 출발한다. 도여베르트의 요점은 논리의 법칙보다 훨씬 더 많은 것이 '필연적으로' 전제되어 있다는 것이다.

도여베르트는 서구 세계의 철학자들이 흔들릴 필요가 있다고 생각한다. 그는 철학자들과 다른 사상가들이 더 이상 서로에게 다가갈 수 없다는 사실에 깊은 우려를 표한다.

도여베르트는 그들이 서로 진정으로 대화하는 것이 중요하다고 생각한다. 도여베르트는 이론적 사고의 내재적(뿌리 깊은) 원칙과 동기에 대한 철학적 조사가 사고 공동체(denkgemeenschap)의 보존에 중요한 역할을 할 수 있기를 희망하고 확신한다. 이러한 보존은 그의 철학적 반대자들 역시 도여베르트와 마찬가지로 특정 원칙과 동기에 의해 움직인다는 것을 인식할 때 가능하다. 이 장에서 우리는 '전제들(vooronderstellingen)', '신념들(overtuigingen)', '동인들(drijfveren)', '출발점들(uitgangspunten)', '가정들(aannames)'이라는 단어들을 '전과학적(voorwetenschappelijk)', '초이론적(boventheoretisch)' 또는 '선험적(transcendentaal)' 같은 형용사로 보충하든 그렇지 않든 동의어로 사용할 것이다. 미리 경고하자면, 이 장은 철학의 가장 근본적인 문제 중 하나를 다룬다. 그것은 쉽지 않으며 때로는 문제에 대한 명확한 이해를 위해 읽고 또 읽어야 할 것이다.

문제: 이성을 출발점으로 삼아 어떻게 대화를 시작할 수 있을까?

나의 철학적 반대자들에게 그들의 생각의 근본적인 출발점과 동인에 대해 어떻게 대화할 수 있을까? 그러한 반대자들은 오직 과학적 사고만이 무엇이 진실이고 무엇이 실제로 존재하는지를 결정할 수 있다고 믿는다. 어떻게 하면 철학적 논증으로 그들의 주장이 틀렸다고 설득할 수 있을까? 이 말이 종교적인 의미를 내포하고 있음을 어떻게 분명히 할 수 있을까? 인본주의 사상의 동기인 자유(vrijheid)와 통제(beheersing)가 본질적으로 모순된다는 것을 어떻게 보여줄 수 있을까? 도여베르트의 대답은 이렇다. 즉 그것은 내가 대화 상대와 함께 생각하고 그들의 암묵적인 가정, 동인 및 신념에 대해 물어볼 때만 가능하다. 다시 말해, 나는 이러한 근본적인 가정, 동인 및 신념에 도달하기 위해 다른 사람의 생각의 구조와 출발점을 내부에서 외부로 검토해야 한다. 이 접근법에는 뭔가 공감이 가는 부분이 있는데, 왜냐하면 도여베르트는 그의 철학적 반대자들을 완전히 이해하고 싶어하고 가능한 한 오랫동안 그들과 함께 생각하기를 원하기 때문이다.

맥락: 서양의 몰락

우리는 1920년대와 1930년대에 대해 이야기하고 있는데, 이 시기는 비합리주의, 파시즘, 포퓰리즘이 부상하면서 여러 면에서 우리와 닮아 있다. 제1차 세계대전은 깊은 상처를 남겼다. 넓은 범위에는 오스발트 슈펭글러(Oswald Spengler)의 영향력 있는 저서 『서양의 몰락』(Der Untergang des Abendlandes)에 표현된 바와 같이 몰락의 분위기가 존재하는데, 이 책은 도여베르트도 참조한다. 지식인 사회에서는 인본주의적 이상의 실현 가능성과 과학, 기술 및 문화적 형성의 진보 프로젝트에 대한 의구심이 제기되고 있다. 신칸트주의(심화 5.1, 83-85쪽)는 부분적으로는 퇴출되고 있고, 부분적으로는 스스로를 갱신하는 과정에 있다. 또한 몇 가지 새로운 움직임이 있으며 각각 고유한 접근 방식과 강조점이 있다.

그러나 도여베르트는 이러한 새로운 운동에 주로 초점을 맞추는 것이 아니라 신칸트주의자들에 초점을 맞춘다. 그 이유는, 그에 따르면, 이러한 새로운 흐름들이 이성의 자율성과 사유의 이론적 태도의 절대화는 건드리지 않은 채로 남겨두기 때문이다. 다시 말해, 이러한 운동들은 임마누엘 칸트와 그의 추종자들과 마찬가지로 자유와 통제의 극을 가진 동일한 인본주의적 기본동인을 정교하게 다듬는다(3장). 한 진영은 주로 인간의 자유와 독립에 관심을 갖고 모든 형태의 제한을 폐지하기 위해 노력한다. 다른 진영은 과학, 기술 및 문화적 형성을 통한 지식, 권력의 확장 및 실현 가능성을 강조한다. 마르틴 하이데거의 경우, 이것은 인간됨의 실제적이고 가장 본질적인 것, 즉 자신의 유한성을 수용하는 것에 대한 집중으로 이어진다. 쟝 뽈 사르트르(Jean-Paul Sartre)의 경우, 그것은 모든 형태의 거짓('악의')과 자유의 의무를 포기하는 것('인간은 자유롭도록 저주를 받았다')에 대한 가혹한 거부로 이어진다. 발터 벤야민(Walter Benjamin)의 경우, 그것은 언어와 예술에서 실재하는 것에 대한 복잡한 탐색으로 이어진다.

인본주의적 기본동인의 양극 사이의 긴장은 제2차 세계대전 이후에야 철학에서 중요한 주제가 될 것이다. 어떤 의미에서 인본주의의 기본동인에 대한 도여베르트의 비판은 아도르노(Adorno)와 호르크하이머(Horkheimer) 같은 사상가들이 2차 대전 이후 '계몽주의의 변증법(dialectiek van de Verlichting)'이라고 부르는 것보다 20년 이상 앞서 있다. 즉,

한편으로는 개인의 자유와 다른 한편으로는 과학과 기술을 통한 권력 확장 간의 해결할 수 없는 긴장이다.

핵심 I: 사고는 세계관적으로 중립적이지 않다

도여베르트 시대의 주요 철학자들은 자신의 생각이 순전히 합리적이고 편향되지 않으며 궁극적으로 비판적이라고 생각한다. 도여베르트는 그들의 의견에 동의하지 않는다. 그들은 이론적 사고가 합리성과 실제 지식의 척도라는 것을 당연하게 여긴다. 그러나 도여베르트에 따르면, 이것은 무비판적이고 편견에 찬 생각이며, 그들의 이론적 사고의 학문에 선행하는 출발점에 대한 관점을 박탈한다. 도여베르트는 이론적 지식은 다른 모든 인간 활동과 마찬가지로 그 기원과 척도를 외부, 즉 기원과의 관계에서 찾아야 한다고 본다(1장: 그림 8.1).

자신에 기초하는 또는 기원과 관계된 사고

[그림 8.1] 생각하는 사람은 자신의 생각을 이론적 지식의 척도로 삼을 수 있고(왼쪽 그림) 그 생각을 자신 외부의 근원과의 관계에 기초할 수 있다(오른쪽 그림). 도여베르트에 따르면, 첫 번째 경우에는 일정한 순환성이 존재한다. 즉, 사유 자체가 사유의 기초가 되고, 따라서 주어진 현실 바깥의 너무 큰 장소에 자신을 가둔다. 사유의 구름은 현실 밖으로 발을 내딛는다.

이러한 접근이 사고 공동체의 회복으로 이어지는가? 어쨌든 '기원'이라는 용어와 함께 도여베르트는 명백한 종교적 용어를 도입한다. 이것이 혼란스럽고 무비판적이지 않는가? 도여베르트에 따르면 그렇지 않다. 어쨌든, 어떤 것도 그렇게 확실하지 않으며, 기원과의 관계만큼 '주어진' 것도 없다. 그 어떤 것도 홀로 서 있지 않고, 모든 것이 모든 것과 연결되어 있으며, 이 전체가 내적 통일성을 보여주는 것은, 궁극적으로 철학적 관점에서 초월적 성격을 가진 원천 또는 힘을 가리킨다는 것은 단순히 현실 자체의 본질 그 자체에 있다. 그는 이 근원 또는 힘을 다소 추상적으로 기원이라고 부른다.

만약 당신이 기원 관계를 미리 배제한다면, 당신은 독단적이 되고 있다고 도여베르트는 말한다. 더욱이, 기원에 대한 관계는 우리 존재에 너무나 깊이 뿌리 박혀 있어서, 그것은 항상 현존하는 자아 속의 어떤 것, 가시적이고 만질 수 있는 실재 속의 어떤 것에 붙어있을 것이다. 가령, '물질'이 모든 것의 기원이 되기도 한다. 아니면, 우리가 자연에서 만나는 '생명력'과 모든 것이 솟아나는 종의 진화가 그것일 수도 있다. 또는 '의식'은 존재하는 모든 것의 가장 깊은 핵심으로 간주된다.

선험적 비판은 학문적-철학적 방식으로 기원 관계를 내부로부터 드러내려는 궁극적인 시도이다. 이론 이전의 출발점은 우리가 기원과 어떻게 관련되어 있는지를 보여주기 때문에 종교적 출발점이다. 이 관계는 본질적으로 종교적인 성격을 띠고 있으며 또한 구조적 사실이기도 하다. 어떤 사람은 '이제 나는 기원과 관계를 맺지 않는다'고 말할 수 없다. 기원에 대한 질문을 제기하기를 거부하는 것 또한 기원과 관계를 맺는 방식이기도 하다.

핵심 II: 네 가지 질문과 두번의 시도

이론적 사고와 그 사고의 초이론적 출발점 간의 관계에 대한 비판적 연구에서 도여베르트는 다음의 네 가지 질문에 답하려고 한다.

1. 이론적 사고와 그 초이론적 출발점은 불가분의 관계에 있는가?
2. 그렇다면, 그 연관성을 어떻게 증명할 수 있는가?

3. 그 관계에 대한 철학적 연구는 '중립적' 활동인가, 아니면 그 연구 그 자체도 초이론적 출발점에 의해 결정되는가?
4. 이론적 사고와 그 초이론적 원리 사이의 (가능한) 분리할 수 없는 연결이 설득력 있는 논증으로 증명될 수 있는가?

도여베르트는 이 질문에 대한 답을 찾기 위해 두 가지 시도를 한다. 첫 번째 시도는 그의 주요 저작의 네덜란드어판인 『법이념 철학』(*Wijsbegeerte der Wetsidee*, 1935)에서 찾을 수 있다. 이 접근 방식의 핵심은 현실 전체를 생각할 수 있으려면 고정된 지점이 있어야 한다는 생각이다. 그는 이 고정점을 '아르키메데스 점'이라고 부르는데, 그리스의 수학자이자 물리학자, 천문학자인 아르키메데스가 지구 밖에서 움직일 수 있는 장소만 주어진다면 지구를 움직일 것이라고 말한 후 붙여진 이름이다. 도여베르트의 견해에 따르면, 이 고정점은 자율적 이성에 있는 것이 아니라 인간과 그의 기원과의 관계에 있다. 그 기원은 진정한 기원이 될 수 있다. 아르키메데스의 요점은 예수 그리스도의 모습으로 인간을 새롭게 하시고 피조물을 회복하시는 창조주로서의 하나님이다. 기원은 가령 이론적 사고 또는 현실의 무엇인가가 '신격화'되는 '주장된 기원'일 수도 있다.

두 번째 시도는 이 저작의 확대 및 수정된 영어 번역본인 『이론적 사고의 신비판』(*A New Critique of Theoretical Thought*, 1953-1958) 1권의 시작 부분에서 발견된다. 그는 자신의 첫 번째 시도가 철학이 실재 전체에 초점을 맞춘다는 전제에 기초했다고 지적한다. 그는 이 전제를 공유하는 철학자들이 거의 없었다고 지적한다. 게다가, 그는 이론적 사고가 종교적으로 고정되어 있다는 것을 내부로부터 어떻게 분명히 할 것인가 하는 문제를 충분히 날카롭게 다루지 않았다고 느낀다. 이러한 반론에 부응하기 위해 그는 두 번째 시도를 한다. 이 시도의 핵심은 이론적 사고 자체의 성질에 대한 조사다. 그는 이론적 사고는 항상 '전문 지식'으로 이어지며, 이러한 다양한 유형의 '전문 지식'을 하나의 전체로 통합하는 것은 어렵다는 것을 보여준다. 그에 따르면 이것은 사전에 모든 것에 대한 지식이 있어야만 가능하다. 전체에 대한 이러한 지식은 초이론적 또는 초월적(이론적 사고를 넘어서는) 출발점 없이는 불가능하다.

정교화 I: 도여베르트의 첫 번째 시도

도여베르트의 첫 번째 시도는 아르키메데스 점에 초점을 맞춘다. 그는 특히 우리가 앞서 언급한 처음 두 가지 질문을 제기한다. '이론적 사고와 그것의 초이론적 출발점 사이에 불가분의 관계가 있는가?' '만약 그렇다면, 그 관계나 연결을 어떻게 입증할 수 있는가?'이다.

도여베르트는 처음에 다음과 같이 대답한다. 과학자와 철학자들의 이론적 사고는 자유롭게 떠다니는 것이 아니라 붙잡을 무엇인가를 찾는다. 학자들은 항상 현실의 한 양상에 초점을 맞추기 때문에 더 큰 그림을 알지 못하므로 붙잡을 무언가가 필요하다. 철학자들도 붙잡을 근거가 필요하다. 그들의 사유는 사물의 총체, 즉 도여베르트의 표현을 빌리자면 '의미의 총체성(zintotaliteit)'에 초점을 맞추고 있지만, 그 사유는 그 자체에 안주할 수 없다.

왜 사고는 그 자체에 안주하지 못하는 것일까? 주된 이유는 이론적 사고 자체에 문제가 있기 때문이다. 만약 당신이 생각을 모든 것의 일부로 보고 그것에 흡수되도록 내버려 둔다면, 생각은 그 자체에 대한 시각을 잃게 된다. 그것은 전체에 삼켜져 버린다. 이론적 사고에 의해 붙잡을 수 있는 무엇인가를 찾는 것은 이론적 사고의 소멸로 끝날 것이다. 뮌히하우젠 남작(Baron van Münchhausen)이 자신의 머리카락을 당겨 늪에서 빠져나오고 싶어 하는 것을 생각해 보라. 이론적 사고의 발판을 이론적 사고 자체에서 찾을 수 있다고 믿는 철학자도 마찬가지다. 다른 한편, 생각이 사물들의 전체성과 독립적으로 계속 기능한다면, 생각이 사물들의 총체성에 대해 무엇인가를 말하고 있다고 주장할 수 없다. 어쨌든 그것은 '사물의 총체성'이라는 정의에서 스스로를 배제해 버렸다. 다시 말해, 철학은 의미의 총체성에 대해 사유하는 것이지만, 그 사유는 그 자체에 대해 생각해야 하기 때문에 그 자체에 안주할 수 없다. 만약 당신이 이론적 사고가 그 자체 안에 머물도록 허용하려 한다면, 당신은 두 가지 악 사이에서 선택해야 한다: 사유 그 자체를 잃거나, 아니면 사유가 전체로부터 멀리 떨어져 있어서 만족스러운 답을 찾지 못하거나이다. 도여베르트에 따르면 생각은 결코 평안을 찾지 못한다.

따라서 생각을 하기 위해서는 다른 것, 닻, 애착점, 고정점이 필요하다. 도여베르트

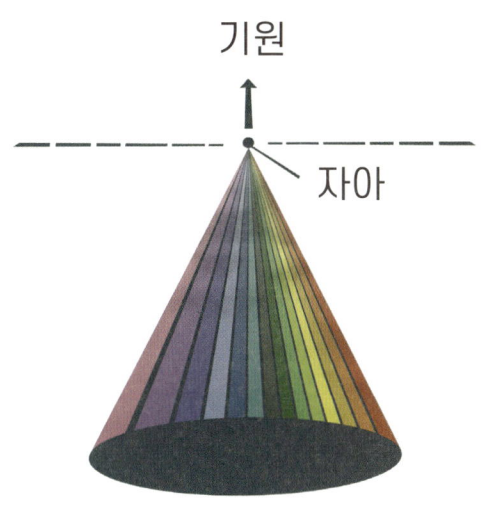

[그림 8.2] 실재는 사유 그 자체에 의해 분리된 양상들(그림의 색깔들)로 나뉘어지는데, 이는 인간의 '자아'에 의해서만 통일체로 알려질 수 있다. 이 자아는 마음과 그 대상 밖에 있는 기원에서 안식을 찾는다. 이 그림의 선은 이론적 사고의 한계를 나타낸다(1장).

에 따르면, 그 고정점은 마음 밖에서만 찾을 수 있으며 마음이 집중되는 전체의 바깥에서만 찾을 수 있다. 첫째로, 도여베르트는 이 고정점이 인간의 '자아(ego)'에서 발견될 수 있다고 말한다. 요즘 우리는 '자아(zelf)', 생각하는 주체, 생각하는 사고자라고 말할 수 있다. 그것은 다소 이상한 책략처럼 보이는데, 왜냐하면 도여베르트는 생각하는 자아는 생각 자체에서 평화를 찾지 못한다고 주장하기 때문이다. 그는 정기적으로 어거스틴의 말을 인용하는데, 그는 인간의 마음이란 '불안'하며 계속 찾는다고 말한다. 그러나 어거스틴은 또한 대답을 제공한다. 사람의 마음은 하나님 안에서 안식을 찾는다. '나' 또는 '자아'가 안식을 찾는 것은 기원에 초점을 맞추는 것이다. '나'가 스스로 설 수 있다고 생각하는 것은 착각이다. 오직 고정된 점과의 연결 속에서만 나는 평화를 찾을 수 있다. 이 고정점이 기원이다(그림 8.2).

도여베르트의 요점은 그 자체로 명확하다. 그는 이론적 사고를 의미의 다양성(zinverscheidenheid) 개념과 연결한다. 이론적 사고에서 사고는 현실의 한 양상에만 초점을 맞추는 반면 그 현실은 모든 종류의 양상을 가지고 있다. 그것은 오직 하나의 기능, 즉 논리적 사고 기능만을 사용하며, 이는 객관화, 추상화, 분석에서 드러난다(2장). 사고의 결과가 무엇을 의미하는지 이해하기 위해, 그리고 붙잡을 수 있는 무언가를 찾기 위해, 연구자는 더 큰 그림을 볼 수 있어야 하며, 자기 자신도 그 그림의 일부라는 것을 깨달아야 한다. 연구자가 이론적 사고의 고치가 더 넓은 맥락, 심지어 삶 자체에 내재된 자신의 창조물이라는 것을 깨달을 때 고정점이 발생한다. 도여베르트는 삶 자체가 본질적으로 그리고 모든 양상들이 기원을 표현하고 가리킨다고 믿는다. 그래서 가장 추상적인 활동에서조차도 당신이 의미 있는 관계의 구조의 일부인 구체적인 사람이라는 것을 깨달을 때, 당신은 모든 이론에 선행하는 것이 무엇인지에 대한 힌트를 얻는다.

칸트와 신칸트주의자들에 대한 도여베르트의 비판은 그들이 잘못된 곳에서 해결책을 찾고 있다는 것이다. 그들은 기원과의 관계의 중요성을 지적하지 않고 생각하는 주체, 즉 추상적인 능력의 집합으로 축소된 주체에 집중했다는 것이다. 도여베르트에 따르면, 이 이론적으로 사유하는 주체는 현실과 동떨어진 추상화다. 이론적 허구를 기반으로 하기 때문에 어떤 고정점도 제공하지 않는다.

정교화 II: 도여베르트의 두 번째 시도

도여베르트의 두 번째 시도는 이론적 사고 자체의 본질에 대한 연구에 초점을 맞춘다. 이 연구에서 앞서 언급한 질문은 여전히 배경에서 역할을 하지만 더 이상 주도적이지 않다. 그의 견해에 따르면, 이론적 사고에는 세 가지 문제가 등장한다.

1. 추상화하면 정확히 어떤 일이 발생하는가?
2. 추상화된 지식은 어떻게 전체로 재결합될 수 있는가?
3. 이론적 사고와 나와의 관계는 무엇인가?

우리는 이러한 질문에 대해 다음과 같이 논의한다. 질문에 대한 보다 자세한 내용을 제공하고, 답변을 간략하게 요약한 후에 각 질문/답변 조합에 대해 간략한 설명을 제공한다.

질문1: 순진 경험 속에서 주어지는 현실로부터 이론적 사고의 태도를 통해 우리는 무엇을 추상화하는가? 그리고 이러한 추상화가 어떻게 가능할까?

답변: 이론적 사고에서 우리는 모든 양상의 통합적 정합성에서 추상화한다. 즉, 우리

는 그 정합성을 배제하고 한 가지 양상에 집중한다. 이것은 이론적 사고의 '대상'(객관화)과 '분석'(추상화와 분석) 활동을 통해 이루어진다.

설명: 도여베르트는 이것을 그가 다른 곳에서 개발한 아이디어에 기초한다(2장). 이론적 사고에서 학자는 논리적 사고 기능을 통해 현실의 한 양상에 의식적으로 초점을 맞춘다. 이른바 '대상(Gegenstand)'이다(2장). 그러나 '한 가지 양상에 집중하는 것'은 구체적인 사고 과정에 내재되어 있다. 만약 이론적 사고가 일상적 지식(순진한 경험)과 동일시된다면, 이론적 사고는 일상적 경험과 같은 수준에 있으며, 이론적 지식은 보통 그 일상적 경험을 삼켜버린다. 현실에 있는 물체의 모든 다른 양상들, 일반인에게 종종 완전히 자명한 양상들은 그런 다음 떨어져 나간다. 더 큰 전체는 더 이상 볼 수 없다. 그 결과는 환원주의, 즉 자신의 이론적 관점의 절대화다.

질문2: 사고의 이론적 태도에서 논리적인 양상과 다른 양상이 서로 대립한다면, 어떤 관점에서 그 둘은 재결합('종합')될 수 있는가?

답변: 만약 당신이 이론적 사고방식 자체 안에서 종합을 위해 노력한다면, 그것은 바로 '-주의'(물리주의, 생물학주의, 심리학주의 등)로 이어진다. 이러한 주의들(-ismen)은 현실의 특정 양상의 환원과 절대화를 나타낸다. 따라서 두 양상을 통합하려면 이론적 사고 자체의 외부에 있는 고정된 점이 반드시 필요하다. 이 점은 (초이론적) 자아(또는 자신)다.

설명: 도여베르트는 다소 논란의 여지가 있는 아이디어, 즉 이론적 지식은 종합의 성취로 구성된다는 아이디어에서 출발한다. 따라서 학문적 지식은 학자가 자신의 사고 활동 양상(논리적 양상, 객관화, 추상화, 분석)을 실재의 한 양상(예: 물리화학적 또는 사회적 양상)에 대하여 자신의 사고 속에 배치한 다음 머릿속에서 그 둘을 다시 종합으로 가져온다는 사실로 구성된다. 가령, 구조화된 관찰, 가설, 모델 또는 이론의 형태로다. 물론 이것은 학문에서 실제로 어떻게 작동하는지에 대한 추상적이고 다소 비현실적인 그림이다. 그러나 문제가 되는 지점은 실제로 관련성이 있고 시사적이다. 그것은 이러한 객관화, 추상화 및 분석의 결과가 어떻게

더 큰 전체에 다시 들어갈 수 있는지에 대한 질문과 관련이 있다. 그것이 우리의 일상적인 경험과 그 경험에 영향을 미치는 세상과 인간의 관점에 어떻게 부합하는가? 이러한 통합을 위한 프레임워크는 어디에서 찾을 수 있을까? 그리고 이론가는 그 틀 안에서 어떻게 자신을 발견하는가?

우리에게 필요한 프레임워크는 우리 자신으로부터 시작된다고 도여베르트는 말한다. 출발점은 비판적 자기 성찰이다. 그런 성찰이 없다면 우리는 길을 잃고 방황하게 된다. 과학자에게 탈출구는 양상적 다양성으로 가는 길이다(4장). 그러나 우리는 여기서 연합을 찾을 수 없으며, 고정점과 안식도 발견하지 못한다. 하지만 그 안으로 들어가는 길은 어떨까? 그것이 외롭고 추상적인 자아로 가는 길이 아닐까? 도여베르트의 관점에서 그 길은 우리를 기원으로 이끌고 깊은 통일감과 유대감으로 이끈다.

여기서 우리는 아브라함 카이퍼의 목소리를 듣게 되는데, 그는 "우리의 삶이 여전히 분열되지 않고 여전히 그 통일성 속에 담겨 있는 우리 의식의 그 지점, 퍼진 줄기가 아니라 모든 줄기가 싹을 틔운 뿌리에 있다"고 말한다. 이러한 맥락에서, 카이퍼는 "우리 인간 삶의 다양한 흐름들이 일어나고, 그 흐름으로부터 스스로를 갈라놓는 공통의 원천"에 대해 말하며, "우리 마음의 깊은 곳에서, 이 마음이 영원자를 향해 열리는 지점에서, 우리 삶의 모든 광선이 하나의 초점에서 일치하고, 오직 거기에서만 삶에서 너무나 반복적이고 고통스럽게 잃어버린 그 조화를 회복한다."(Kuyper, 1925, p. 14) (10징 침조)

피상적으로 볼 때, 이 인용문들은 자칫 내면화와 신비주의적 언어를 말하는 것처럼 보인다. 그러나 카이퍼와 도여베르트는 정합성과 질서에 너무나 사로잡혀 있어서 그 아이디어에 많은 공간을 주지 못한다. 우리 마음 깊은 곳에 있는 직관, 즉 정합성, 통일성, 기원에 대한 직관은 우리 내면 깊숙한 곳에서 경험하는 아름다운 질서의 공명으로 보아야 한다. 그것들은 우리로 하여금 우리의 책임, 그 질서의 창조주에 대한 각각의 독특한 피조물의 책임을 인식하게 한다.

질문3: 이러한 비판적 자기 성찰, 자아에 대한 이론적 사고의 지향은 어떻게 가능하며, 이 지향의 진정한 성격은 무엇인가?

답변: 비판적 자기 성찰은 가능하며, 이 자아가 모든 의미의 참된 또는 가정된 기원에 초점을 맞출 때 발생한다.

설명: 도여베르트의 견해에 따르면, 이 질문은 이론적 사고와 초월적 또는 초이론적 출발점 사이의 연결을 확립한다. 세 번째 질문의 근본적인 개념은 자기 인식이 하나님에 대한 지식에 의존한다는 깔뱅의 진술로 분명해질 수 있다. 그 반대의 말도 적용된다: 하나님에 대한 지식은 자기 인식의 열쇠이다. 이런 식으로 도여베르트는 비판적 자기 성찰이 현실의 '진실 또는 주장된 기원'에 초점을 맞춘다는 견해에 도달한다. 다시 말해, 자기 인식은 인간의 "마음(hart)", 즉 우리 존재의 종교적 중심에 뿌리를 두고 있다. 이 자기 인식은 이론적 사유의 영역에 갇혀 있을 수 없으며, 그 본질에 의해 더 깊이 도달하고 이론적 사유를 초월한다. 이 자기 인식의 내용에 대해서는 선험적 비판의 틀 안에서 아무 것도 말할 수 없다. 그러나 그것은 선험적 비판의 틀에서 나쁜 것이 아니다. 결국, 그것은 자기 지식의 내용에 관한 것이 아니라, 자기 지식과 초이론적 출발점을 갖는 것 사이의 본질적 연결에 관한 것이다.

우리는 '핵심 II: 네 가지 질문과 두 번의 시도'(138쪽)라는 제목 아래 던졌던 네 가지 질문으로 돌아간다. 도여베르트의 두 번째 시도는 다음과 같이 요약할 수 있다. 그는 이론적 사고와 초이론적 출발점 사이의 내적 연결을 확인하지만(질문 1), 이제 실재의 구조(읽기: 우주적 시간의 질서)를 논증(질문 2)으로 제시한다. 그는 이러한 내적 일관성의 발견이 종교적 직관, 가령 그러한 질서가 존재한다는 직관과 관련이 있음을 인정한다(질문 3). 동시에, 그는 사상가가 모든 실재와 따라서 이론적 사고의 기초가 되는 우주적으로 기반된 원칙들에 대한 이론적 자기 검토를 계속하는 한, 이것이 논증의 설득력 있는 성격을 손상시키지 않는다고 주장한다(질문 4).

심화 8.1: 우주적 시간 질서(Kosmische tijdsorde)

두 번째 시도에서 도여베르트는 이론적 사고의 구조를 더 깊이 파고든다. 그는 그 동안 현실 전체에 대해 발전시킨 관념과 연결되기를 희망한다. 이론적 사고와 그것의 초이론적 출발점들 사이에 설득력 있는 연결이 있으려면, 그것은 현실 자체의 구조로부터 어떻게든 따라가야 한다. 도여베르트는 이전에 의미, 기원, 양상, 통일성 및 자아와 같은 개념을 도입했다. 그는 이제 이 모든 개념들이 새로운 관념, 즉 '우주적 시간의 질서'로서의 실재에 대한 관념과 연결됨으로써 본질적으로 상호 연관되어 있음을 보여주려고 한다. 우리는 이미 '이전'과 '나중'의 양상에 대한 개념에 대한 논의에서 이러한 시간의 순서를 접했다(5장). 이러한 시간의 질서는 현실이 정합성과 다양성을 동시에 보여주고, 전체로 이해될 수 있으며, 궁극적으로 기원을 가리키고 표현한다.

도여베르트에게 이러한 모든 기술적 용어들은 자신의 매우 개인적인 논리에 따라 함께 묶인 느슨한 관념이 아니다. 그에게 그것들은 창조 자체의 내적 '논리'의 어떤 것을 직관적이고 이론적으로 표현하려는 시도다. 그 창조 질서는 정적인 것이 아니라 동적이다. 그것은 계속적으로, 관계적으로, 그리고 어떤 의미에서 파악하기 어렵게 발전한다. 철학자의 사고 과정 역시 우주적 시간 질서에 종속되고 그에 의해 결정된다. 도여베르트에 따르면, 시간의 질서에 대한 성찰은 앎이 그 자체로 머물러 있지 않다는 인식으로 이어져야 한다. 즉, '나타냄'과 '가리킴'의 개념은 사고에도 적용된다(1장). 이 가리킴의 관계는 우리의 관심을 초이론적 시작점에 집중시킨다. 이것이 도여베르트가 밀하는 핵심이다. 그래서 우리는 그의 두 번째 시도에서 도여베르트가 이론적 사고의 구조적 자체 내에서 이 사고의 종교적 기원을 인식하기 위한 근거를 찾으려고 더욱 시도한다는 것을 알 수 있다.

=== 평가와 비판 ===

도여베르트의 선험적 비판은 시작부터 많은 비판을 받았다. 그의 가장 중요한 후원자인 처남 폴렌호븐은 그를 따르지 않았다. 학문에 대한 그의 견해는 일반적인 견해와 맞지 않았다. 이 프로젝트에 호의적이었던 동료들은 도여베르트가 정말로 무언가를 '증명'했는지에 대한 질문을 놓고 싸웠고, 그 자신도 이 주장을 매우 중요하게 여겼다. 모든 이론적 사고가 종교적인 출발점을 가지고 있다는 것을 종교적으로 중립적인 방법으로 증명할 수 있느냐는 질문이 거듭 제기되었다. 그 질문은 명백해 보이지만 중심점을 무시했다. 도여베르트는 인식론의 문제에 관심이 없다. 그는 모든 생각이 자신의 생각 바깥에 있는 중요한 통찰을 필요로 하는지 어떻게 알 수 있는지 묻지 않았다. 그는 현실의 상태에 관심을 가졌다. 그는 그것이 이론적 사유 자체의 본질 안에 있다는 것을 보여주고자 한다. – 사유 활동으로서의 – 그것은 모든 창조와 마찬가지로 의미의 기원과 관련되어 있다. 이 관계는 너무나 근본적이어서 가장 추상적인 생각조차도 결정한다.

덧붙이자면, 선험적 비판의 두 번째 판본에서, 도여베르트는 선험적 비판 그 자체도 '당연히' 종교적 출발점에 의해 결정된다고 명시적으로 말했다. 가령, 질문 2에서 질문 3으로의 전환에서 명확해진다. 거기서 사상가는 자신의 색깔을 드러내야 한다. 그것은 '참된' 기원에 초점을 맞추는가, 아니면 '의미의 기원이라고 주장되는 것'에 초점을 맞추는가? 이 질문은 사람들이 기원에 대한 인식에 있어서도 틀릴 수 있음을 시사한다. 그 주장된 기원은 현실 그 자체, 가령 물질, 인간의 자율성, 또는 이론적 사고와 기술에 의한 통제에서 찾는다. 도여베르트에게 창조주로서의 하나님은 존재하는 모든 것의 진정한 기원이다.

논의에서 때때로 다소 적게 드러났던 것은 초이론적 출발점을 가질 필요성이 입증됨에 따라 이론적 증명 자체의 지위가 변한다는 것이다. 전적으로 내부로부터 개발된 증명, 또는 '순전히 내재적인 증명'은 더 이상 존재하지 않는다. 순수한 내재성은 이론적인 허구이다. 그러나 그러한 증거가 존재하지 않는다면, 그것은 또한 도여베르트의 프로젝트가 내재성을 유지하려는 프로젝트로 제시되는 한 증거적 가치를 훼손하는 것이다. 그러나 '증거'라는 용어를 있는 그대로 둔다면, 도여베르트는 여전히 요점을 가지고 있다. 그의 접근법의 강점은 가능한 한 오랫동안 상대방과 함께 생각한다는 사실에 있다. 이것은 도약점을 매우 분명하게 하는데, 즉, 그의 반대자들과 함께 이론적 사고는 궁극적으로 참되고 실제적인 것으로 간주될 수 있는 것의 척도라는 것이다. 그러나 이론적 사고는 결코 완전히 순수하지 않으며 현실에 대한 제한된 견해만을 제공할 뿐이다. 이런 식으로 볼 때, 도여베르트는 과학주의(sciëntisme)에 대한 최초의 비판자 중 하나일 뿐만 아니라 가장 급진적인 비판자 중 한 명이기도 하다. 우리가 살펴본 바와 같이, 과학주의는 오직 과학만이 무엇이 진실이고 실제적인가를 결정할 수 있다고 주장한다.

더 타당한 비판은 도여베르트가 그의 목표를 달성하기 위해 매우 큰 우회로를 선택하고 그 길이 가장 적합하지 않을 수 있다는 것이다. 이것은 또한 이후의 논의에서 전면에 등장한다. 일부 지지자들(끌랍베이끄(Klapwijk), 헤르쯔마(Geertsema), 판 데어 후븐(Van der Hoeven))은 다른, 더 해석학적 접근을 선호한다. 이 접근 방식은 다음과 같이 특징지을 수 있다. 해석하는 존재로서 인간은 연결, 틀, 이야기를 찾고 있다. 이것은 과학에도 적용된다. 과학의 결과는 설명되어야 하고, 서로 연결되어야 하며, 더 큰 틀에 맞춰져야 한다. 이 수수께끼 같은 연결고리 찾기에서 현실의 기원, 의미, 목적지에 대한 원초적인 이야기가 배경에서 들려온다. 이것은 종교적 의미를 가진 용어다. 도여베르트는 자신의 철학으로 신의 존재를 증명하고 싶지 않았다. 그가 말하고 싶은 것은, 기원, 의미, 운명에 대한 더 넓고 근본적인 이야기, 직관, 통찰과의 연결로부터 스스로를 닫아버리는 학자들은 이 더 넓고 깊은 현실로부터 불필요하게 스스로를 고립시키고, 따라서 결국 일방적이고 무비판적이 된다는 것이다. 그들의 위치의 진정한 본질, 그들이 가지고 있는 암묵적인 관점은 그들에게 숨겨져 있다. 위대하고 종종 고대 이야기의 배경에서 공명하는 것에 대한 인식은 철학과 과학의 비판적 잠재력을 증가시키고, 사상가가 자기 증거를 떨쳐 버리고 무비판적이고 독단적인 잠에서 깨어나는 데 도움이 된다.

── 현대적 적용: 상대방을 진지하게 받아들이는 희망적인 메시지 ──

도여베르트의 접근 방식의 매력은 여전히 내부로부터의 접근 방식이다. 상대방을 뼛속까지 진지하게 대한다. 이렇게 움직이고 다른 사람에게 질문하는 것은 생산적인데, 왜냐하면 조만간 당신은 더 깊은 동기와 시작점을 만나게 될 것이고, 그것들이 현실에서 주어진 구조와 일치하지 않는다면 내부적으로 모순되는 것으로 판명될 것이기 때문이다. 과학과 사회에서 언론인, 행정가, 지식인의 태도를 결정할 수 있기 때문에 이 점에 유의하는 것이 중요하다. '주어진 구조'를 무시하는 것은 항상 내적 모순을 낳고 궁극적으로 쇠퇴로 이어진다. 이것은 운명적인 생각이 아니라 마음의 평화를 주고 창의성과 개방성을 초대할 수 있는 관찰이다. 그것은 주석가와 철학자들의 분석 능력이나 예언력에 달려 있지 않다. 결국에는 상황이 바뀔 것이다. 그것이 사물의 본성이다. 철학에서는 내적 모순이 발생한다. 학문에서, 그것은 항상 반동을 불러일으키는 주의들(-isms)로 이어진다. 사회에서 그것은 불균형과 바람직하지 않은 모순으로 이어진다.

　도여베르트의 철학은 양극화, 공허한 수사학, 포퓰리즘의 시대에도 날카롭게 비판하면서도 상대방을 진지하게 받아들일 수 있음을 보여준다. 그리스도인의 기본동인이 근본적으로 희망적이기 때문에, 다른 동기는 초대적으로 접근될 수 있다. 주류를 거슬러 가야 하더라도 잠재된 반동으로 연결하는 것은 항상 가능하다. 문화는 오랫동안 내부적으로 모순된 동기의 마법에 걸려 있을 수 있으며, 이는 우리를 낙담시킬 수 있다. 그러나 궁극적으로 필수적인 것으로 입증되는 숨겨진 반대 목소리, 비판적 잠재력, 무시된 타자를 찾을 가능성도 있다.

"깔뱅주의–기독교 정신으로 철학을 개혁하는 것은 […] 깔뱅을 개혁주의–철학적 사고의 '천사 같은 아버지(PATER ANGELICUS)'로 격상하는 것을 의미하지 않는다. 이것은 또한 이 위대한 개혁가가 결코 주지 못한 철학 체계를 그에게서 추구하는 것을 의미하지도 않는다. 오히려, 오직 그리고 배타적으로 철학적 사고의 전체 토대, 출발점, 그리고 선험적 방향을 그리스도 안에 있는 우리 우주의 새로운 뿌리와 연결하고, '자연적 이성(NATURALIS RATIO)'을 자충족적인 아르키메데스 관점으로 삼는 것을 거부하는 것이다."

_ 헤르만 도여베르트(*WdW*, I, pp. 489–490)

도여베르트(DOOYEWEERD)

제9장
철학과 기독교 신앙

서론

이전 장에서 우리는 도여베르트가 가장 이론적인 학문조차도 항상 학문 이전의 신념과 동기에 기반을 두고 있다는 것을 어떻게 증명하려고 하는지 살펴보았다. 그는 이러한 신념과 동기가 근본적이며 현실에 대한 사람의 견해에 대해 어떤 것을 말해 준다는 것을 보여 준다. 이러한 관점은 근본적인 동인의 표현이다(3장). 이 장이 시작되는 인용문은 이미 도여베르트가 철학과 신앙의 관계에 대해 어떻게 생각하는지를 보여준다. 그의 견해에 따르면, 철학적 사고를 그리스도와 '관계'시킴으로써 '철학의 개혁'이 이루어진다. 이 장에서 우리는 이 '참여'가 실제로 어떻게 이루어지는지 살펴본다. 다시 말해, 철학이 사유의 실천 속에서 기독교 신앙과 어떻게 연결될 수 있는가 하는 것이다.

문제: 철학을 신앙과 연결할 수 있는가?

지금까지 도여베르트는 이러한 구체화에 대해 낮은 자세를 유지해 왔다. 그의 분석은 이론적 사고를 포함한 모든 인간 활동이 당신의 존재에 선행하고 지시하는 어떤 것에 그 기원을 두고 있다는 것을 보여주는 것을 목표로 했다. 그는 이 맥락에서 '의미', '기원', '뿌리', '법'과 같은 용어를 사용한다. 어느 시점에서, 그는 모든 의미의 '참 또는 주장된' 기원에 대해 이야기하기 시작한다. 독자는 도여베르트가 진정한 기원이 기독교 신앙의 하나님을 의미한다고 생각한다. 그러나 그는 적어도 그의 엄격한 철학적 저작에서는 그렇게 명시적으로 말하지 않는다.

이것은 의문을 불러일으킨다. 도여베르트는 엄격한 철학과 세계관적 철학을 구분하는가? 만약 그렇다면, 이 구분은 얼마나 절대적인가? 도여베르트에게 '기독교 철학' 같은 것이 존재하는가? 그의 작업을 통해 도여베르트는 항상 양상 이론, 사물 이론, 사회적 단체 이론 및 사고의 이론적 태도에 대한 분석과 같은 현실에 대한 분석을 그의 세계관적 견해와 구별하는 경향이 있었다. 그러나 이러한 구분은 어디까지 확장되는가? 그의 철학적 관점에서 볼 때, 기독교 신앙을 철학 및 과학과 덜 추상적이고 더 실질적으로 연결하는 것이 가능한가? 우리는 이 관계를 어떻게 이해해야 하는가? 이 장에서 우리는 도여베르트의 생각 뿐만 아니라 그의 처남인 폴렌호븐의 접근 방식에도 주목한다.

맥락: 우리는 인간의 자유를 구할 수 있는가?

도여베르트의 생각은 당대의 문화와 철학적 사고에 대한 깊은 관심으로 가득 차 있다. 사회는 교회적이고 철학적인 도그마의 압제에서 벗어나는 과정에 있다. 철학은 세속적으로, 독립적으로, 비판적으로, 주체적으로 발전한다. 도여베르트에 따르면 이러한 독립성은 상대적이다. 그에 따르면, 근대적 사고는 핵심에 머물러 있으며, 종종 사람들이 깨닫지 못하는 사이에 종교적 출발점이나 기본동인과 연결되어 있다. 그 전제는 더 이상 과학적으로 논증될 수 없다.

도여베르트는 과학과 기술이 호황을 누리던 시대에 살았다. 이러한 현상은 과학 지식의 진실성과 현실의 가변성에 대한 상당한 확신을 동반한다. 모든 것은 확실성, 통제력 및 예측 가능성을 중심으로 이루어진다. 이러한 개발에는 중요한 단점이 있다. 현실에 대한 과학적 접근은 결정론적 세계관으로 이어질 뿐만 아니라 인간의 자유에 대한 위협도 제기한다. 어쨌든 모든 것이 자연 법칙에 의해 결정되고 모든 것이 과학적으로 설명될 수 있다면, 자유, 개성, 자발성을 위한 자리는 더 이상 존재하지 않는다.

철학자 임마누엘 칸트(심화 5.1, 83-85쪽)는 이 문제의 심각성을 최초로 인식하고 인간의 자유를 구하기 위한 독창적인 시도를 한 사람 중 한 명이다. 그는 과학은 이론적 지식/사고의 경계 내에서 작동하는 반면, 자유는 실천적 지식/사고에 의해 공간이 주어지고 그 경계에 의해 영양을 공급받는다고 말함으로써 이를 수행했다. 이 해결책의 대가는 인간 지식에 대한 이원론적 관점, 즉 결정론적 과정을 아는 것과 자유 속에서 내린 선택에 기초하여 아는 것이었다. 따라서 도여베르트는 인문주의의 기본동인을 자연(과학, 통제) 대 자유(3장)의 양극으로 특징짓는다. 계몽주의 이래 사회는 이 기본동인에 깊이 빠져 있었다. 도여베르트는 이러한 이원론을 인간의 자유에 대한 위협으로 보는데, 그 이유는 통제적 사고가 사회 전체로 확장되기 때문이다.

핵심: 철학은 두 발로 설 수 있어야 한다

도여베르트는 철학과 종교적 믿음에 관한 논쟁에서 매우 독특한 위치를 차지한다. 한편으로 그의 철학은 기독교 세계관에서 강하게 영감을 받았다. 그 영감은 깊고 도여베르트에게 자연스러운 것을 제공한다. 동시에 그는 종교적으로 영감을 받은 철학은 논증과 개념화의 양상에서 두 발로 설 수 있어야 하며 과학적 논쟁에서 검증될 수 있어야 한다고 믿는다. 다시 말해, 철학자로서, 당신은 자신의 주장을 펼치기 위해 자신의 종교적 견해에 대한 언급을 필요로 해서는 안 된다. 이러한 참조는 당신의 논증에서 기초석으로 작동해서는 안 된다.

그렇다고 해서 철학자가 종교와 세계관에 대해 침묵해야 한다는 뜻은 아니다. 가령, 철학적 통찰력과 종교적 통찰력 사이에는 수렴이 있을 수 있다. 즉, 둘 다 같은 방향을 가리키고 내용면에서 서로 닮았다는 것이다. 이러한 수렴은 증거는 아니지만, 종교적 통찰의 타당성에 대한 외적 확증으로 기능할 수 있다. 반대로 서로 다른 통찰력이 점점 더 멀리 갈라지는 발산에도 동일하게 적용된다. 만약 종교와 철학이 서로 모순된다면, 이것은 더 많은 연구가 필요한 이유이며, 양측 모두 교정에 개방적이어야 한다.

동시에 종교는 도여베르트에게 일상적인 경험의 일부이다. 따라서 그것은 과학적 통찰력보다 훨씬 더 넓은 범위를 가지고 있다. 철학을 포함한 모든 학문들은 본질적으로 추상적이며 특정 주제나 양상에 초점을 맞춘다. 그들은 과학 이전의 경험의 바다로 둘러싸인 섬들을 형성한다. 이러한 경험은 학문적 사고에 선행하며, 이 생각은 항상 앞서 말한 경험에 의해 시험된다. 결국, 가장 추상적인 철학적 통찰조차도 구체적인 현실 속에서, 즉 타자와의 대화 속에서, 그리고 특정한 실천 속에서의 적용 속에서 스스로를 증명해야 한다.

정교화 I: 도여베르트

멀리서 보면 기독교 철학에는 세 가지 접근 방식이 있다. 첫 번째 접근법은 기독교 철학을 특정 주제나 대상을 가진 철학으로 본다. 가령, 신의 존재에 대한 증거나 자연의 목적성에 대한 논증에 관심을 가진 철학자들을 생각해 보라. 철학적 연구의 대상인 '무엇'은 기독교적이다.

두 번째 접근법은 기독교 철학을 기독교적 방식으로 실천되는 철학으로 본다. 그래서 주로 '어떻게'에 관한 것이다. 그런 다음 기독교는 특정 질문의 본질 또는 철학자들이 연구 주제와 어떻게 관련되어 있는지로부터 명백해진다. 가령, 철학자 키에르케고르(Kierkegaard, 1813-1855)를 생각해 보라. 그는 모든 사상가는 항상 자신의 사고 과정 속으로 자신을 끌어들인다는 것을 강조한다. 진리와 의미는 너희가 참되다고 여겨지는 것과 어떻게 관계를 맺는가에 따라 결정된다. 다시 말해, 진리는 진실함을 요구한다. 키에르케고르에 따르면, 바리새인들은 모세의 율법을 손바닥 보듯 알고 있었다. 그러나 그들이 말한 것은 율법과 관련한 불성실한 방식 때문에 심오한 거짓이었다.

기독교 철학의 세 번째 형태는 기독교 신앙을 주로 영감의 원천으로 본다. 일부 기독교 철학자들에게, 이것은 그들이 그들의 철학을 그들 자신의 신앙의 또 다른 표현으로 본다는 것을 의미한다. 다른 사람들에게, 그것은 그들이 신앙을 존재에 대한 다소 보편적인 질문에 대한 답으로 본다는 것을 의미한다. 이 접근법에서 기독교적 관점은 삶의 질문에 대한 답을 찾을 수 있는 가능한 방향 중 하나다.

도여베르트: 종교적 통찰력의 변혁

도여베르트의 독창적인 점은 그의 접근 방식이 이 세 가지 방향 중 어느 것에도 잘 맞지 않는다는 것이다. 언뜻 보기에 그의 헌신은 세 번째 방향, 즉 영감의 원천으로서의 신앙에 가장 잘 맞는 것처럼 보인다. '의미'(1장), '마음'(10장), '기원'(8장)과 같은 그의 철학의 모든 핵심 단어들은 하나님, 인간, 그리고 실재에 대한 신깔뱅주의적 통찰을 정교하게 다듬는다.

그럼에도 불구하고 여기에 경고가 필요하다. 왜냐하면 이러한 기독교적 영감의 통

기독교 철학은 신앙적 통찰을 변혁한다

[그림 9.1] 기독교 철학은 기독교적 내용이나, 방식 또는 영감에 관한 것이 아니라, 기독교 신념과 종교적으로 형성된 직관이 철학적 통찰로 변형되는 것(회전 화살표로 표시)에 관한 것이다. 이러한 통찰은 논의 중이며 철학적 논쟁에서 그 자체의 장점에 따라 판단된다(오른쪽 그림).

찰은 그의 철학 안에서 토대로서 기능하는 것이 아니라, 철학적 틀 안에서 여전히 자신의 주장을 증명해야 하는 이론 이전의 직관으로 기능하기 때문이다. 더욱이, 이러한 직관 중 일부는 이론적 분석을 피하기 때문에 옳다는 것을 증명할 수 없다. 따라서 도여베르트는 철학이 세계관적 통찰의 외삽법(extrapolatie)이 될 수 없다고 명시적으로 말한다. 이런 식으로 기독교 철학을 이해하는 사람은 누구나 철학을 과대평가하고 철학적 양상에서 부적절한 일을 하는 것이다. 철학은 그 자체의 의제를 가지고 있으며 이론적 사고방식에 묶여 있다. 따라서 필연적으로 추상적이다. 세계관적 관점은 구체적인 삶에 속한다. 그것은 더 실질적이고, 더 포괄적이며, 더 근본적이다.

그러므로 기독교적이란 주제(무엇)에 있지 않고, 방법(어떻게)에 있지 않으며, 또한 반드시 크리스천의 영감 안에 있는 것도 아니다. 도여베르트의 관점은 그가 이론 이전의 직관이나 철학적 영감을 철학적 통찰력으로 변환하는 방식으로 요약될 수 있으며, 이러한 통찰력은 철학적 논쟁에서 종교적 출처에 대한 명시적인 언급 없이 그 자체로 가능한 한 많이 보존될 수 있는 방식으로 요약될 수 있다(그림 9.1). 철학적 논쟁은 철학적 통찰의 내용에 관한 것이 될 것이다. 이러한 통찰력은 항상 의문을 제기할 수 있다. 그들은 세계관적 또는 종교적 출처의 권위를 다루지 않는다. 철학은 그것에 대해 말할 수 없다.

동시에 이 견해는 여전히 겸손하다. 철학하는 것은 이론적이며, 따라서 항상 제한된 앎의 방법으로 남아 있다. 그것은 일상의 체험과 종교적-세계관적 통찰력의 충만함과 깊이를 결코 에워쌀 수 없다. 그러므로 세계관적 관점은 결코 철학적 이론에 완전히 흡수되거나 변형될 수 없다. 차이점이 남아 있다. 그 차이 때문에 철학과 세계관 사이에는 계속해서 상호 교류가 있을 것이다. 그렇기 때문에 우리는 항상 도여베르트가 철학적 통찰력에서 세계관적 영감을 받은 견해와 통찰력으로 운동을 되돌려 놓는 그의 세계관적 작업을 볼 수 있다.

도여베르트: 철학과 신학의 한계

요컨대, 도여베르트는 적어도 세 가지 프로젝트를 진행했다. 그는 과학적 합리성과 개인의 자유를 강조하는 인본주의 전통이 기독교 전통의 사상가들 못지않게 종교적 위치를 차지한다는 것을 보여주고자 하는 엄격한 철학적 기획을 가지고 있다(3장과 8장). 또한 그는 실재의 법적 구조에 대한 체계적인 분석을 위해 여러 카이퍼의 기본 사상을 가지고 작업한다. 이 분석은 양상(4, 5장), 사물(6장), 사회적 단체들(7장)에 대한 이론의 형태를 취한다. 마지막으로, 그의 시대에서 현재의 모든 종류의 사회적 주제에 대한 그의 세계관적, 문화철학적 작업이 있다.

도여베르트는 존재론(ontologie), 즉 존재 자체에 대한 이론에 대해 작업한 적이 없다. 다른 사상가들이 존재론이라고 부르는 것을 그는 '우주론(kosmologie)'이라고 부른다. 즉 실재의 법칙적 양상에 대한 구조적 분석이다. 이는 도여베르트가 사상가의 입장에 민감하기 때문이다. 이론적 근거 위에서 현실 전체에 대해 뭔가를 말할 수 있다고 믿는 사상가들은 스스로를 신의 자리에 앉힌다. 같은 이유로, 도여베르트는 철학자로서 신의 존재에 대해 결코 아무 말도 할 수 없다. 하나님은 인간에게 자신을 계시하신다. 인간은 하나님에 대해, 특히 철학자로서 스스로 아무 말도 할 수 없다. 이러한 이유로 그는 하나님에 대한 증거를 가진 중세 스콜라주의에 반대할 뿐만 아니라 하나님의 속성과 하나님과 창조의 관계에 대해 자유롭게 이론화하는 17세기와 18세기의 개신교 신학에도 반대한다. 도여베르트는 아브라함 카이퍼의 신학 작업에서도 이러한 학문적 특성을 발견한다. 도여베르트는 신앙의 진리가 이론적 사고에 의해 종교적 맥락에서 들어올려져 추상적 형태로 독립되는 것을 '스콜라주의(scholastiek)'라고 말한다. 이런 식으로 생각하는 사람은 누구나 다양한 방식으로 자신을 드러내고 숨기시는 살아 계신 하나님을 모든 종류의 특성을 가진 추상적이고 지고한 존재로 만든다. 도여베르트는 지난 세기 동안 이러한 형태의 '존재론'에 대한 가장 강력한 비판자 중 한 명이다.

만약 신학이 학문이라면, 그것이 도여베르트의 주장인데, 이것은 신학자의 임무를 복잡하게 만든다. 도여베르트의 견해에 따르면, 조직신학은 하나님의 본성, 속성, 그리고 행동에 대해 이론화할 때 필연적으로 스콜라주의적이 된다. 그러므로 도여베르트와 그 시대의 신학자들의 관계는 쉽지 않았으며, 도여베르트의 철학과 (조직) 신학 사이의 관계는 결코 하나가 되지 못했다.

정교화 II: 폴렌호븐과 디머

폴렌호븐: 부분적 유신론과 부분적 우주론

디르크 폴렌호븐은 도여베르트의 처남이자 자유대학교의 동료로, 다른 강조점을 두고 있다. 도여베르트와 마찬가지로 그는 '마음', '법', 실재의 근본적인 다양성, 하나님의 주권과 같은 모든 종류의 카이퍼적 개념을 가지고 작업한다. 그는 또한 양상에 대한 도여베르트의 분석과 그의 '사물' 이론(4-6장)에 어느 정도 동의한다. 그러나 그는 하나님과 우주 사이의 관계를 특성화하는 데 있어서 다른 길을 택한다. 폴렌호븐 역시 도여베르트와 마찬가지로 하나님과 창조된 현실 사이의 경계로서의 법에 대해 말한다. 하나님은 법 위에 있고 법을 선포하지만, 인간은 모든 현실과 마찬가지로 법 아래에 있다. 그러나 도여베르트와 달리 그는 이 관계를 더 자세히 특성화하고 다른 사고 체계에 대한 분석의 출발점으로 삼는다. 가령, 일부 세속 철학자들은 선을 다르게 긋고 현실의 일부를 신성하게 만든다. (법 위의) 하나님은 말하자면 (법 아래의) 현실을 한 입 베어 물었다. 그리하여 현실의 그 부분은 법 위에 있게 되고 신격화된다. 폴렌호븐은 이러한 접근법을 '부분적 유신론(partieel theïsme)'이라는 용어로 언급한다(그림 9.2). 실체의 한 부분, 한 부분이 하나님의 일부가 된다. 부분적 유신론의 한 예는 인간의 이성, 인간의 이성적 능

[그림 9.2] 현실의 일부가 신격화될 때, 폴렌호븐은 부분적 유신론이라 말한다.

부분적 유신론

력에 대한 우상숭배다.

그 반대의 경우도 발생하는데, 즉 하나님의 일부가 율법 아래 들어오는 것이다. 우주는 하나님을 한 입 베어 물었다. 폴렌호븐은 이것을 '부분적 우주론(partieel kosmisme)'이라고 부른다(그림 9.3). 한 가지 예로(폴렌호븐이 제안하였으나 자세히 논의되지는 않음) 삼위일체 하나님의 세 위격 중 하나의 특성은 실재의 속성으로 간주되는데, 가령 모든 피조물 안에 내재되어 있는 '영' 또는 '영성'은 피조된 실재 안에 성령이 포함되어 있는 것으로 간주된다. 이후 폴렌호븐은 계속해서 모든 종류를 구별하고 있다. 여기서 논의하는 것은 너무 지나치다. 그의 후기 작품에서 그는 그리스 이래로 철학의 역사를 도표화한 자신의 사고 체계와 시간 운동 체계를 개발했다.

이것은 폴렌호븐이 하나님의 존재에 대해 추측함으로써 도여베르트에 대항하고 있다는 것을 의미하는가? 아니다, 그렇지 않다. 강조점에는 다소 차이가 있다. 도여베르트는 과학적인 관점에서는 하나님에 대해 아무 것도 말할 수 없다고 믿는다. 폴렌호븐은

[그림 9.3] 하나님의 한 부분이 창조된 실재의 일부로 간주될 때, 폴렌호븐은 부분적 우주론이라 말한다.

부분적 우주론

이 점에서 조금 더 자유롭다. 그는 하나님의 본성을 이론적으로 정의하기까지 하지 않는다. 그러나 그는 하나님과 피조물 사이의 관계를 특성화하는 데서 더 나아간다. 그는 또한 천국과 천사의 존재에 대해서도 이야기한다. 천국과 천사들이 창조되었다. 그러나 어떤 면에서, 그들은 또한 법에 대한 일반적인 복종에서 벗어나는 것처럼 보인다. 이러한 강조점의 차이는 부분적으로 폴렌호븐이 신학자였다는 사실에 그 기원을 두고 있다.

폴렌호븐이 제안하는 것은 법과 창조 사이의 연결고리를 상대화하는 것을 의미하는가? 하나님과 현실 사이에 일종의 '중간 지대'가 존재하는가? 하나님보다 낮지만 현실에 적용되는 법칙보다 높은 영역과 그곳에서 일어나는 현상들(천사, 천국, 악마)이 신성하지 않을 뿐만 아니라 현실에 적용되는 법적 구조의 분석에서 적절하게 분류될 수 없는 영역인가? 이것들은 우리 시대에 영적인 경험과 다른 초자연적 경험과 기적에 대한 해석과 관련하여 여전히 시사적인 질문이다.

디머: 하나님의 형상과 기적들

젊은 나이에 사망한 네덜란드의 생물학자 요한 하인리히 디머(Johann Heinrich Diemer, 1904-1945)는 기적의 존재에 대해 집중적으로 생각했다. 디머는 한편으로는 도여베르트와 완전히 일치하는 접근법을 개발하고, 다른 한편으로는 폴렌호븐의 '중간 지대(tussenzone)'(우리의 용어)에서 일어나는 일을 다룬다.

디머는 특히 기적에 대한 전통적인 개신교 접근 방식에서 관찰하는 현대주의에 반대한다. 이 전통에 속한 신학자들과 다른 과학자들은 기적이 하나님의 초자연적이고 즉각적인 개입에 기초하고 있다고 가정하며, 그 개입으로 특정한 법들이 일시적으로 폐지된다고 가정한다. 하나님은 보통 자연에 심어 놓으신 힘과 법칙으로 통치하실 것이다. 그러나 예외적인 경우에 그분은 더 높은 목적을 위해 이러한 권세와 율법을 유보하실 것이다. 디머는 이러한 사상가들이 이신론(理神論)의 한 형태를 가정하고 있다고 비난한다(심화 9.1). 디머는 기적에 대한 이러한 견해가 신앙을 과학적 비판에 취약하게 만든다고 믿는다. 언젠가 누군가가 나타나 마지막 남은 기적인 그리스도의 부활을 합리화하거나 과학적인 근거를 들어 믿을 수 없다고 선언할 것이다.

> **심화 9.1**: 이신론(理神論, Deïsme)
> 이신론은 계몽주의 시대의 사상이다. 이신론자들에 따르면, 신은 세계 역사가 시작될 때, 즉 세계를 창조하고 자연 법칙에 복종하게 함으로써 활동적이었다. 나머지는 그분이 멀리하신다. 이신론은 기독교 신앙을 과학적 세계관과 결합하려는 시도이다. 과학에서 우리는 신의 존재를 괄호 안에 넣을 수 있는데, 왜냐하면 우리는 신적 행동의 결과를 다루고 있는 것이지 신 자신을 다루고 있는 것이 아니기 때문이다. 따라서 이신론을 믿는 신학자에게 기적은 특별한 범주가 된다. 그것들은 기존의 자연 질서에 대한 외부의 침입이며 초자연적인 기원을 가지고 있다.

이신론에서 자연법은 독립적이 되려고 한다고 디머는 말한다. 그러나 창조 세계에서는 그 자체로 그러한 독립성을 가진 것이 하나도 없으며, 심지어 자연 법칙조차도 그러하다. 자연 법칙은 객관적으로 결정될 수 있고 변하지 않는 것으로서 그 자체로 존재하는 실체가 아니다. 하나님의 활동은 지속적이고 즉각적이며, 심지어 사람이 피조물에서 발견하는 순서대로도 그렇다. 좀 더 정확하게 말하자면, 우리는 하나님이 피조물에게 질서를 가져다 주셨다고 말할 수 있다. 그러나 우리가 그것에 대해 발견하는 것, 가령 법칙과 규칙성의 형태는 하나님의 질서 있는 사역과 동일시되지 않을 수 있다. 사람들은 하나님의 창조적이고 보존하시는 사역에 대해 제한된 관점만을 가지고 있다. 과학을 포함한 모든 인간 활동은 이 창조적이고 보존하시는 사역에 대한 해답이다. 과학자가 인식하는 규칙성은 오류가 있을 수 있고 추상적인 해석이다. 그 해석이 하나님께서 창조하시고 보존하시는 모든 것을 포괄하는 단어와 동일시되어서는 안 된다. 더 자세히 설명하면서 디머는 어거스틴의 사상을 사용한다. 그것은 사물의 평범한 과정으로서의 자연과 하나님을 알지 못하는(알고 싶어하지 않는) 사람들에게는 숨겨져 있는 자연의 가장 높은 법칙을 구별한다. 기적은 사물의 일반적인 과정을 거스르지만, 이 최고의 자연 법칙을 거스르지는 않는다. 하나님은 결코 자신을 거스르실 수 없다. 그러므로 기적은 신의 존재에 대한 증거라기보다는, 현실 그 자체의 깊이적 차원('최고 법칙')에 대한 언급이다. 기적은 존재하는 것의 의미와 목적을 어느 정도 보여 준다. 신앙을 통해 우리는 때때로 그 궁극적인 의미와 운명을 엿볼 수 있다. 이 말은 신앙이 깊어질수록 기적의 초자연성은 뒷전으로 물러난다는 뜻이다.

디머에 따르면, 예수가 행한 기적들은 사람들을 당황하게 할 목적으로 행해진 마술이 아니었다. 그와는 반대로, 예수께서 행하신 기적들은 모두 회복, 재창조, 기억하고 근원으로 다시 인도하는 것에 관한 것이다. "그러므로 기적은 낮은 법칙에 대한 위반으로서의 낮은 법칙에 **반대되는** 것이 아니라, 더 낮은 법칙을 유지하면서도 의미심장하게 그것을 더 높은 목적, 후자보다 높은 목적으로 이끄는 더 높은 법칙에 반대되는 것이다"(Diemer, 1963, p. 73). 도여베르트의 용어를 빌리자면, 기적은 현실의 개현된 차원을 보여준다. 그들은 가장 깊고 궁극적인 수준에서 창조에 대해 하나님께서 염두에 두고 계신 것의 베일 한 귀퉁이를 들어 올린다.

평가와 비판

이론적 지식과 일상적 지식을 명확하게 구분하는 것이 도여베르트의 강점이다. 이러한 구분은 철학의 과제를 제한적이고 명확하게 유지하며, 세계관적 사고나 기독교적 영성과 결합하지 않도록 돕는다. 철학자는 종교적 근원에서 영감을 얻을 수 있다. 사실, 그러한 근원에서 직접 또는 간접적으로 끌어 오지 않는 철학자는 없다. 그럼에도 불구하고, 철학은 그 자체의 논증과 논증 방식을 가진 일차적인 이론적 활동으로 남아 있으며, 가급적이면 가능한 한 그 자체의 내부로부터 그리고 그 자체의 힘으로 이루어져야 한다.

이 접근법은 또한 단점을 가지고 있는데, 그것은 신학과 그다지 유익한 관계를 맺지 못한다는 것이다. 도여베르트는 그의 개신교 동료들을 포함한 신학자들의 비평적 역량 부족을 두려워한다. 그들은 가령 개혁주의 스콜라주의에서 이론적 사고의 독립성에 취약한 것으로 판명되었다. 이러한 유형의 신학에는 신앙적 통찰과 이론적 체계화가 혼합되어 있으며, 그 결과 교의적-이론적 통찰이 실천적 신앙 통찰을 지배하게 되었다. 이 반론은 문맥상으로는 이해할 수 있을지 모르지만, 도여베르트에 의해 너무 과장되어 생산적인 토론으로 이어지지는 않았다.

도여베르트가 철학과 신학 사이에 두는 구분은 너무나 높아서 철학과 기독교 신앙 사이의 관계에도 영향을 미친다. 악의 역할, 구속의 의미, 메시아의 역할, 투쟁의 관점,

희망과 기대 등 기독교 신앙의 중요한 양상들이 그의 생각에서 잘 드러나지 않고 있다. 그의 작품에서 드러나는 일방적인 하나님의 모습에 대한 비판의 여지도 있다. 그 하나님의 형상은 하나님의 전능하심과 주권을 강조하는 것이지, 연약함, 깨어짐, 고통, 구속, 사랑을 강조하는 것이 아니다. 깨어짐의 회복에 대한 메시아적 관점이 없는 것은 아니지만, 주권자이신 창조주에 대한 강조와 비교하면 여전히 다소 부족하다. 구원은 재창조(re-creation)이지, 끝을 향해 살아가는 것(종말론)이 아니라는 것이 도여베르트의 입장이다. 이 일방적인 태도는 두드러진다. 왜 종말론과 재창조가 훨씬 더 밀접하게 관련되어 있지 않는가?

좀 더 일반적으로 말하자면, 문제가 되는 것은 세상에 대한 하나님의 개입의 다양성이다. 일상 지식에 대한 도여베르트의 인식이라는 정확한 기초 위에, 이 간섭에 대한 훨씬 더 차별화된 그림이 나타날 수 있었다. 일상 세계에는 사람들이 하나님과 접촉하고자 하는 수많은 행위들, 즉 대화, 설명, 전례, 기도의 실천들이 있으며, 그 안에는 헤아릴 수 없을 정도로 풍부한 의미와 이야기와 체험이 담겨 있다. 이러한 이야기와 경험은 사람들이 세상과 자기 자신에 대한 하나님의 개입을 어떻게 상상하는지에 대한 입체적인 그림을 제공한다. 이러한 경험은 조직신학과 교회사로부터의 통찰로부터 도움을 받든 받지 않든 철학적 통찰을 키울 수 있다.

신깔뱅주의 사상 전통에 속한 다른 사상가들은 철학, 신학, 그리고 신앙의 경험 사이에 그러한 대화를 위한 훨씬 더 많은 여지를 보여준다. 끌라스 뽀쁘마(Klaas Popma), 요한 판 데어 후븐(Johan van der Hoeven), 캘빈 시어벨트, 헹크 헤르쯔마(Henk Geertsema), 짐 올투이스(Jim Olthuis), 니콜라스 월터스토프(Nicholas Wolterstorff) 등의 저작들이 그렇다.

── 현대적 적용: 분석적 종교 철학 ──

도여베르트는 그 폭과 충만함에서 일상적인 경험을 매우 중요하게 생각한다. 그 경험은 철학과 기독교 신앙 사이의 관계를 통해 생각하기 위한 근본적인 것이기도 한다. 도여베르트의 작품은 거대해 보인다. 그럼에도 불구하고 그는 철학에 대한 겸손한 개념을 옹호한다. 철학은 이론적 활동이며 지금도 그러하다. 철학이 진리에 접근할 수 있는 것은 제한되어 있다. 이러한 겸손하고 신중한 견해는 그가 기독교적 통찰력과 직관을 논증의 구성 요소로 삼지 않는다는 것을 의미한다. 이것들은 현재에도 관련이 있는 고려 사항과 동기이며, 가령 분석적 종교철학의 지지자들과의 토론에서 그렇다. 이러한 형태의 철학은 신 존재 증명과 하나님의 속성에 관한 토론을 위한 광범위한 플랫폼을 제공한다.

도여베르트의 겸허함은 그 자체로 신학 및 분석적 종교 철학과의 유익한 관계를 맺는 데 장애물이 되어서는 안 된다. 그럼에도 불구하고, 도여베르트와 그의 많은 추종자들은 제한된 범위에서만 그러한 생산적인 관계에 도달했을 뿐이다. 신앙의 진리는 그 진리의 본질을 침해하지 않고는 이론화될 수 없다는 반론이 거듭 제기되었다. 이것은 다른 어떤 철학자와도 마찬가지로 신앙의 경험을 포함한 일상적 경험의 다원성과 풍요로움에 주의를 기울인 철학자의 경우, 이러한 다면적인 신앙의 경험과 근본적인 철학적 사고 사이에는 사실상 제한된 교환만이 있을 뿐이라는 역설적인 상황을 만들어낸다. 다행히도, 신깔뱅주의 사상 전통의 대표자들이 있는데, 그들은 훨씬 더 그러하다. 이 대표자들과 함께 우리는 이론과 신앙 경험 사이의 덜 엄격한 분리를 볼 수 있으며, 다양한 형태의 종교적 지식과 경험에 대한 더 큰 관심과 감사를 볼 수 있다. "눈으로 보지 못하고 귀로 듣지 못한 것"과 "사람의 마음으로 생각하지도 못하였던 것들"(고린도전서 2:9)에 대한 모든 형태의 성찰이 이론화의 한 형태로 보아서는 안 된다.

"성경이 인간의 혼(ziel)이나 영(geest)에 대해 경건한 종교적 의미로 말할 때, 항상 우리의 마음(hart)이 모든 일시적인 존재의 핵심이며, 모든 일시적인 삶의 결과물이 거기에서 나온다고 본다. 일시적 존재인 인간에 대해 성경은 결코 '이성적인 혼'과 '물질-육체'의 이분법(또는 '물질-육체', '정신' 및 '혼'의 삼분법)을 가르치지 않는다. 오히려 성경은 이 일시적인 존재 전체를 죽음과 함께 사라지는 육체로 이해한다."

_ 헤르만 도여베르트("인간에 관한 32개 논제", 논제 5)

도여베르트(DOOYEWEERD)

제10장

인간

서론

　나는 누구인가? 사람은 누구인가? 인간에게 영혼이 있는가? 그렇다면 '영혼'이라는 용어는 무엇을 의미하는가? 우주에서 인간이 차지하는 위치는 어디인가? 우리는 동물과 어떻게 다른가? 그 하나하나가 모두 크고 실존적인 질문이며, 우리 시대에 새로운 의미를 갖게 된 질문이다. 우리 인간은 정말 그렇게 특별한가? 천문학자들은 우리가 우주의 다른 부분과 같은 물질로 만들어졌다는 것을 보여준다. 진화 생물학자들은 인간과 동물 사이의 위대한 관계를 지적한다. 신경과학자들은 인간의 행동을 뇌의 물질적 과정의 산물로 본다. 인지 과학자와 컴퓨터 과학자들은 지능이 인간만을 위한 것이 아니라고 주장한다. 인간은 의학에서, 자연을 억제하는 일에서, 에너지를 생성하는 일에서 모든 종류의 일을 할 수 있다. 동시에 사람들은 개인적으로, 그리고 집단으로 서로의 목을 조르고 있다. 인간이 누구이기에 그토록 많은 악을 저지를 수 있단 말인가? 그리고 우리는 크고 많고 악 때문에 인간으로서 어떤 사람이 되기를 원하는가?

　특히 인간에 관해서는, 도여베르트가 정기적으로 성경을 언급하는 것을 볼 수 있다. '마음', '영혼', 하나님과의 관계와 같은 개념과 관련하여, 우리는 신앙에 대한 지식이 철학적 개념으로 변형되는 것을 볼 수 있다(9장).

문제: 영혼, 물질주의, 결정론

　도여베르트는 인간에 대해 쓸 때 두 가지 주제에 관심을 기울이는 것 같다. 첫 번째 주제는 인간의 영혼에 관한 것이다. 영혼이란 무엇인가? 영혼이 육체를 떠나 존재할 수 있는가? 그리스도인들이 몸과 영혼의 분리를 옹호했던 오래된 전통을 어떻게 해야 할까? 또 다른 주제는 계몽주의의 유산을 어떻게 다룰 것인가에 관한 것이다. 과학 혁명을 통해 이것은 인간에 대한 유물론적 및 결정론적 관점의 출현으로 이어졌다. 우리는 이러한 물질주의와 결정론을 어떻게 보아야 하는가?

맥락: 인간에 대한 반이원론적 관점을 향하여

도여베르트는 인간에 대해 긴 글을 쓴 적이 없다. 처음에 그는 『철학의 개혁과 스콜라주의』(*Reformatie en Scholastiek in de Wijsbegeerte*) 제3권을 철학적 인간학에 할애할 계획이었다. 그러나 이 책은 출판되지 않았다. 보존된 것은 훨씬 나중에 영어로만 번역된 광범위한 스케치이다. 1942년, 도여베르트는 또한 깔뱅주의철학협회(de Vereniging voor Calvinistische Wijsbegeerte)의 내부 저널에 인간 이론에 대한 원고를 썼다. 이 논문은 "인간에 관한 32개 논제"(*32 Stellingen over de mens*)라고도 불린다. 이 말들은 간결하게 도여베르트가 인간과 인간됨을 어떻게 바라보는지에 대한 명확한 그림을 제공한다. 우리는 종교적 급진성과 광범위한 과학적 관심의 특징적인 조합으로 도여베르트를 가장 잘 이해한다. 도여베르트는 자신의 전문 지식을 다양한 분야로 확장하고 당시의 과학적 통찰력을 활용한다. 동시에 그는 인간됨의 핵심, 즉 종교적 차원에 초점을 맞춘다. 바로 이 조합이 영혼에 대한 전통적 견해, 특히 신학계에서 중요한 수정을 이끈다.

도여베르트는 특정 청중을 대상으로 하지 않는다. 그는 생물학의 새로운 발전과 아놀드 겔렌(Arnold Gehlen) 및 아돌프 포트만(Adolf Portmann)과 같은 사상가들에 의한 철학적 작업을 연구한 것으로 보인다. 또한 그는 지그문트 프로이트(Sigmund Freud)의 심층심리학의 발전에 주목한 것으로 드러난다. 도여베르트는 나중에 자유대학교 생물학자 얀 레버(Jan Lever)와 논쟁을 벌이면서 진화론의 의미에 대해 쓰기 시작한다. 이 모든 것이 아무리 흥미롭지만, 돌이켜 보면 가장 주목할 만한 것은 도여베르트가 몸과 영혼(정신)의 관계에 대한 이원론적 견해에 그토록 격렬하게 반대한다는 점이다. 이러한 반이원론은 당시에는 새로운 것이었고, 지금도 기독교계에서는 소수 의견이다. 이 질문은 그의 철학의 핵심으로 향하며 주요 아이디어의 일관된 정교화에서 비롯된다.

핵심: 구조와 방향이 함께 간다

인간이라는 존재에 대한 분석에서, 도여베르트는 '방향(richting)'과 '구조(structuur)'라는 철학적 개념이 어떻게 서로를 전제하고 서로 얽혀 있는지를 보여주기 위해 많은 노력을 기울인다.

방향은 우리의 존재가 어떻게 기원을 향하고 있는지와 관련이 있다. 이 '지향성'은 인간의 마음에서 시작되어 이른바 기본동인에 의해 결정된다(3장). 아브라함 카이퍼의 뒤를 이어 그가 반복했던 것처럼, 우리의 존재는 존재하는 모든 것의 기원을 향해 열려 있는 것이 우리의 마음 속에 있다. 어떻게 그런 일이 일어나는지는 우리 존재에 스며들어 있는 기본동인에 달려 있다. 기본동인은 근본적이고 실존적이며 원동력이며, 일시적인 의견이나 선호보다 훨씬 더 깊은 것에 도달한다. 그것들은 존재를 앞으로 나아가게 하고 방향을 제시한다. 그것들은 우리가 의미와 목적을 찾는 데 도움이 되는 동기를 부여해 준다. 도여베르트는 그것들을 우리 존재가 뿌리를 내리고 있는 피할 수 없는 토양으로 본다.

인간이라는 존재의 구조를 분석하면서, 도여베르트는 그의 구조 이론이 무엇을 제공해야 하는지 보여준다. 그는 서로 다른 부분 또는 하부 구조가 얽혀 있는 인체 전체를 분석한다. 그는 인체를 서로 얽힌 마디로 묘사한다. 이것이 그가 인간을 '엔캅시스적 구조 전체'라는 개념에 도달하는 방법이며, 이 용어는 아래에서 다시 다룰 것이다.

이 두 가지 기본 개념, 즉 방향을 찾는 존재로서의 인간과 서로 얽힌 하부 구조의 일관된 전체로서의 인간은 서로 분리되어 있지 않고 서로를 전제한다(그림 10.1). '구조'와 '방향'은 함께 가며, 방향 없는 구조도 없고, 구조 없는 방향도 없다. 이것은 현실이 창조되었다는 사실과 현실의 모든 것이 어떤 식으로든 창조주의 존재를 가리키고 나타낸다는 사실과 관련이 있다. 실재는 의미로서 존재하며, 사실 그것은 의미라고 도여베르트는 말한다(1장). 구조와 방향은 이 의미-존재(zin-zijn) 안에서 얽혀 있다. 도여베르트는 이제 이 사상을 인간에게도 적용한다. 인간은 홀로 서 있지 않으며 모든 것이 다른 모든 것

인간: 구조와 방향

[그림 10.1] 도여베르트는 그의 인간 이론에서 두 가지 기본 개념을 결합한다. 인간은 서로 얽힌 하부 구조(묘사된 인물의 색들)의 집합이다. 그리고 인간은 '마음'(화살표가 시작되는 곳)에서 '근원'으로 방향을 찾는 탁월한 존재다.

과 연결되어 있다. 서로 얽힌 하부 구조(구조)의 일관된 전체가 발전하고 형태를 갖추는 방식에서, 인간이 근원(방향)과 어떻게 관계를 맺는지가 표현된다.

많은 이원론적 견해에서 몸과 영혼은 서로 분리되어 다른 것으로 간주된다. 그런 다음 인체는 '구조'로, 인간의 마음은 '방향'으로 이해된다. 도여베르트는 이러한 견해에 근본적으로 동의하지 않는다. 그의 견해에 따르면, 몸과 영혼은 모든 면에서 서로 얽혀 있다. 어떻게? 우리는 지금 그것을 다룰 것이다.

정교화: 엔캅시스 구조적 전체로서의 인간

인간으로서 우리의 존재는 구조화되어 있다. 우리는 유기체로서 기능하며(생물적), 우리 주변의 현실을 경험하고(심리적), 생각하면서(논리적), 다른 사람들과 관계를 맺고(사회적) 있다. 우리는 이 모든 일을 동시에 한다. 우리가 (논리적으로) 생각하는 동안, 우리의 심장은 (생체적으로) 뛴다. 그리고 우리가 다른 사람들과 상호 작용하는 동안(사회적), 우리는 모든 종류의 것들을 (심리적으로) 경험하고 몸짓을 한다(상징적 표현). 문제는 우리가 인간으로서의 우리 존재의 복잡하고 역동적이며 관계적인 성격을 어떻게 철학적으로 이해할 수 있느냐 하는 것이다.

우리가 보았듯이 도여베르트는 양상과 사물을 구별한다. 양상은 기능하는 방식이고(4장), 사물은 그 자체의 정체성을 가진 '전체'(6장)이다. 사물은 모든 양상에서 기능하는데, 어떤 양상에서는 주체(능동적)로, 다른 양상에서는 객체(수동적)로 기능한다(5장). 또한 양상은 다른 역할을 수행할 수 있다. 가령, 그들은 인도적 또는 기초적 기능을 수행 할 수 있다(5장). 도여베르트의 견해에 따르면, 사물은 정의에 따라 내부 구조적 원리에 해당한다. 각 유형의 사물에 대해 서로 다른 양상이 특정 방식으로 그룹화된다(5장과 6장).

이러한 일련의 개념을 통해 도여베르트는 사람은 나무, 의자 및 회사와 마찬가지로 사물과 같은 구조를 가진 특별한 종류라고 말할 수 있다. 그러나 도여베르트는 그렇게 말하지 않는다. 그 주된 이유는 인간이 행동하는 존재이며 책임을 질 수 있기 때문이다. 이것은 구조와 인간이 되는 방향 모두에서 표현된다. 먼저 구조에 대해 논의한 다음 방향에 대해 논의할 것이다.

네 개의 하부 구조

도여베르트는 네 개의 상대적으로 독립적인 (그러나 서로 얽혀 있는) 하부 구조를 구별한다. 그것은 물리 화학적, 생물적, 심리적 및 행동 구조와 관련이 있다. 인간은 처음 두 개의 하부 구조를 식물과 공유한다. 그는 동물과 처음 세 개의 하위 구조를 공유한다. 오직 인간만이 네 번째 하부 구조를 가지고 있다. 즉, 행위 구조(actstructuur)다. 인간은 바위, 식물 또는 동물과 근본적으로 다른 생물이다. 사람들은 자신의 존재에 방향을 제시할 수 있다. 그들은 주도권을 잡고, 합리적인 방식으로 반응하며, 자신의 행동에 책임을 지고, 자신의 위치를 알고 있다. 다시 말해, 사람들은 자신의 존재에 방향을 제시함으로써 책임감 있게 행동한다. 이 '지시를 주는 것'은 행위 구조에 의해 가능해지고, 사람들이 마음속으로 내리는 선택에 의해 결정된다. 후자에 대해서는 나중에 자세히 설명한다. 첫째, 우리는 인간의 하부 구조의 얽힘에 초점을 맞춘다.

다양한 유형의 얽힘

인간의 하부 구조의 얽힘을 이해하기 위해, 우리는 전체-부분적 관계와 엔캅시스 사이의 구별이 이루어진 6장으로 되돌아가 보자. 전체-부분 관계에서 전체와 부분은 동일한 인도적 기능을 갖는다. 우리는 로봇과 로봇을 구성하는 모듈을 예로 들었다(6장). 그러나 다른 인도적 기능을 가진 사물 구조가 얽혀 있는 것들도 있다. 이를 위해 우리는 '엔캅시스'라는 용어를 도입했다. 이 엔캅시스의 예로는 동물(감각적), 식물(생물적), 토양 및 물(둘 다 물리적) 사이에 상호 의존성이 있는 생태계가 있다. 동물과 환경으로부터의 물질 사이의 의존성은 너무나 커서 부분들이 함께 새로운 전체를 형성하지 않고 얽혀 있다.

그러나 다른 상황에서는 새로운 전체가 있다. 그런 다음 우리는 '엔캅시스적 구조전체'에 대해 이야기한다. 엔캅시스적 구조전체에서 하부 구조는 상대적 독립성을 유지하지만 동시에 서로 얽혀 새로운 속성을 가진 새로운 전체를 형성한다.

엔캅시스적 구조전체의 예로는 집 달팽이와 조각품이 있다. 집달팽이 껍질의 자격 요건은 물리 화학적이다. 몸통의 인도적 양상은 감각적이다. 집이 없으면 달팽이도 없다. 두 개의 얽힌 구조(껍질과 몸체)가 감각적 양상에 의해 인도적 기능을 갖춘 새로운 전체(집 달팽이)를 형성한다.

도여베르트는 그리스 조각가 프락시텔레스(Praxiteles, 주전 4세기)의 헤르메스(Hermes) 동상에 대한 자세한 분석을 제공한다. 조각품의 대리석의 인도적 양상은 물리 화학적 양상이며 여전히 남아 있다. 그러나 조각품은 단순한 대리석 그 이상이다. 예술가는 아름다운 조각품을 만들기 위해 자신의 모든 창의적인 재능을 사용했다. 지배적인 요소는 예술가의 마음 속에 있는 창조적 의도와 미적 가치다. 이러한 것들이 자료에 표현되어 있다. 따라서 조각의 인도적 기능은 미적 양상이다. 여기에도 역시 완전한 엔캅시스적 구조가 있다. 대리석 없이는 조각품도 없고, 예술가 없이는 대리석 조각도 없다. 둘 사이의 상호 작용 속에서 새로운 것, 즉 조각품이 등장했다.

도여베르트는 인간을 어떻게 보는가?

우선, 도여베르트는 인간을 엔캅시스적 구조 전체로 본다. 즉, 물리화학적, 생물적,

심리적(민감성) 및 행위 구조의 네 가지 하위 구조가 인체라는 새로운 전체로 짜여져 있다(그림 10.2).

그의 견해에 따르면, 신체는 분자 주머니 그 이상이다. 그것은 또한 물리화학적, 생물학적, 심리적 구조의 합 이상이다. 몸은 경험하고, 행동하고, 상호 작용하는 존재로서 우리의 존재 전체를 포괄한다. 네 가지 하부 구조, 그리고 따라서 행위 구조는 모두 엔캅시스적 구조 전체로서 인체에 속한다. 따라서 도여베르트는 인체에 대해 매우 광범위한 정의를 가정한다. 몸은 실제로 모든 것을 포괄한다. 그는 그것이 "인간 삶의 현세적이고 실존적인 형태"(논제 7)라고 말한다.

달팽이나 조각품과 달리, 몸은 한 가지 양상에 의해 규정되는 것이 아니라 모든 종류의 양상에 의해 번갈아 가며 규정된다(논제 21). 이것은 가장 높은 하부 구조로서의 행위 구조의 매우 유연하고 표현적인 특성 때문이다. 인간의 행위에서 때로는 하나의 양상, 때로는 다른 양상이 이끌고 있다. 우리는 누군가와 접촉하고(사회적), 그 후에 일하고(형성적) 무언가를 더 효율적으로(경제적으로) 처리할 수 없을까 고민한다. 도여베르트는 행위 구조를 인간 마음의 자유로운 표현 영역이라고 부른다. 그것은 탄력적이며 미분화되어 있다. '탄력적(Plastisch)'이란 사람들이 자유롭고 창의적으로 행동함을 의미한다. '미분화되어 있다는 것'은 '더 이상 지정되지 않음'을 의미한다. 우리는 연기 생활에서 모든

행위 구조
심리적 구조
생물적 구조
물리-화학적 구조

네 개의 하부 구조로 얽힌 인간

[그림 10.2] 도여베르트는 인간을 전체, 즉 몸으로 이해하며, 이 몸은 엔캅시스적으로 서로 얽혀 있는 (빙글빙글 도는 리본) 구조로 구성되어 있다. 행위 구조는 이러한 하부 구조 중 가장 높고, 인간에게 고유하며, 모든 종류의 양상에 의해 인도된다(여러 종류의 색깔에서 볼 수 있듯이).

방향으로 갈 수 있다. 행위는 구체적으로 눈에 보이는 행동이 아니라 인간의 마음에서 비롯된 의도적이고 내적인 활동이다. 우리는 주의력, 기억력, 지각력, 감정, 소망 및 모든 종류의 생각들의 역할을 생각할 수 있다.

물리화학적, 생물적, 심리적, 행위 구조의 네 가지 하위 구조는 계층적으로 얽혀 있다. 어떤 하부 구조도 단독으로 서 있지 않다. 하위의 하부 구조는 상위의 하부 구조에 '형태적으로(morfologisch)' 묶여 있다. 즉, 물리 화학적 구조는 생체 구조로, 생체 구조는 심리 구조로, 심리 구조는 행위 구조에 얽혀 있다(논제 10). '형태적'이라는 용어는 몸의 모양을 가리킨다(*morphē*는 그리스어로 '형태'를 뜻함). 하부 구조가 얽히게 되는 것은 몸의 모양이다. 체형에 대한 언급은 눈에 띄고 실제로 매우 현대적이다. 도여베르트는 신체의 경계로서의 피부 뿐만 아니라 무엇보다도 우리의 행동이 복잡한 위계적 질서로 우리 몸에 내재되어 있다는 사실에 관심을 갖는다. 다시 말해, 우리의 행위는 '체화된(belichaamd)' 것이다. 이것은 도여베르트가 이 글을 쓰는 시점(1942년경)에 헬무트 플레스너(Helmuth Plessner)와 모리스 메를로-뽕띠(Maurice Merleau-Ponty)와 같은 다른 철학자들과 함께 활동하기 시작했다는 증거다. 도여베르트의 견해는 나중에 등장한 '체화된 인지(embodied cognition)'에 대한 아이디어와 매우 유사하다. 그 체화는 뇌와 자기 자신 및 주변 환경과 끊임없이 상호 작용하는 몸에서 일어난다.

하부 구조의 얽힘을 설명하기 위해 우리는 기초와 개현의 개념을 참조한다(5, 6장). 우리는 활성화 또는 기초로 시작한다. 하위적 하부 구조는 상위적 하부 구조를 기초로 한다: 물리 화학적 하부 구조는 생물학적 하부 구조, 생물학적 하부 구조는 감각적 하부 구조, 감각적 하부 구조는 행위 구조를 설정한다. 기초의 원리는 다양한 하부 구조가 얼마나 강하게 얽혀 있는지 보여준다. 또한, 개현(ontsluiting)의 개념이 중요하다. 즉 상부 구조는 하위적 하부 구조를 개현한다. 또한 물리화학적 하부 구조는 생물학적 하부 구조에 의해, 생물학적 하부 구조는 감각적 하부 구조에 의해, 감각적 하부 구조는 행위 구조에 의해 개현된다. 개현의 원리는 상위적 하부 구조가 하위적 하부 구조로 어떻게 이어지는지를 보여준다: 하위적 하부 구조는 그러한 방식으로 열리거나 더 높은 하부 구조가 가능하게 하는 방식으로 형태 또는 질서가 부여된다. 개현의 개념은 또한 다양한 구조가 자신의 특성을 잃지 않고 얼마나 강하게 얽혀 있는지를 보여준다.

도여베르트는 물리 화학적 구조에 대해 많이 말하지 않는다. 그에 따르면, 생물적 하부 구조는 '식물적' 특성을 가지고 있다. 식물적이라는 용어는 호흡, 심박수 및 땀의 항상성 조절을 담당하는 자율 신경계를 나타낸다. 그러나 생물적 구조는 홀로 서 있는 것이 아니라 심리적 및 행위 구조에 의해 개현된다.

감각적이거나 심리적인 하부 구조를 통해 도여베르트는 감각, 의식, 기질 및 정서적 표현의 역할을 생각한다. 다른 곳에서, 그는 '동물적' 구조에 대해 말하는데, 그 구조의 기능은 대체로 인간의 의지의 통제를 벗어난다(논제 8). 심리적 영역이 행위의 구조와 연결되어 있기 때문에 인간의 방향을 획득한다(논제 11).

앞서 언급했듯이 행위 구조는 인간의 내적 삶에서 일어나는 일과 관련이 있다. 그것은 사람들이 행동하고 세상에서 방향을 잡는 데 도움이 된다. 이것은 도여베르트에게 특징적인 풍부한 규범들 전체를 조정함으로써 수행된다. 사람들은 자신의 행동에서 의도적으로 현실 속의 무언가나 자신의 내면의 세계, 가령 자신이 생각하거나 계획하는 것에 초점을 맞춘다. 동시에 더 깊은 동기(마음, 기본동인)와의 연결이 유지된다. 행위적 삶은 세 가지 기본 방향, 즉 지식, 상상 및 의지로 나타난다(논제 14). 그렇게 함으로써 도여베르트는 지식, 상상(종종 느낌) 및 의지를 구별한 소위 교수 심리학(faculteitenpsychologie)의 전통과 일치한다.

인간으로서 우리의 행동을 온전히 이해하기 위해서는 또 다른 개념, 즉 인간 존재의 중심으로서의 마음이라는 개념이 필요하다.

인간의 영적 중심으로서의 마음(hart)

결국 인간으로서 우리가 누구인지에 대한 질문은 도여베르트에게 종교적인 질문이다. 이것은 마음을 시간적 존재의 '초시간적(boventijdelijk)' 중심으로 보는 그의 시각과 관련이 있다. 우리의 모든 행위는 마음에서 모이며, 그것은 진정으로 '집중점'이다. 이와 동시에 마음은 모든 것이 솟아나는 원천이다. 도여베르트는 마음을 일시적인 존재의 '종교적 뿌리'라고 부른다. 모든 것이 우리 마음 안에서 모이고 모든 것이 우리 마음에서 솟아난다.

마음은, 그 존재의 통합적 중심이자 집중점으로서, 우리가 우리 자신을 기원으로 향하는 영역이며, 우리가 창조주와 관계를 맺는 장소다. '집중'의 개념은 어려운 계산에서와 같이 적극적이고 의식적인 노력을 의미하지 않으며, 명상이나 묵상의 형태에 관한 것도 아니다. 도여베르트는 '타고난 충동', 근본적인 종교적 성향, 역동적인 성향에 대해 이야기한다. 이는 우리의 의식뿐만 아니라 우리 존재의 모든 양상에서다. 동시에 마음은 우리 행동의 원천이다. 즉, 마음은 우리의 모든 행동을 주도하고 우리의 행동 구조가 어떻게 발전하고 연기하는 사람이 무엇에 초점을 맞추는지를 결정한다.

마음과 영혼

이러한 맥락에서 도여베르트는 '영혼(ziel)'이라는 용어의 성경적 의미를 언급한다. 성경에는 영혼을 뜻하는 단어들이 많은 의미를 가진다. 가령, 영혼은 호흡, 생명, 다산, 수용성, 충실함, 도덕적 기질, 그리고 서로 간의 그리고 하나님과의 연결과 관련이 있다. 도여베르트는 이러한 광범위한 성경적 접근의 요소들을 그의 체계적인 틀 안에 통합하려고 시도한다. 이것은 그가 어떻게 신념을 철학적 통찰로 변화시키는지를 보여주는 예다(9장). 도여베르트는 영혼을 시간성과 다양성 속에서 우리 일상 생활의 일부로 본다. 그러나 영혼은 또한 우리를 일시적인 영역 너머로 이끈다. 그것은 피할 수 없는 종교적 역동성의 핵심을 형성하며, 인간이 성취와 온전함을 위해 계속 노력하도록 보장한다. 그 성취와 회복은 우리가 우리의 삶을 의미의 유일한 원천, 즉 모든 의미의 근원이신 하나님께 집중할 때에만 발견될 수 있다.

도여베르트는 '영혼'이라는 용어를 많이 사용하지는 않는다. 그는 '마음'이라는 단어를 더 좋아한다. 이는 기독교 전통에서 '영혼'이라는 용어가 몸과 영혼을 별개의 개체로 보는 사상의 전통에 의해 오염되었기 때문이다. 이것은 고대(특히 초기 플라톤)부터 시작되어 계몽주의 시대(예: 데카르트)에도 반복되었다. 영혼은 육체적 존재를 포함한 모든 인간 존재의 중심점이 되는 대신, 육체 옆에, 그리고 육체 위에 서게 된 비물질적 실체가 되었다. 도여베르트는 신학에도 큰 영향을 미친 이러한 이원론에 대한 강력한 반대자임을 보여준다. 그에게 마음 또는 영혼은 우리 존재의 가장 육체적이고 세속적인 양상을 포함하여 모든 것이 함께 모이는 장소다. 이러한 신체적 양상은 정신적, 종교적 양상만큼이나 중요하다. 좋든 싫든 사람들은 창조주이자 구속주이신 하나님의 자기 계시에 반응하는 것이 바로 그들의 마음이다. 인간이 이런 특정한 의미에서 응답하는 존재라는 것은 인간에 대해 말할 수 있는 가장 깊은 것이다.

마음은 집중점이라는 생각과 함께 다른 주제들이 이어진다. 종교는 기원에 대한 관계로서 인간 존재의 모든 것을 포괄하며 단지 그 양상 중 하나가 아니라는 생각, 통일성과 전체성에 대한 열망으로 표현되는 인간 존재의 근본적인 불안, 자기 지식과 하나님에 대한 지식 사이의 관계다. 이 마지막 생각은, 우리가 8장에서 보았듯이, 깔뱅의 『기독교 강요』의 첫 문장에서 영감을 받은 것인데, 그 문장은 하나님에 대한 지식 밖에 자기 지식은 없다고 말한다. 하나님과 인간은 서로 직접적으로 관련되어 있으며, 그 사이에는 교회나 성직자, 성상이나 다른 형태의 중재자조차도 없다. 인간은 하나님과의 관계 속에서 자기 자신을 알게 된다. 그것은 철저하게 역동적인 사건이며, 시행착오의 과정이며, 혼란과 평화, 무력과 해방의 과정이다.

초시간적?

물리적-생물적 몸과는 달리, 마음(또는 영혼)은 죽음에 종속되어 있지 않다. 위의 내용에 비추어 볼 때, 그것은 이해하기 어려운 진술이다. 만약 마음이 우리의 물리적-생물적 존재와 그토록 연결되어 있다면, 그 육체적-생물학적 존재가 멈출 때 어떻게 마음이 계속 존재할 수 있겠는가? 그리고 도여베르트가 '초시간적'이라는 용어가 실제로 의미하는 바는 무엇인가?

그 질문에 대해 많은 논의가 있었다. 확실한 것은 도여베르트가 마음은 불멸하며 죽음 후에 별도의 개체로 다른 현실로 이동한다는 것을 의미하지 않는다는 것이다. 또한 마음이 영원하다거나 시간을 초월하여 일상적이고 가시적인 실재 밖에 있다는 의미도 아니다. 그것은 그를 육체와 영혼에 대한 이원론적 견해에 가깝게 만들었을 것이다. 그것은 그가 강하게 반박하는 견해다. 그가 말하고 싶은 것은 인간은 우리가 이해할 수 없는 형태의 한 인격체로서 죽음 이후에도 계속 존재한다는 것이다.

우리가 '초시간적' 마음이라는 개념을 제대로 파악할 수 없는 것처럼, 우리는 또한 죽음 이후의 생존을 제대로 이해할 수 없다. 마음은 직관의 표현인 '경계 개념'이며, 성경이 인간과 인간의 영혼에 대해 말하는 방식에서 그 기초를 찾는다. 마음 또는 '영혼'은 우리가 하는 모든 일과 경험하는 모든 것에 존재한다. 그것은 우리의 직관, 감정 및 행동을 결정하고 안내하는 역동성이다. 그것은 생명을 불어넣고 우리의 존재를 형성한다. 도여베르트에 따르면, 마음은 일시적인 죽음의 대상이 아니다. 우리는 죽은 후에도 계속 존재한다. 그러나 우리는 그것이 정확히 어떻게 작동하는지 알지 못한다.

우리의 죽음 이후의 이러한 존재는 '영적 죽음'의 개념과 상충되지 않는다. 우리의 마음이나 영혼도 멸망될 수 있으며 이를 영적 또는 영원한 죽음이라고 한다. 도어베르트는 영적 죽음이란 하나님 밖의 존재가 가능할 것이라는 환상에 기초한 삶을 가리킨다. 그 환상은 영적 빈곤과 궁극적으로는 영적 사망으로 이어진다. 사람은 죽기 전에도 이미 영적으로 죽어 있을 수 있다. 이것은 그들이 기원과의 관계에서 자신의 존재를 완전히 끊고 싶을 때 발생한다.

심화 10.1: 초시간성(Boventijdelijkheid), 양상적 질서 및 하나님과의 연결

좀 더 기술적인 의미에서, '초시간적'이라는 용어는 시간성이 양상의 다양성과 연결되어 있다는 도여베르트의 체계적인 철학에서 이해되어야 한다. 이것은 다소 추상적인 개념으로, 앞서 논의한 프리즘 비유(4장)를 기반으로 설명하기가 가장 쉽다. 분리되지 않은 빛은 기원과의 관계를 나타낸다. 이 분리되지 않는 빛은 '초시간적'이다. 굴절된 빛은 다양한 양상으로 구성된다. 시간성은 프리즘 속의 빛이 굴절되는 것처럼 '시간 속에서 분리되는 것'이다. 도여베르트는 시간의 우주적 질서를 연속적인 양상의 범위 내에서 시간의 굴절에 의해 결정되는 것으로 말한다. 따라서 시간성은 양상의 다양성과 연결되어 있다. 양상의 순서는 특정 시간 순서를 나타낸다. 어떤 양상은 '이전'에 존재하고, 다른 양상은 '나중에' 존재한다(5장). 물리적인 것이 생물적인 것보다 '앞선다'. '미학적'인 것은 '경제적'인 것보다 나중에 존재한다. 도여베르트가 마음의 초월에 대해 이야기할 때, 그는 이러한 양상적 의미에서 시간성의 초월을 언급하고 있다. 영혼은 양상적 다양성을 초월하며, 우리가 전체성과 통일성의 초(超)시간적 영역으로 우리 자신을 지향하도록 돕는다. 그 통일성과 전체성을 향한 움직임 속에서 우리의 존재는 중심이 되고 기원과의 연결을 찾게 된다.

── 평가와 비판 ──

이론적으로는 구별할 수 있지만 일상 생활에서 완전히 얽힌 부분적 구조를 가진 우리의 일시적인 인간 존재는 어떻게 종교적 방향성을 가진 더 깊은 전체로 이해될 수 있을까? 이것이 바로 도여베르트가 답을 찾고자 하는 근본적인 질문이다. 그의 시도는 독창적이고 야심적이라고 말할 수 있다. 도여베르트의 대답은 현재에도 인간과 인간이 행동하는 사회적 관계에 대해 생각하는 데 여전히 관련이 있다.

도여베르트의 논쟁은 몇 가지 중요한 점에 초점을 맞춘다. 무엇보다도, 그는 그의 시대에 기독교 신학에서도 받아들여진 몸과 영혼의 이원론에 반대한다. 그는 또한 모든 종류의 주의들(-isms), 즉, 하나의 특정한 (양상) 존재 방식의 절대화에 맞서 싸운다. 인간은 물질 이상이며, 진화의 가장 높은 단계 이상이고, 호모 에코노미쿠스(homo economicus) 이상이다. 인간의 삶은 개인의 자유와 최대한의 자기 발전 그 이상이다. 마지막으로 그는 인간의 종교적 방향성을 강조한다. 모든 현실에 적용되는 것은 사람에게도 적용되지만, 특별한 방식으로 적용된다. 인간은 모든 피조물과 마찬가지로 의미로서 존재한다. 즉, 하나님으로부터 나와, 하나님을 통해, 하나님에게로 돌아가는 것이다. 그러나 인간 안에는 특별한 무언가가 있다. 즉 행동하는 것, 행위자가 되는 것, 기원의 부름에 응답하는 것이다. 이것들은 또한 현재 화제가 되고 있는 주제들인데, 가령 인간은 로봇인가? '나'는 환상인가? 의식은 물질적 과정으로 환원될 수 있는가? 아니면 모든 물질의 진화의 기초가 되는 의식이 있는가? 같은 질문들에 관해서는 더욱 그렇다.

도여베르트가 당대의 질문에 답하는 데 항상 전문 과학을 참여시키는 방법을 보는 것은 흥미롭다. 때때로 그는 새로운 학문적 발견을 그의 체계적 구별에 대한 추가 또는 확인으로 본다. 그런 다음 그는 다시 경계를 넘는 행위에 대해서는 경고한다. 즉, 학자가 해당 분야의 특성을 고려하지 않고 자신의 통찰력을 다른 분야에까지 적용하는 경우다.

도여베르트의 인류학에 대해 물어야 할 질문이 분명히 있다. 우리는 이미 마음의 초시간성에 대한 논의를 언급했는데, 이 논의는 힘들었고, 많은 오해를 불러일으켰으며, 나중에는 체계적인 사고에 큰 진전을 이루지 못한 채 불필요한 양의 에너지를 소비했다.

중요한 차이는 또한 진화의 문제이다. 도여베르트는 진화론의 의미에 대한 성찰을 시작했지만, 궁극적으로 그의 체계적인 철학에도 영향을 미칠 수 있는 더 심오한 질문을 다루지는 못했다. 가령, 창조 질서라는 개념은 우리가 현재 우주론과 진화 생물학에 대해 알고 있는 것에 비추어 볼 때 무엇을 의미하는가? 모든 법칙은 태초부터 존재하는가, 아니면 시간이 지남에 따라 변하는가?

도여베르트는 또한 인간에 대해 생각하는 데 있어 악의 중요성에 대해 거의 주의를 기울이지 않았다. 더욱이, 하부 구조들이 위계적으로 얽혀 있다는 그의 견해는 개인과 위로부터의 인간 행동 통제에 대한 지나친 강조로 이어진다. 발달 심리학을 통해 우리는 첫 몇 년 동안 안전한 애착이 얼마나 중요한지, 그리고 자기 조절은 주로 다른 사람들과의 관계에 의해 결정된다는 것을 알고 있다. 감정 이론은 감정이 어떤 종류의 동물 구조의 분출이 아니라 우리 자신과 우리의 환경에 대해 무언가를 말하는 미묘한 반응이라는 것을 분명히 했다. 감정은 다른 사람에 대한 조율, 공감 능력의 발달 및 도덕적 직관의 형성에 중요한 역할을 한다.

── 현대적 적용: 환원을 조심하라! ──

위 내용의 교훈은 중심적인 기독교적 관점을 포기하지 않고도 학문적 논쟁에 온전히 참여할 수 있다는 것이다. 인간에 대한 논의에 있어 도여베르트의 기여는 개방성, 날카로운 분석 및 급진적 거부의 조합으로 구성된다. 그는 학문이 인간에 대해 말하고자 하는 바를 폭넓고 개방적으로 지적했고, 이러한 발견이 인간상에 대해 무엇을 의미하고 무엇을 의미하지 않는지를 날카롭게 분석했으며, 인간 존재의 종교적 기본 특성을 학문적으로 분석할 수 있는 현상으로 축소하려는 모든 시도를 근본적으로 거부했다. 자신의 주장을 펼치기 위해 도여베르트는 인상적인 철학적 개념 장치를 개발한다. 우리 시대의 이 개념적 장치에 대해 할 말이 꽤 많다. 그러나 헌신, 폭, 급진성의 양상에서 도여베르트의 접근 방식은 여전히 외로운 수준에 있다.

우리 인간도 별과 같은 물질(sterrenstof)로 이루어져 있으며, 우리 자신을 우주 사슬의 일부로 보아야 한다고 말하는 천체물리학자에 대해 도여베르트는 어떻게 반응할까? 그는 인간이 될 수 있는 가능성이 물리적 물질에 담겨 있지만, 이러한 가능성은 자연과학의 경계를 벗어나는 질서에 호소한다는 것을 인정할 것이다. 도여베르트는 또한 별과 같은 물질 개념의 신격화에 대해 경고할 것이다. 인간과 특정 영장류 사이의 유사성과 연속성을 강조하는 진화생물학자에 대해 도여베르트는 인간의 행위자적 특성과 인간 존재의 응답적 성격을 지적할 것이다. 심리학자들이 종교를 확신, 확실성, 희망에 대한 우리의 욕구에 대한 이해할 수 있는 반응으로 축소시킨다면, 도여베르트의 생각은 이러한 욕구와 온전함과 성취에 대한 종교적 욕구 사이의 근본적인 차이를 지적할 수 있다.

"학업이 끝날 무렵, 저는 자유대학교 교수였던 헤르만 도여베르트(1894-1977)의 글을 읽지 않고 자유대학교를 떠나고 싶지 않다고 결정했다. 처음에 나는 개혁주의 철학의 창시자의 작업이 매우 복잡하다는 것을 알았다. 나는 밤나무에 대해 읽었는데, 그것은 나무의 소유권과 같은 법적 개념과 나무의 가치에 관한 경제적 양상에서 관찰하고 분석하고 설명할 수 있는 나무였다. 그러나 이러한 과학적 접근 방식 중 어느 것도 이 나무의 의미의 총체성을 충분히 정의하지 못했다. 그것의 개별성, 그것의 핵심, 그것의 나무다움 그 자체로 말이다.

도여베르트에서 나는 관찰의 결과 순수하고, 혼란스럽지 않고, 편향되지 않은 인식의 이상적인 이미지를 위해 노력했을 뿐만 아니라, 창조의 넘치는 다양성을 올바로 설명하려고 노력했던 한 현상학자를 만났다.

내 생각에, 도여베르트는 순전히 이성적이고 규범적인 사상가로 너무 많이 읽혀지고, 그의 개혁주의 서클에서 사람들은 그의 작품에서 시적이고, 예술적이며, 공감적이고, 매우 부드러운 것을 무시한다. 꼼꼼하고, 세심하게 짜여진, 종종 매우 건조한 논문에는 숨겨진 보석이 있다. 나는 정원의 밤나무에 대한 그 신중하고 배려심 있는 연설뿐만 아니라, 현실 대신에 창조라는 단어를 일관되게 사용하는 것과, 그의 진지하고 냉정한, 그래서 그토록 꿰뚫는 듯한 진실한 마음으로 말하는 것에 대해서도 생각하고 있다. 그리스도 안에 뿌리를 둔 인간의 마음이다."

_ 데잔 반 브레더로드(Désanne van Brederode, 2011)

도여베르트(DOOYEWEERD)

제11장
도여베르트 이후

서론

도여베르트는 1977년에 세상을 떠났다. 그보다 3년 전, 그는 80세 생일을 맞아 자신의 삶과 작업에 관해 텔레비전 인터뷰를 했다. 그 인터뷰에서 그는 자신의 작업이 미치는 영향에 대해 놀라울 정도로 겸손했다. 그는 30년 이상은 지속되지 않을 것이라고 생각했다. 다만 그는 해야 할 일을 한 것이다. 하지만 실제 상황은 달라졌다.

문제: 다음은?

그러나 먼저 이것을 언급해야 한다. 도여베르트의 유산은 의심할 여지 없이 웅장하고 근본적이며 기념비적이다. 모든 것은 다른 모든 것과 연결되어 있다. 돌 하나도 빼내거나 나머지도 무시할 수 없다. 그러나 그 웅장함과 일관성에는 단점도 있다. 사람들은 도여베르트의 작업을 긴밀하게 결합시킨다. 그의 생각을 완전히 받아들여야만 뭔가를 할 수 있는 것 같다. 게다가 도여베르트의 텍스트는 읽기가 쉽지 않다. 그는 자신의 관용구를 사용하며 때때로 그가 쓴 글을 이해하기 어렵게 만든다. 그렇다면 이제 우리는 무엇을 해야 할까? 독자들이 그의 영감을 공유하지만 전체 건물이 너무 많다고 느낀다면 그의 작업으로 무엇을 할 수 있는가?

핵심: 도여베르트의 철학은 예측할 수 없을 정도로 확산된다

도여베르트의 예측은 실현되지 않았다. 그의 사상은 네덜란드뿐만 아니라 전 세계에서 각자의 방식으로 작업하기 시작한 많은 제자들과 함께 뿌리를 내렸다. 아무도 무슨 일이 일어날지 예측할 수 없었다. 그의 연구는 주로 철학적 신념에 관심이 있는 광범위한 학생들과 학자들에게 특별한 영향을 미쳤다. 도여베르트의 생각은 의미를 찾는 사람들, 그들의 시대를 이해하고 사회의 발전을 이해하기 위해 언어와 틀이 필요한 사람들에게 영향을 주었다.

학문적인 관심도 있었지만 이는 주로 도여베르트의 체계적인 구별에서 무언가를 본 학자들과 전문가들로부터 나왔다. 그것은 수많은 흥미롭고, 종종 기술적이며, 때로는 특이한 출판물로 이어졌다.

제2차 세계대전 이후 처음 수십 년 동안은 '법', '창조', '대립(antithese, 믿음과 불신 사이)' 및 '기본동인'과 같은 중심 개념에 대한 철학적 논의가 지배적이었다. 또한 기독교와 문화, 신학과 철학의 관계에 대한 논의도 있었다.

그 당시에도, 그리고 그 이후에도 도여베르트의 유산을 가지고 작업하기 시작한 학문적 철학자의 수는 제한되어 있었다. 헹크 판 리센(Henk van Riessen, 1970), 안드레 뜨로스트(André Troost, 1983, 2005), 요한 메케스(Johan Mekkes, 1960, 1971, 1973), 헨드릭 판 아이끄마 홈머스(Hendrik van Eikema Hommes, 1972), 다니 스트라우스(Danie Strauss, 2009), 베니 판 데어 발트(Bennie van der Walt, 2010), 일레인 보타(Elaine Botha, 2007), 로이 클라우저(Roy Clouser, 2005), 헹크 헤르쯔마(Henk Geertsema, 2021), 산더 흐리피윤(Sander Griffioen, 2003, 2022), 헹크 하트(Henk Hart, 1984, 1995), 람베르트 자위더파르트(Lambert Zuidervaart, 2016) 같은 사람들을 생각해 보라. 볼드링(Woldring, 2013)은 자유대학교의 발전에 대한 철저한 개요를 제공한다. 전문 철학자가 아니라 과학, 사회, 정치 및 공공 행정의 접점에서 사명감을 가진 지식인으로 자신을 소개한 많은 사상가들이 사회적으로 영향력을 갖게 되었다. 가령 봅 하웃즈바르트(Bob Goudzwaard, 1976), 한스 로끄마커(Hans Rookmaker, 1970), 손봉호(Bong Ho Son, 1972), 제임스 스킬런(James W. Skillen, 1994, 2014), 에그버트 스휴르만(Egbert Schuurman, 1972, 1998) 같은 사람들을 생각해 볼 수 있다.

정교화: 전 세계적인 인정과 비판

여기서는 모든 것을 다룰 수 없지만 몇 가지 광범위한 개요를 간략히 설명한다. 우리는 다음 몇 가지 특정 주제를 다루기 위해 역사적인 스케치로 시작한다.

역사적 스케치

도여베르트 사상의 영향은 1948년 이래로 네덜란드의 국립 대학에 기독교 철학을 위한 특별 강의들이 설립되었다는 사실에 의해 촉진된다. 짓쯔 자위드마(Sytse Zuidema), 한스 로끄마꺼(Hans Rookmaker), 끌라스 뽀쁘마, 요한 메케스 및 헹크 판 리센과 같은 개혁주의 철학자들은 학생들에게 문화의 긴장은 깊은 종교적 기원을 가지고 있다고 말한다. 그들은 이러한 긴장이 현실에서 어떤 것의 절대화의 결과로 볼 때 이해하게 되는 내적 논리를 보여준다고 설명한다. 이 교수들의 학생들은 깔뱅주의(나중에 '개혁주의') 철학 협회의 회원이 되었고, 이 협회는 어느 시점부터 네덜란드에서 가장 큰 철학 협회로 성장했다.

1960년대부터 도여베르트의 사상은 국제적으로도 퍼져 나갔다. 도여베르트는 1965년 자유대학교에서 은퇴했다. 그 후 헨드릭 판 아이끄마 홈머스가 그의 뒤를 이었다. 헹크 판 리센(Henk van Riessen)과 짓쯔 자위드마는 자유대학교의 전임 교수가 되었다. 요한 판 데어 후븐, 야꼽 끌랍베이끄, 산더 흐리피윤, 헹크 헤르쯔마, 마이어 꼬르넬리스 스미트(Meyer Cornelis Smit), 얀 뎅어링크 등 새로운 세대가 등장했다. 캐나다, 미국, 영국, 멕시코, 한국, 남아프리카 공화국 및 호주에서 온 학생들은 자신의 기관을 설립하거나 기존 기관에서 영향력을 행사했다.

헨리 스토브(Henry Stob)와 에반 러너(H. Evan Runner)는 이미 1950년대와 1960년대에 캘빈 칼리지(Calvin College, 현재 미시간주 그랜드 래피즈에 있는 캘빈대학교)에서 도여베르트의 철학을 소개했다. 그들은 차례로 테오도르 플랜팅가(Theodore Plantinga), 앨버트 월터스(Albert Wolters), 헹크 하트, 짐 올투이스, 칼빈 시어벨트, 람베르트 자위더파르트 등과 같은 사람들에게 영향을 미쳤다. 그들 중 일부는 자유대학교에서 공부하기도 했다. 하트, 올티우스, 시어펠트, 월터스 및 자위더파르트는 박사 학위 취득 직후 토론토의 기독교 연구소(ICS)에 임명되었고, 나중에 온타리오주 앤캐스터(Ancaster)에 있는 리디머 칼리지(Redeemer College, 현재 리디머 대학교)에 임명되었다. 존 콕(John Kok)은 도르트 대학(Dordt College, 현 도르트 대학교, 수 센터〔Sioux Centre〕, 미국)에서 폴렌호븐 연구를 중점적으로 했다. 존 반 데어 스텔트(John van der Stelt)는 이미 그곳에서 일하고 있었다. 앞서 언급한 제임스 스킬런은 워싱턴에 **공공정의센터**(*Center for Public Justice*)를 설립했다. 로이 클라우저(Roy Clouser, 2005)는 뉴저지 대학의 철학, 종교 및 논리학 교수로, 널리 읽히는 책 『종교적 중립성의 신화』(*The Myth of Religious Neutrality*)로 주목받고 있다.

다니 스트라우스는 도여베르트의 가장 백과사전적인 제자로, 자유대학교에서 박사학위를 취득한 후 블룸폰테인(Bloemfontein, 남아프리카공화국)에서 철학과 학과장으로 일했다. 그 후 1994년부터 1997년까지 그는 캐나다 온타리오주 앤캐스터에 있는 **도여베르트 센터**(*Dooyeweerd Centre*)의 소장으로 재직하면서 다른 사람들과 함께 도여베르트의 전집의 번역 및 출판에 전념했다. 다시 블룸폰테인으로 돌아온 그는 『철학: 학문들의 학문』(*Philosophy: Discipline of Disciplines*, 2009)을 출판했다. 일찍이 1950년대와 1960년대에 포체프스트룸 기독교 고등 교육 대학(Potchefstroomse Universiteit vir Christelike Hoër Onderwys, 현재 노스웨스트 대학교, North-West University)에 처음에는 헨드릭 스토커(Hendrik Stoker)와 그의 후계자 얀 탈야드(Jan Taljaard), 나중에는 니코 반 데르 메르베(Nico van der Merwe), 일레인 보타, 요하네스 벤터(Johannes Venter), 베니 판 데어 발트와 같은 학생들이 모였다. 남아프리카 공화국에서 캐나다와 영국으로 다시 가는 줄이 있었다. 신학자이자 철학자인 크레이그 바르톨로뮤(Craig Bartholomew)는 포체프스트룸과 브리스톨에서 공부했고, 캐나다 리디머 대학교에서 에반 러너 철학 석좌 교수직을 한동안 맡았으며, 마이크 고힌(Mike Goheen)과 함께 널리 읽히는 『신깔뱅주의 사상 입문서』를 공동 집필했고(Goheen & Bartholomew, 2008), 2017년 조나단 채플린의 뒤를 이어 영국 커비 랭 기독교 윤리 연구소(Kirby Laing Institute for Christian Ethics)의 소장이 되었다.

영국에서는 1950년대부터 영적 동역자들의 움직임이 존재했는데, 부분적으로는 한스 로끄마꺼와의 접촉에서 영감을 받았다. 데이빗 핸슨(David Hanson)과 룻 핸슨(Ruth Hanson)이 이끄는 이 그룹은 WYSOCS(West Yorkshire School of Christian Studies)라는 이름으로 브래드포드 대학교(University of Bradford)에 있다. 학생 시절 자유대학교에서 강의를 들었던 이비인후과 전문의 데이빗 핸슨은 네트워크의 원동력 중 하나가 될 것이다. 2016년, WYSOCS는 *Thinking Faith Network*(생각하는 신앙 네트워크)가 되었다. 영국의 다른 주요 사상가로는 사회 변화와 관련하여 젠더와 성(性)이라는 주제를 다루는 일레인 스토르키(Elaine Storkey, 1985, 2001)와 앞서 언급한 조나단 채플린(Jonathan Chaplin, 2011a)은 사회 철학자로서 도여베르트에 관한 중요한 책인『헤르만 도여베르트: 국가와 시민 사회의 기독교 철학자』(*Herman Dooyeweerd: Christian Philosopher of State and Civil Society*)라는 제목의 중요한 책을 집필했다. 앤드류 바스덴(Andrew Basden, 2018, 2019) 정보 시스템의 인적 요인 및 철학 교수(영국 샐포드[Salford] 대학교)는 도여베르트의 체계적인 철학에 매우 열정적이며, 컴퓨터 과학의 많은 문제를 더 잘 이해하는 데 그의 철학이 어떻게 사용될 수 있는지 보여준다. 바스덴은 또한 도여베르트의 철학에 대한 개요와 텍스트 및 기타 온라인 자료에 대한 많은 링크 및 참조가 있는 웹사이트를 개발하고 있다(http://www.dooy.info/index.html 참조).

프랑스에서는 오귀스트 르세르프(Auguste Lecerf)와 삐에르 마르셀(Pierre Marcel) 같은 사람들이 도여베르트에 대해 관심이 있다. 후자는 엑상 프로방스(Aix-en-Provence)의 쟝 깔뱅 신학원(Faculté Jean Calvin, 이전 명칭: Faculté Libre de Théologie Réformée)에서 가르친다.

네덜란드에서는 기독교철학협회(Stichting voor Christelijke Filosofie 이전 명칭: Stichting voor Reformatorische Wijsbegeerte, 개혁 철학 협회)의 활동이 상당히 발전하여 전성기(약 1995-2015)에는 8개 대학에 기독교 철학 강좌가 열렸고 인기있는 저널(『*Beweging*』, 나중에 『*Soφie*』로 개명) 및 학술 저널(『*Philosophia Reformata*』)이 출간되고 있다. 1986년, 자유대학교 기금으로 도여베르트 석좌 교수직이 암스테르담 자유대학교에 설립되었다. 첫 번째 석좌 교수는 헹크 헤르쯔마였고 2008 년 헤릿 흘라스(Gerrit Glas)가 그의 뒤를 이었다.

세계 다른 곳에서도 도여베르트(그리고 폴렌호븐)의 사상에서 영감을 받은 사람들이 등장하고 있다. 몇 명 예를 들지만, 우리는 그렇게 함으로써 남은 다른 사람들에게 불공정한 일을 하고 있다는 것을 다시 깨닫게 된다. 한국의 신학자이며 철학자인 손봉호(Bong Ho Son, 1972) 교수는 미국 필라델피아의 웨스트민스터 신학대학원을 수학하고 자유대학교에서 박사학위를 취득한 후 한국의 대학에서 여러 직책을 맡으며 윤리학자, 지식인, 사회운동가로서 큰 명성을 얻었다. 신학자이며 철학자인 최용준(John Choi, 2000, 2018)의 저작들도 한국에서 도여베르트 사상이 학문적으로 발전하고 있음을 보여준다. 멕시코 베라크루즈(Veracruz)의 경제학자, 논리학자, 철학자인 아돌포 가르시아 드라 시엔라(Adolfo García de la Sienra, 1998, 2001)는 경제 이론 분야에서 도여베르트의 체계적인 철학을 유익하게 활용하고 있다. 남아프리카 공화국의 철학자 베니 반 데어 발트(1999, 2003, 2010)는 도여베르트에서 영감을 얻어 '아파르트헤이트(apartheid)'와 관련된 모든 종류의 사회 문제들에 대한 아프리카너적 관점에 주목한다.

최근에는 남반구, 특히 브라질(Guilherme de Carvalho), 필리핀(Romel Bagares), 인도네시아(Lay Hendra Wijaja)와 같은 국가들이 주목을 받고 있다. 브라질에서는 ABC2 네트워크(브라질 기독교인 과학 협회, Associação Brasileira de Cristãos na Ciência)가 과학과 사회의 주요 문제들을 다루기 위해 설립되었다. 그곳과 다른 나라에서 도여베르트의 사상은 지속 가능한 개발, 사회 문제 및 철학적 다원주의에 대해 생각하는 데 유익하고 건설적인 틀로 간주된다.

테마들

우리는 논쟁의 주제였던 몇 가지 주요 테마로 논의를 제한하겠다.

먼저 **기본 개념들**(*grondbegrippen*)이다. 50년대, 60년대, 70년대에는 '법', '기본동인', '대립(antithese)'와 같은 중심 개념들과 양상 이론의 정교화와 같은 중심 개념을 중심으로 논의가 이루어졌다. 가령, 도여베르트가 네 가지 유형의 기본동인을 구분하는 데 기초가 된 역사적 분석에 대한 비판이 있다. '법'과 '법의 관념'이라는 용어에 대한 저항도 커지고 있다. 진화론적 과학이 부상하고 있다. 도여베르트는 진화생물학자 얀 레버와 토론을 시작하면서, 진화론이 창조와 창조 구조가 아닌 '일시적인 변이'와 관련되어 있는 한, 진화론에 아무런 문제가 없다고 주장한다. 그러나 의심의 씨앗은 뿌려졌다. 법은 정말 그렇게 보편적인 것일까, 사람들은 의아해한다. 저항이 있는 주된 이유는 '법'이라는 개념이 엄격함과 권위, 절대적인 통치자인 먼 거리에 있는 하나님과 연관되어 있기 때문이며, 1980년대와 1990년대에는 남성의 지배와 억압과도 연관되어 있기 때문이다.

도여베르트의 하나님에 대한 이미지는 일방적이고 하나님의 주권에 너무 집중된 것으로 보인다. 결과적으로, 창조 질서에 대한 개념은 권력, 위계, 접근 불가능성, 배제의 행사와도 연관되어 있다(가령, Walsh et al. [1995]에서 Wolterstorff, Hart, and Olthuis의 논의를 보라). 동시에 헹크 헤르쯔마(1992)는 '약속-명령(belofte-bevel)'으로서의 창조에 대해, 그리고 응답의 한 형태로서의 피조물에 대해 쓰기 시작한다.

이러한 연관성은 또한 아파르트헤이트, 남성과 여성의 동등한 권리, (나중에) LGBTQ+ 커뮤니티의 권리 인정과 관련하여 사회적 중요성을 가지고 있다. 어떤 사람들은 '창조의 질서'라는 개념이 실제로는 억압적인 현상 유지를 위한 논거로 기능한다고 말한다. 여기저기서 주제에 대한 긴장감이 고조되고 때로는 당사자 간에 영구적인 거리가 생긴다. 다른 이들은 도여베르트의 법칙 개념이 실제로 의미 있는 반응성을 나타낸다고 강조한다. 현실은 수동적이고 무관심한 '물질'이 아니라 인간의 개입에 반응한다. 왜냐하면 창조로부터 사물을 만드는 '무언가'가 실제로 존재하고 그들의 상호 관계는 그 자체의 본성을 갖기 때문이다. 이러한 맥락에서 헹크 헤르쯔마는 '응답으로서의 창조(schepping-als-antwoord)'와 같은 표현을, '존재에 대한 약속-명령(belofte-bevel tot bestaan)'으로서의 법칙과 같은 표현을 도입한다(Geertsema 1992, 4장).

양상 이론(*modaliteitenleer*)도 논의되고 있다. 어떤 사람들은 역사적 양상이 첫 번째 양상이 되어야 한다고 믿는다. 캘빈 시어벨트(1980, 1985, 1995, 2001)는 왜 미학이 일련의 양상들 중에서 훨씬 더 초기에 속하는지, 즉 역사적(또는 조형적) 양상 이후에 속하는지 주장한다. 빌름 아우어네일은 심리적 양상을 지각 양상과 민감 양상으로 나눌 것을 제안한다(Ouweneel, 1986). 이러한 사례들은 이미 자신들이 다루어진다고 느끼는 과학자들이 도여베르트의 세계, 즉 법의 세계뿐만 아니라 수학, 물리학, 생물학, 언어학, 의학, 심리학, 경제학, 미학, 사회과학 등의 학문에서도 나온다는 것을 보여준다. 사실, 돌이켜 보면, 전 세계적으로 한 명 이상의 학자가 도여베르트의 연구를 수행하지 않은 학문 분야는 없다. 앞서 언급한 사상가들의 작업 외에도 우리는 다음과 같은 출판물에 대해서도 생각하고 있다.

- 물리학 분야의 딕 스타플뢰(Dick Stafleu, 1980, 1995) 및 아놀드 시끄마(Arnold Sikkema, 2017)
- 생물학 분야의 짓쯔 판 데어 미어(Jitse van der Meer, 1996, 1997), 우꼬 자일스트라(Uko Zylstra, 1992) 및 끌랍베이끄(Klapwijk, 2009)
- 언어학 분야의 삐떠 페어부르흐(Pieter Verburg, 1951, 1961) 및 알버트 바이드만(Albert Weideman, 2009)
- 의학, 정신의학/심리학 및 의료윤리 분야의 헹크 요흠슨(Henk Jochemsen), 헤릿 흘라스, 얀 호흐란트(Jan Hoogland) 및 짓쯔 스트레이보스(Sytse Strijbos) (Hoogland et al. 1995; Jochemsen & Glas 1997; Glas 2009, 2019a, 2019b, 2019c)
- 기술, 경영 및 산업 실행 분야의 헹크 판 리센(1971), 에그버트 스휴르만(1972, 1998, 2014), 짓쯔 스트레이보스(1988) 및 마틴 페어꼐르끄, 얀 호흐란트, 얀 판 데어 스툽(Jan van der Stoep) (Verkerk 2004; Verkerk et al. 2007)을 참조하라.

도여베르트 사상의 또 다른 중요한 정교함은 모든 종류의 **문화 및 시간 분석**에서 찾을 수 있다. 우리는 이미 짓쯔 자위데마(1972), 봅 하웃즈바르트(1976), 끌라스 뽀쁘마(1965), 헹크 판 리센(1952), 요한 판 데어 후븐(1980, 1993), 야꼽 끌랍베이끄(Klapwijk et al., 1995) 등과 같은 사상가들을 언급했다. 도여베르트의 목소리는 많은 사람들에게 전해진다. 이것은 1960 년대와 70 년대 경에 여전히 기독교가 주로 지배적인 사회에서 발생한다. 나중에, 이러한 유형의 분석은 세속화되는 세상에서 방향과 지침을 찾고 있는 청중에 초점을 맞춘다(가령, Kuiper 2009, 2011 ; Koyzis 2019, 2024 참조).

다음으로 다소 덜 눈에 띄는 정교함은 **네오 마르크스주의**(*neomarxisme*), **실존주의 현상학**(*existentiële fenomenologie*), **해석학 철학**(*bermeneutische filosofie*) 및 **포스트 모던 사상**(*postmoderne denken*)과의 대결에서 도여베르트의 사유에 의해 제공된다. 요한 판 데어 후븐(1963)은 현상학을, 람베르트 자위더파르트는 테오도르 아도르노(Theodor Adorno, 1981), 야꼽 끌랍베이끄(1970)는 에르스트 트뢸취(Ernst Troeltsch), 산더 흐리피윤은 헤겔(Hegel, 1976), 헹크 헤르쯔마(1980)는 위르겐 몰트만(Jürgen Moltmann)을 박사 논문에서 다루었다. 짓쯔 자위데마(1948, 1957)는 쇠렌 키에르케고르(Sören Kierkegaard),

장 뽈 사르트르, 마틴 하이데거 등에 대한 매우 비판적인 성찰을 썼다. 최근 수십 년 동안 토론토의 기독학문연구소(ICS)와 캘빈대학교는 자크 데리다(Jaques Derrida), 존 카푸토(John Caputo), 루스 이리가레이(Luce Irigaray), 주디스 버틀러(Judith Butler)와 같은 포스트모던 및 페미니스트 사상가들에 대한 성찰을 발표했는데, 여기서 신깔뱅주의 전통의 활성화는 항상 이러한 모든 학파들과의 대화를 통해 모색된다(예: Smith 2000, 2005, 2006; Olthuis 1997, 2022). 자위더파르트(2016, 2017, 2023, 2024)는 '탈진리(post-truth)'의 세계에서 진리가 '살아있는' 사회를 주장함으로써 자신의 위치를 차지한다. 이것은 '생명을 주는' 사회 원칙에 충실하고 방향을 잡음으로써 이루어진다. 대담자는 아도르노와 도여베르트 외에도 마틴 하이데거, 한나 아렌트(Hannah Ahrend), 미셸 푸꼬(Michel Foucault) 등의 사상가들이다.

마지막으로 **선험적 비판**이다. 도여베르트는 순전히 철학적인 수단을 사용하여 가능한 한 가장 정직한 방법으로 상대방에게 출발점의 내적 모순을 인상 깊게 남기고 싶어 한다. 그러나 그가 이렇게 하는 방식은 너무나 급진적이고, 너무나 특이하며, 어떤 사람들에 의하면 일관성이 없어서, 실제로는 소수의 사람들만이 확신을 갖는다(개관을 위해, Choi 2000). 거기에는 역설적이고 심지어 비극적인 무언가가 있다. 그의 철학에서 도여베르트의 마음에 가장 가깝고 그의 작품에서 가장 철학적이라고 여겨지는 부분, 즉 그의 선험적 비판이 실제로 단 한 명의 지지자에게만 설득력을 주는 것이 바로 그 부분이다 (심화 11.1).

심화 11.1: 선험적 비판은 설득력이 없었다

왜 선험적 비판은 그토록 거의 계승되지 않는 것일까? 중요한 요인은 도여베르트의 비판이 그의 선험적 비판을 집필할 당시에는 거의 존재하지 않았던 반대자들을 대상으로 했다는 점이다. (신)칸트주의(심화 5.1, 83–85쪽)는 이미 20세기 중반에 쇠퇴하고 있었다. 철학자들은 도여베르트가 칸트주의에서 파생시킨 논증 유형, 즉 이론적 사고의 한계 내에서 이론적 지식의 기초를 내부로부터 탐구하는 것에 더 이상 민감하지 않다는 것이 드러났다. 게다가, 우리가 8장에서 보았듯이, 도여베르트의 증명은 이미 모든 사람이 동의하지 않는 모든 종류의 것들을 가정하고 있다. 상상의 상대는 애

초에 이론적 사고의 구조에 대한 도여베르트의 생각에 동의해야 했다. 그러나 그러한 아이디어는 매우 추상적이었고 논란의 여지가 없는 것은 아니었다. 반대자는 또한 모든 생각이 참된 또는 주장된 의미의 기원과 본질적인 관계를 가지고 있다는 생각을 확신시켜야 했다. 용어를 기원(oorsprong)으로 사용하고 대문자로 쓰는 경우(Oorsprong)에는 어렵다. 이 용어는 뚜렷한 종교적 의미를 가지고 있으므로 전제(즉, 모든 이론적 사고는 종교적으로 결정된다는 가정)를 도입하는 것처럼 보인다. 그러나 선험적 비판은 이러한 전제를 증명하고자 하며, 따라서 미리 가정되어서는 안 된다. 우리는 선험적 비판에 관한 장에서 도여베르트의 주장이 좀 더 미묘하다는 것을 보았다. 그러나 그렇다고 해서 대부분의 비평가들이 바로 이 점에 대해 도여베르트를 비판하는 것을 막지는 못했다. 이것이 정당화되는지 여부에 관계없이 어떤 경우에도 흥미롭기는 하다. 현재 사람들은 주로 논리적 논증에 의해 확신하는 것이 아니라 더 넓은 내러티브의 타당성과 일관성에 의해 확신한다.

현대적 적용: 도여베르트 사상을 위한 새로운 기회?

이것은 우리를 우리 시대로 이끈다. 도여베르트 자신이 기대했던 것과는 달리, 그의 철학은 브라질, 멕시코, 한국, 필리핀, 인도네시아, 호주 및 뉴질랜드와 같은 국가의 비서구 세계에서 특히 많은 사람들에게 영감의 원천으로 남아 있다(그림 11.1, 196쪽).

서구 국가에서는 과학주의에 대한 도여베르트의 비판, 즉 현실에 대한 과학적 접근의 절대화가 그 어느 때보다도 시사적인 이슈로 남아 있다. 양상 이론은 학생들이 현실의 복잡성에 대한 통찰력을 얻을 수 있는 매력적이고 접근하기 쉬운 도구인 것으로 보인다. 도여베르트의 사회 철학은 기독교 정당의 연구소를 포함하여 오랫동안 정치에 영향을 미쳤다. 아브라함 카이퍼의 발자취를 따라 도여베르트의 생각은 포스트모던 문화의 철학적 다원주의에 대한 훌륭한 대답을 제시한다. 지난 25년 동안 전문직 실행에 대한 규범적 분석이라는 새로운 분야가 등장했다(12장).

도여베르트의 작품은 이제 거의 전부 영어로 번역되었으며, 「*Philosophia Reformata*」(도여베르트가 1965년까지 편집장으로 있던 저널)의 모든 자료는 이제 온라인에서도 찾

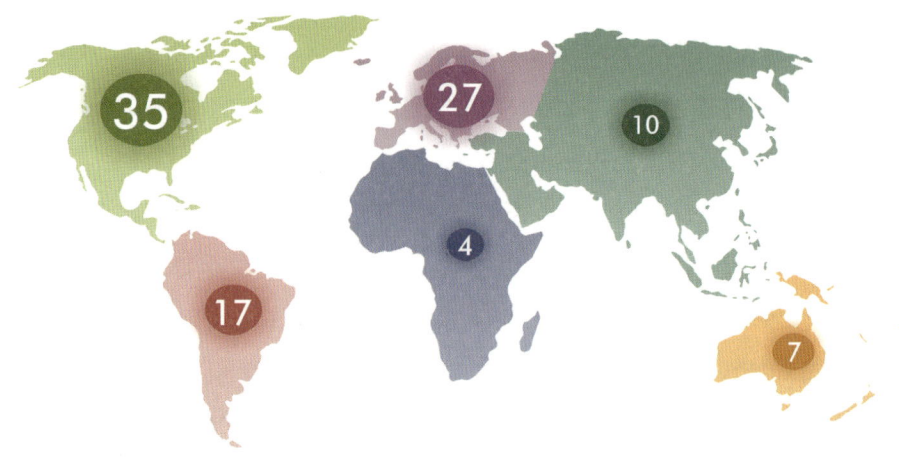

[그림 11.1] 스티브 비숍이 관리하는 웹 사이트 https://alloflliferedeemed.co.uk의 방문자 수는 도여베르트의 철학에 대한 관심을 나타낸다. 2023년 10월부터 2024년 9월까지 이 웹사이트는 12,000회 이상 방문되었다. 이 그림은 방문자가 전 세계 어느 지역에서 왔는지를 보여준다(방문 횟수의 백분율).

을 수 있다. 이 잡지는 도여베르트의 유산에 대해 학문적 토론을 하기 위한 중요한 플랫폼이다. 매우 유익한 정보 출처는 스티브 비숍(Steve Bishop)이 관리하는 웹 사이트인 https://alloflliferedeemed.co.uk이다. 다른 디지털 정보원으로는 https://dooy.info/index.html(앤드류 바스덴이 설립한 이른바 '도여베르트 페이지'), (온라인) 저널 「Findings: A Journal of Reformational Thought」, 그리고 최근에는 위트레흐트 신학대학(https://sources.neocalvinism.org/도여베르트/)의 신깔뱅주의 연구소 웹사이트에 게재된 도여베르트의 전체 참고 문헌 등이 있다.

국제 및 지역 컨퍼런스 외에도 도여베르트의 작업 양상이 우리 시대의 현재 주제 및 사상가와 접촉하는 지역 네트워크도 있다. 네덜란드에서 잡지 「Soφie」는 도여베르트의 생각을 더 많은 독자의 관심을 끌 수 있는 가장 중요한 매체 역할을 한다.

동시에 이러한 모든 노력에도 불구하고 도여베르트의 생각의 관련성을 강조하는 것은 쉽지 않다. 이것의 원인에 대해 할 말이 많다. 분명한 것은 번영, 세속화, 시각문화의 부상, 소셜미디어의 역할이 도여베르트의 작품 연구가 요구하는 집중에 도움이 되지 않는다는 점이다. 하지만 이 모든 것에도 불구하고, 많은 사람들, 특히 젊은이들은 진정성에 대한 깊은 열망과 중요한 일을 하려는 의지를 가지고 있다. 도여베르트의 작업에서 철학적 분석은 그 자체로 결코 끝이 아니며 대화에 봉사하고 가장 깊은 동기를 측정하는 데 봉사하기 때문에 그의 생각은 여전히 의미가 있다.

"우리에게 필요한 것은 전문가, 그들의 사회적 정당성, 개별 전문가와 기타 이해관계자의 책임, 그리고 (과학적) 지식과 기술의 역할에 대한 정합적 비전이다. 이상적으로, 이러한 비전은 전문성의 미시적, 중간적, 거시적 맥락이 어떻게 상호 연관되는지에 대한 관점을 제시해야 한다. 전문가와 관련된 놀라울 정도로 다양한 통찰력, 관점, 맥락, 그리고 규범적 쟁점을 파악하기 위한 조직 아이디어, 원칙, […]을 제공해야 한다. 이상적으로는 전문성이 더 이상 결과와 업적으로만 일방적으로 정의되는 것이 아니라, 내면의 확신과 헌신의 표현으로 이해되어야 한다."

_ 헤릿 흘라스(Gerrit Glas, 2019b, pp. 20-21)

적용(APPLICATION)

제12장

실제적 적용

서론

이 장에서는 나중에 '규범적 실천 접근법(normatieve praktijkbenadering)'이라고 불리게 될 것의 배경을 개략적으로 설명한다. 이 새로운 접근법을 향한 첫 걸음은 지난 세기의 80년대 말에 많은 네덜란드 의사, 과학자 및 철학자들이 도여베르트의 철학이 의료 행위, 특히 의료 윤리에 어떤 의미를 갖는지 궁금해하기 시작했을 때 주어졌다. 그들의 고찰은 자유대학교(암스테르담), 기독 학문 연구소(ICS, 토론토), 캘빈대학교(그랜드 래피즈), 풀러 신학대학원(파사데나) 등에 소속된 모든 종류의 기독교적 영감을 받은 철학자들이 현대의 철학적 다원주의, 상대주의 및 문화적 다양성에 관심을 가졌던 더 넓은 배경에 놓여져야 한다. 가령, 리처드 마우(Richard Mouw)와 산더 흐리피윤은 『다원주의와 지평』(Pluralisms and Horizons, 1993)에서 신념과 세계관의 다원화가 증가하고 행동과 동거 형태의 다양성이 증가하는 것을 고정된 보편적 규범에서 벗어난 것으로 보아야 하는지, 아니면 정당한 다원주의와 정당한 철학적 다양성의 표현으로 보아야 하는지 고민한다. 그리고 만약 우리가 다원성을 좀 더 긍정적으로 해석하고자 한다면, 그것은 모든 현실의 기초가 되는 내적 구조적 원리를 가진 우주적 질서라는 개념과 어떠한 관련이 있는가?

맥락: 원칙만으로는 해결할 수 없다

의료 윤리에 있어서도 어떤 면에서는 거의 같은 질문이다. 특히 의료 기술과 과학 지식의 영향으로 인해 의학 분야에서도 많은 변화가 일어나고 있다. 이 지식은 폭발적으로 성장하여 의료직의 전문화로 이어지고 있다. 이러한 전문화 과정은 의사, 간호사, 환자 및 그들의 친척 간의 관계와 이러한 다양한 당사자의 견해에 영향을 미친다. 이처럼 급변하는 의료(또는 간호)의 구조적 원칙 속에서 우리는 무엇을 해야 할까? 그러한 원칙이 과연 존재하기는 하는가? 만약 그것들이 존재한다면, 우리에게 무슨 이익이 될까?

그것들은 너무 일반적이지 않으며, 구체적인 상황에서의 해석에 관한 충분한 지침을 제공하는가? 전통적으로 기독교 의료 윤리는 신학적 원칙을 지향했다. 그러나 우리 시대에 한 그리스도인은 이러한 원칙(낙태 금지, 안락사 반대)에 기초하여 **생명 존중**(*pro life*) 입장을 취하고 다른 그리스도인은 **개인의 선택**(*pro choice*, 낙태, 안락사 가능)을 지지한다면 어떻게 해야 할까?

이러한 질문들은 기독교계에만 국한된 것이 아니라 특히 임마누엘 칸트까지 거슬러 올라가는 이른바 원칙의 윤리(principe-ethiek)와 관련하여 더 넓은 역할을 한다. 망상적인 현실 속에서 살아가며 자신이나 타인을 해치겠다고 위협하는 환자에게 윤리적 원칙으로서의 자율성을 어떻게 해야 할까? 그리고 하이테크 실행을 인정하거나 반대할 때, 공급자와 사용자 간의 상호작용이 기기와 행정 및 금융 규제에 의해 강하게 결정된다면, 보편적 원칙의 관점에서 생각하는 것이 얼마나 유용한가? 구조와 보편성에 주목하는 칸트나 도여베르트 같은 근대 사상가들은 근대 후기의 현실에서 우리의 행동에 대해 여전히 할 말이 있을까?

── 핵심: 도여베르트가 실제로 적용됨 ──

앞서 언급한 크리스천 의사들, 학자들 및 철학자들에 따르면, 더 강력하고 실제적인 이야기가 필요하다. 그 강력한 내러티브는 규범적(또는 규범에 반응하는) 실용적 접근 방식의 형태를 취한다. 우리는 이 이야기에서 가장 중요한 세 가지 요소를 고려한다(그림 12.1, 202쪽).

첫 번째 요소는 실제의 구조이다. 세 가지 유형의 원칙이 특징이다. 우리는 7장에서 처음 두 가지 유형, 즉 인도적 기능과 기초적 원칙을 알고 있다. 규범적 실천적 접근법의 설계자들은 세 번째 유형, 즉 조건화(또는 조건 결정) 원칙을 구별해야 한다고 주장했다.

[그림 12.1] 전문적 실천을 이해하기 위해, 우리는 구조, 맥락, 방향의 세 가지 요소를 구분한다. 구조의 가장 중요한 요소는 인도적 원칙들, 기초적 원칙들 및 조건적 원칙들이다. 맥락은 주로 실천이 형성되는 사회적, 조직적 환경을 가리킨다. 방향은 개인의 성향, 정신, 핵심 가치 및 관련된 사람들의 근본적인 신념에 의해 결정된다. 이러한 신념들은 해당 실천의 목표를 달성하는 데 규제적 역할을 한다.

이 세 가지 유형의 원칙은 함께 실제의 구조, 즉 '구성적 양상'을 형성한다. 이 맥락에서 구성한다는 것은 형성, 가능하게 하는 것을 의미한다.

우리가 훨씬 더 주의를 기울여야 할 두 번째 요소는 다양한 전문적 실천이 발전하는 맥락이다. 그것은 사회적 맥락에 관한 것뿐만 아니라 조직에 전문적 실천을 내재화하는 것과 금융가, 전문 조직 및 '현장'과 조직의 조정에 관한 것이다.

마지막 요소는 실천의 방향이다. 우리는 핵심 가치, 더 깊은 동기 및 근본적인 신념을 생각하며, 이는 실제에서 일상적인 사건의 과정을 형성하는 데 도움이 된다. 새로운 접근 방식에서 방향은 실제의 '규제 양상' 이라고도 한다.

10장에서 인간에 대해 생각하면서 우리는 구조와 방향이 서로를 전제한다는 것을 지적했다. 방향 없는 구조는 없고, 구조 없는 방향은 없다. 이러한 사상은 구조와 방향이 밀접하고 명시적으로 연결된 규범적 실천 모델에 반영된다.

정교화: 규범적 실천과 응답성

더 나아가기 전에, 창조의 질서에 대한 도여베르트의 생각은 신적 계획처럼 현실 위에 떠 있는 우주의 청사진을 가리키지 않는다는 것을 기억하는 것이 좋다. 우리는 이전 장에서도 이것을 보여주었다. 질서는 있지만 이러한 질서는 생성된 '내부'에 포함되어 있다. 그들은 분리된 강제적 실체로서 현실 위에 서 있지 않은데, 왜냐하면 그들은 그 현실의 일부이기 때문이다. 도여베르트가 법, 질서, 원칙 및 구조 원리에 대해 이야기 할 때, 그는 실제로 존재하고, 유효한 힘을 가지며, 공식과 법칙에 포착될 수 없는 현실에 대해 이야기하고 있다. 도여베르트의 용어를 빌리자면, 하나님의 법은 인간의 정의를 벗어난다. 이 말은 부정적이고 다소 모호하게 들릴 수 있지만, 도여베르트는 이 말로 긍정적인 것, 즉 하나님께서는 창조한 세상에 대한 목적을 가지고 있으며, 동시에 인간에게 그 의도를 자신만의 방식으로 표현할 수 있는 많은 자유를 준다는 것을 의미한다.

따라서 현실은 응답적이며, 헹크 헤르쯔마의 용어를 사용한다면 '응답성(antwoord-karakter)'을 가지고 있다. 사람들은 그러한 응답성을 위한 안테나를 개발할 수 있다. 당신도 창조에 대한 하나님의 의도를 거스를 수 있지만, 그러면 조만간 그 배는 뒤집힐 것이다. 긍정적으로 말하자면, 그러한 응답성에 대한 감정을 발전시키는 사람들은 보상을 받는다. 그러면 일이 제자리를 찾아가고, 그 다음에는 통찰력이 커지고, 당신이 맡은 일이 성공한다. 따라서 창조의 질서라는 개념은 내재적 규범성, 인간의 행동에 대한 현실의 응답성, 인간 관계의 규범에 반응하는 성격을 가리킨다.

80년대 말, 앞서 언급한 일단의 의사들, 윤리학자들, 철학자들은 의료윤리가 개혁주의 철학의 기본 개념과 일치할 수 있는지 의문을 갖기 시작했다. 그들은 의사-환자(또는 간호사-환자) 관계도 내재적 규범성에 의해 특징지어지는 지에 대한 질문을 던졌다. 만약 그렇다면, 의사-환자 관계가 내재되어 있는 수많은 관계를 고려할 때, 이러한 규범성은 어떻게 분석될 수 있을까? 규범적 실천적 접근의 첫 번째 초안은 도여베르트의 사회적 단체 분석(7장)을 의사-환자 관계 분석의 출발점으로 삼았다.

구조: 구성측

시작은 쉬웠다. 의사-환자 관계는 기본적이고 자격을 갖춘 원칙을 충족한다고 말할 수 있다. 의사-환자 관계의 **인도적** 기능은 도덕적 양상, 환자에게 선을 행하려는 의도, 제공되는 치료에 대한 이해관계의 초월이다. 의사-환자 관계의 기본은 상담실에서 일어나는 일을 결정하는 많은 지식과 전문성으로 이어진 역사적 발전이다. 따라서 과학적 지식과 의학 기술을 가능하게 한 문화사적 발전으로 이해되는 형성적 양상은 **기본적 기능**이다.

하지만 의사와 환자의 관계가 형성되고 있는 급변하는 맥락을 우리는 어떻게 생각해야 할까? 기초적이고 인도적 원칙이 의료의 경제적 및 법적 체계, 모든 종류의 제도적 변화, 물류, 행정 및 데이터 인프라의 모든 종류의 발전과 어떤 관련이 있는가? 방금 언급한 일단의 사상가들은 이 모든 원칙들을 조건화(또는 조건결정) 원칙이라는 집합적 용어로 지칭하기로 결정했다. 이러한 조건은 의료 서비스를 가능하게 하고 촉진한다. 각 조건은 특정 규범 또는 원칙에 해당하며 각 원칙은 특정 양상과 연결될 수 있다. 의사와 환자 사이의 법적 관계의 변화는 기본적으로 법적 기준에 부합한다. 의료 자금 조달은 경제적 기준을 지향한다. 제도적 변화는 모든 종류의 사회적 규범과 관련되어 있다. 물류, 관리 및 데이터 인프라는 처음에는 물리적, 형성적, 논리적 성격의 법칙에 의해 결정되지만 궁극적으로 법적, 경제적, 사회적, 도덕적 성격의 상호 작용으로 기능한다.

우리 시대의 특징은 모든 종류의 과정이 복잡하게 상호 연결되어 있다는 것이다. 가령, 물류, 관리 및 데이터 인프라의 경우, 처음에는 워크플로를 보여주는 다이어그램과 순서도를 생각한다. 회사 또는 병원의 재정적 책임과 관리에서 중재 역할을 하는 스프레드시트, 텍스트 및 계산 도구 등이다. 지원 장치의 이러한 모든 양상은 주로 데이터 캐리어 및 데이터 처리 도구에 의해 결정되는 기술 인프라를 사용하며, 이는 신뢰성 및 개인정보 보호 양상에서 특별한 요구 사항의 적용을 받아야 한다.

맥락: 실행은 관계적이다.

이것이 우리가 실천 구조의 분석에서 이러한 정교함을 통해 그것을 만들 수 있는 방법인가? 이것은 우리에게 그러한 실행의 규범성을 더 잘 이해하게 해주는가? 앞서 언급한 리처드 마우와 산더 흐리피윤의 대답은 부정적이다. 구조와 방향의 체계는 너무 단순하다. 세 번째 용어인 '맥락'으로 보완되어야 한다.

이것을 이해하기 위해 우리는 먼저 한 걸음 물러서야 한다. 핵심 질문은 문화적, 기술적, 사회적 주요 변화의 시기에 어떻게 방향을 잡을 것인가 하는 것이다. 우리는 다양한 믿음과 어떻게 관계를 맺어야 하는가? 전문적이고 복잡한 실행에서 무엇이 좋은지 어떻게 알 수 있는가? 마우와 흐리피윤에 따르면 원칙적으로 답을 찾을 수 있는 세 가지 방향이 있다.

우리는 우리의 세계관적 안테나를 향상시키고, 가령 다른 사람들의 믿음에서 좋은 점을 보고 우리 자신의 한계를 더 잘 인식하게 됨으로써, 더 세련된 방식으로 다른 사람들의 말에 귀를 기울이는 법을 배울 수 있다. 이러한 접근 방식은 다른 삶의 방향에 대해 더 많은 뉘앙스와 덜 반항적인 태도로 이어진다. 그것은 '방향', 즉 가장 깊은 동기, 신념 및 세계관에 초점을 맞춘 솔루션이다. 이에 대해서는 다음 섹션에서 설명한다.

우리는 또한 현실을 이해하기 위해 틀을 조정하려고 노력할 수 있다. 이러한 시도는 '구조'에 관한 것이다. 이러한 개선의 예는 이전 단락에서 찾을 수 있으며, 여기서 규범 또는 요소를 결정하는 세분화 된 조건 집합이 설명되었다.

마지막으로, 우리는 '맥락', 즉 변화 자체의 문화적-역사적 과정에 대해 다르게 생각하기 시작할 수도 있다. 가령, 우리는 문화적 다원성을 창조 자체에 내재된 긍정적인 특성으로 보는 법을 배울 수 있다. 인류가 존재의 근본적인 도전에 대한 문화적 해답을 제시하는 다양한 방식은 창조에 내재된 잠재력과 풍요로움의 표현이다. 마우와 흐리피윤은 이 부를 다이아몬드의 다양한 면과 비교하는 것에 찬성한다고 주장한다. 이러한 다원주의와 다양성을 인식하기 위해서는 문화적, 맥락적 감수성이 필요하다. 이 민감성은 저절로 발생하는 것이 아니라 '열린 하늘 아래'에서 개발되어야 한다. 이러한 열린 관점이 없다면, 관심은 너무나도 쉽게 특정 발전의 한 양상에 고정되고 상황은 쉽게 맥락에서 벗어나게 된다. 따라서 초월적 지향은 계속해서 전체를 보고, 포용성을 유지하며, 불필요한 모순을 피하고, 요컨대 다이아몬드를 전체로 계속 보는 데 도움이 된다.

이러한 고려 사항은 실천에 대해 생각하는 데 중요하다. 실천은 전문가와 그들이 다루는 당사자 간의 상호 작용이 끊임없이 변화하는 문화적 맥락에서 발전한다. 정부와 교육, 정부와 보건, 보건과 기업의 관계는 정적인 것이 아니다. 그것들은 그들이 스스로를 헌신하고 그로부터 정당성을 이끌어내는 일련의 합의들로 특징지어진다('사회계약', 16장). 당사자 간의 상호 작용의 변화는 항상 더 큰 그림(열린 하늘)의 관점에서 평가하여 해당 실행에 대한 영향을 파악해야 한다.

방향: 영혼이 돌아온다

점점 더 널리 퍼지고 있는 것은 전문적 실천이 실제 사람들, 그들의 배경과 이상을 가진 살과 피를 가진 사람들의 노력을 통해 만들어진다는 통찰력이다. 사람들은 무언가를 위해 그 일을 하고, 특정한 원인을 위해 살며, 불의, 고통, 질병, 결핍 및 빈곤을 해결하기 위해 헌신한다. 실천은 영감을 받은 사람들이 무엇이 선하고 중요한지에 대한 자신의 아이디어로 그것을 형성할 때만 생명을 얻는다.

도여베르트의 견해에 따르면, 기본동인은 사회의 기본 원칙과 깊은 동기를 의미한다(3장). 실천의 '에토스(ethos)'는 기본동인보다 더 구체적이다. 그것은 태도, 동기, 그리고 이상에 관한 것이다. 그것은 특정 실천에서 기본동인의 표현이다. 따라서 의료 행위의 방향은 추상적이거나 고상한 이상이 아니라 태도, 동기 및 이상으로 구체화되고 형성된다. 그 방향은 또한 직원들의 행동을 '규제'하기 때문에, 우리는 또한 실천의 규제적 양상에 대해서도 이야기한다. '에토스'라는 용어는 '습관' 또는 '인격'을 의미하는 고대 그리스어 *ēthos*를 연상시키는데, 이 모델에서는 실무에 종사하는 전문가의 인격과 미덕을 의미한다.

위의 내용을 단순화하면 규범적 실천을 집에 비유할 수 있다. 집에는 기초가 있다(기초적 원칙으로서의 지식과 기술). 그것은 또한 당신이 그 안에 살 수 있도록 지붕을 가지고 있다(인도적 원칙). 실내에는 벽과 방이 있다. 이것들은 그 방에서 일어나는 일을 가능하게 하는 방식으로 배열되어 있다(조건화 원칙). 한 방은 요리에 적합하고 다른 방은 휴식에 적합하다. 그러나 집은 사람이 살고 실제 사람들이 살 때만 진정한 집이 된다. 그런 다음 집은 방향을 얻고, 그 집은 영혼을 얻는다.

평가와 비판

규범적 실천 접근법의 타당성이 드러나기까지는 시간이 좀 걸렸다. 특히 모든 종류의 직업과 모든 종류의 운영에 대해 생각할 때 시간이 지남에 따라 필요한 관심을 받았다. 가령, 의료, 교육, 기술, 공공 행정, 국제 관계, 개발 협력, 농업 및 방위 분야에서 정교화가 이루어졌다.

처음부터 위험은 근사치 또는 사고 방식으로 의도된 것이 모델 또는 정적 청사진으로 인식된다는 것이었다. 다른 반대 의견은 접근 방식과 용어가 너무 어렵고 너무 추상적이라는 것이었다. 따라서 이 책의 저자 세 명 중 두 명은 집의 이미지(위 참조) 또는 트리플 I 접근 방식(심화 12.1)과 같은 단순화된 버전으로도 작업했다. 후자의 접근 방식은 다양한 분야의 전문가들과의 긴밀한 협력을 통해 개발되었다.

심화 12.1: 트리플 I 모델

트리플 I 모델(Verkerk, 2014)은 규범적 실천 접근법의 조직적 변형으로 볼 수 있다(그림 12.2, 208쪽). 세 가지 I는 전문적인 실천을 해석하기 위한 세 가지 다른 관점을 나타낸다.

첫 번째 I, '정체성과 내재적 가치(Identity and intrinsic values)'는 전문적 실천의 정체성과 내재적 가치를 의미한다. 가령, 의료 행위의 정체성은 '돌보는 것'으로 특징 지어진다. 이 진료의 모든 활동은 환자의 웰빙과 건강을 목표로 한다. 도여베르트적 용어에서 '보건'은 건강의 실천(인도적 기능)의 자격을 부여하는 것이다. 그것은 도덕 표준에 관한 것이다. 그 규범은 전문가들의 행동에 잘 나타나 있다. 이것은 동작에 내재적 가치를 제공한다. 가령, 공감, 참여, 이타심 및 배려에 대해 생각해 보라. 정체성과 내재적 가치는 동전의 양면과 같아서 서로를 전제로 한다. 한편으로는 내재적 가치들이 실천의 정체성을 구체화하고, 다른 한편으로는 가치들의 총체성이 실천의 정체성을 형성한다.

두 번째 I, '이해관계(Interests)'는 전문적 실무에 영향을 미치는 이해관계자의 정당한 이해관계와 관련이 있다. 다시 말하지만, 우리는 건강 관리의 예를 사용한다. 의료 분

트리플 I 모델

[그림 12.2] '트리플 I 모델'은 규범적 실천 접근법을 단순화한 표현을 제공한다. 그것은 규범적 실천이 맨 위에 중심을 두고, 이해 관계자 층과 사회 전체를 반영하는 층으로 둘러싸인 계층 또는 계층 모델이다. 화살표는 세 수준 간의 상호 작용을 보여준다. 그들은 서로 영향을 미친다.

야에는 이해 관계자 또는 관련 당사자들로 구성된 자체 특정 네트워크가 있다. 주요 이해 관계자에는 보험 회사, 환자 조직, 전문 협회 및 공공 기관이 포함된다. 관련된 각 당사자는 고유한 정당한 이익을 가지고 있다. 가령, 보험사의 정당한 이익은 합리적인 가격으로 좋은 치료를 제공하는 것이다. 환자 단체의 정당한 이익은 환자가 선택(공유된 의사 결정)에 참여하는 것이다. 전문가의 정당한 이익은 재교육을 받을 수 있는 충분한 시간이 주어지는 것이다. 우리는 '정당한 이익'이라는 개념이 규범적 의미를 가지고 있다는 점에 주목한다.

세 번째 I, '이상들(Ideals)'은 의료 실무에 영향을 미치는 사회의 이상과 근본적인 신념을 의미한다. 이러한 이상과 신념은 '시대정신(zeitgeist)'이라고도 불린다. 가령 '환자의 자율성'이라는 개념이 있다. 네덜란드에서는 모든 개인이 자율적이라는 생각이 점점 더 중요해지고 있다(시대정신). 이러한 생각은 서서히 그러나 확실하게 의료 실행에 스며들었고, 가령 환자가 치료에 대해 명시적으로 동의해야 한다는 법적으로 보장된 의무로 이어졌다.

"도여베르트의 철학이 실제로 어떻게 적용될 수 있는지에 대한 논문을 발표했을 때, 나는 도여베르트의 사상을 내가 관여한 정보 시스템의 모든 영역에 적용할 수 있다는 것을 알게 되었다."

_ 앤드류 바스덴(Andrew Basden, 2018, p. XX)

적용(APPLICATION)

제13장

자연과학 및 기술

서론

자연과학은 어떻게 작동하는가? 좋은 선반이나 로봇을 어떻게 개발하는가? 공정하고 지속 가능한 식량 시스템을 어떻게 달성할 수 있을까? 현대 정보통신기술(ICT: Information, Communication, Technology)을 위한 견고한 기반을 어떻게 구축하는가? 인간적인 공장을 어떻게 설계해야 할까? 기술이 사회 전체에 미치는 영향은 무엇인가? 의미 있는 기술에 대해 이야기할 수 있는 시기는 언제인가? 엔지니어는 이러한 종류의 질문에 정기적으로 직면한다. 이 장에서 우리는 도여베르트의 철학이 많은 자연과학자와 엔지니어들에게 이러한 종류의 질문에 답하도록 영감을 주었다는 것을 보여준다.

자연과학 연구

딕 스타플뢰(Dick Stafleu)는 그의 저서 『일하는 이론』(Theories at Work, 1987)에서 고전 물리학의 역사에 기초한 자연과학 철학을 전개한다. 그는 도여베르트의 세 가지 기본적인 구별을 사용한다. 우선, 법/규범과 법/규범에 종속되는 모든 것의 구별이다(4장). 과학의 목적은 그러한 법칙과 규범을 조사하는 것이다. 둘째, 양상과 사물의 구별이다. 양상은 보편적인 존재 양식이고(4장), 사물은 구체적인 대상, 현상 또는 사회 구조(6, 7장)이다. 셋째, 다양한 양상의 환원 불가능성과 상호 관계의 구별이다(4, 5장).

이러한 구별을 바탕으로 스타플뢰는 자연과학 연구에서 네 가지 다른 방향을 제시했다. 첫 번째 방향은 객관성의 추구이다. 자연과학에서 객관성은 자연 현상이 수학 방정식에 던져지는 것을 의미한다. 그의 견해에 따르면, 자연과학은 숫자적, 공간적, 운동적 양상으로의 회기에 의해 개현된다(5장).

두 번째 방향은 응용 프로그램 검색이다. 자연과학자와 엔지니어는 과학 연구를 위한 도구와 사람과 사회를 위한 제품을 개발한다. 이러한 모든 도구와 제품은 특정 응용 분야와 개별 사용자에 맞게 조정되어야 한다. 가령, 안경은 사람들의 시력을 향상시키고 (감각적 양상에 대한 예기), 아름다운 전체를 형성하며(미적 양상에 대한 예기), 관련된 사람의 보건에 기여(도덕적 양상에 대한 예기)하도록 고안된 물리적 재료로 구성된 기술적 보조 도구이다. 다시 말해, 응용을 찾는 과정에서, 물리화학적 양상에서부터 나중의 양상에 이르는 모든 회기와 예기가 시야에 들어온다(5장).

세 번째 방향은 보편성의 추구이다. 일반적이고 보편적으로 유효한 법칙에 대한 탐구는 자연의 통일성이 자연 자체에 있다고 믿는 연구자들에 의해 영감을 받았다. 그는 이러한 노력이 특히 생산적이었음을 알려 준다. 그러나 이 연구는 또한 가령 물리적 양상이 운동적 양상으로 환원될 수 없다는 것을 보여주었다(4장).

네 번째 방향은 모델과 이론을 찾는 것이다. 스타플뢰는 자연과학에서 통일성을 추구하는 것은 보편적 법칙을 연구하는 것뿐만 아니라 그 반대의 길을 택함으로써도 이루어진다는 것을 보여준다. 다른 분야는 모델 또는 이론의 초기 공식에 도달하는 데 사용된다. 이 검색을 설명하기 위해 우리는 그가 논의하는 것보다 더 유명한 예를 제공한다. 물리학자 러더포드(Rutherford)는 원자 모델의 창시자이다. 이 모델의 핵심은 원자가 양전하를 띤 핵으로 구성되어 있고 그 주위에는 음전하를 띤 전자가 궤도를 돌고 있다는 것이다. 이 모델을 개발할 때 그는 태양계, 즉 태양 주위를 도는 행성에 대한 지식을 활용했다. 이 방향에서 이론과 실험의 관계가 핵심이다. 모델은 그 관계에서 중요한 역할을 한다. 그들은 종종 특정 비유에 대해 자세히 설명하는데, 이 경우 한편으로는 태양과 행성 사이의 비유, 다른 한편으로는 핵과 원자 사이의 비유이다. 이러한 비유는 단순히 인간이 지어낸 것이 아니다. 그것들은 현실 속에서 더 깊은 질서를 보여주려는 시도다.

선반 및 로봇

헹크 판 리센은 그의 박사논문 "철학과 기술"(*Filosofie en techniek*, 1949)에서 선반에 대한 광범위한 분석을 제공한다. 그는 양상 이론과 사물 이론을 사용한다(4, 5 및 6장). 그는 선반을 사용해야만 선반을 이해하는 법을 배울 수 있다고 말한다. 이것은 선반 자체뿐만 아니라 장인, 공작물 및 에너지 원에도 주의를 기울여야 한다는 것을 의미한다. 즉, 전체 컨텍스트를 고려해야 한다. 그런 다음 그는 선반이 모든 양상에서 기능한다고 말한다: 첫 번째 양상에서는 주체로, 나중 양상에서는 객체로 기능한다(4, 5장). 그는 개현 과정의 중요성을 지적한다. 선반 설계에서 첫 번째 양상은 나중에 양상에 의해 개현되거나 구체화된다(5장). 판 리센은 에너지 변환이 있기 때문에 선반을 '기술 작업자'라고 부른다. 선반은 에너지가 원하는 기술적 모양의 공작물로 변환되는 방식으로 설계되었다.

마틴 페어께르끄, 얀 호호란드, 얀 판 데어 스툽 및 마르크 드 프리스는 『사고함, 설계함, 제작함』(Denken, ontwerpen, maken, 2007)에서 산업용 로봇에 대한 광범위한 분석을 제공한다. 그들은 로봇의 모든 양상을 체계적으로 논의하고 초기 양상이 나중 양상에 의해 어떻게 개현되는지 보여준다(4, 5장). 그들은 또한 가령 산업용 로봇과 수술 로봇을 비교하는 것과 같이 개현 과정에서 인도 기능의 중요성을 지적한다(6장). 산업용 로봇은 형성적 양상에서, 수술용 로봇은 도덕적 양상에 의해 인도된다. 로봇의 정체성을 더 잘 특성화하기 위해 그들은 '작업 기능'이라는 개념을 도입한다. 가령, 부품을 한 장소에서 다른 장소로 운반하는 로봇의 작업 기능은 운동적 양상으로 두 부품을 함께 용접하는 로봇의 작동 기능은 물리적 양상을 특징으로 한다.

페어께르끄 등은 또한 로봇과 로봇의 모듈(복합 부품), 모듈과 그 부품, 부품과 재료 간의 관계에 대한 광범위한 분석을 제공한다. 또한 한편으로는 개별 로봇과 다른 한편으로는 로봇이 속한 제조 라인 간의 관계를 조사한다. 이런 식으로 그들은 전체-부분 관계와 엔캅시스에 대한 이론의 적용과 더욱 정교함을 제공한다(6장).

양상 및 개체 구조에 대한 이론은 많은 엔지니어들에 의해 유익한 방식으로 적용된다. 가령 스트레이보스 & 바스덴(Strijbos & Basden, 2006), 바스덴(Basden, 2019), 브루, 스휴르만 및 판데레이스트(Brue, Schuurman & Vanderleest, 2022) 및 잠브로니 드 수자, 페어께르끄 및 리베이로(Zambroni de Souza, Verkerk & Ribeiro, 2022) 등을 참조하라.

농업 및 축산

공정하고 지속 가능한 식량 시스템을 어떻게 달성할 수 있을까? 언뜻 보기에 이 질문에 답하는 것은 불가능하다. 어쨌든 식량 체계는 엄청나게 복잡하다. 많은 수의 행위자가 있고, 여러 원동력이 있으며, 모든 종류의 다양한 활동이 수행되며 제품의 수를 파악하기가 어렵다. 그럼에도 불구하고 헹크 요흠슨과 꼬르네 라더마꺼(Henk Jochemsen & Corné Rademaker, 2019b)는 실용적 접근법을 사용하여 이 질문에 대해 의미 있게 생각할 수 있다고 주장한다(12장).

그들은 농업과 축산업이 규범적 실행이라는 명제로 분석을 시작한다. 이 진술은 실용적인 접근 방식에서 분명하다. 기술적, 경제적 고려가 지배적인 환경에서 일하는 경우 이러한 진술은 수사학적 관점에서 강력하다. 이는 즉각적으로 어떤 기준이 모두 역할을 하는지에 대한 질문을 제기한다. 그리고 그 질문에 설득력 있는 방식으로 답할 수 있다면, 다양한 유형의 규범을 논의하고 평가할 수 있는 기회가 생긴 것이다.

요흠슨과 라더마꺼는 농업 실무에서 두 가지 층을 구별할 수 있다고 주장한다. 첫 번째 층은 경제 부문의 행위자로서의 농업 실무에 관한 것이고, 두 번째 층은 농업 활동 자체의 층이다. 경제 부문의 계층은 경제적 기준이 중요하다는 것을 분명히 한다. 농업 활동의 계층은 생물의 다양성 유지 및 동물 복지 증진과 같은 도덕적 기준도 중요한 역할을 한다는 것을 보여준다. 실무에서 여러 층의 구분은 각 층이 상대적인 독립성을 갖기 때문에 의미가 있다. 이를 통해 어떤 표준 또는 표준 유형이 중요한지 더 쉽게 발견할 수 있다.

실무적인 접근 방식은 전문가와 엔지니어가 널리 사용한다. 드 프리스와 요흠슨(De Vries & Jochemsen)의 『사회적 실무의 규범성 및 전문적 환경에서의 윤리』(*The Normative Nature of Social Practices and Ethics in Professional Environments*, 2019)라는 책에는 프로세스 산업, 토목 공학 및 무기 기술에 대한 기여가 포함되어 있다. 이는 실무적인 접근 방식이 엔지니어에게 자신의 실행을 더 잘 이해하고 해당 실행에서 규범적 순간을 식별할 수 있는 도구를 제공한다는 것을 보여준다. 동시에, 우리는 모든 실천이 철학적 도구의 조정이나 확장을 필요로 하는 특정한 특성들을 가지고 있다는 것을 보게 된다.

정보 시스템의 기초

앤드류 바스덴(Andrew Basden, 2018)은 그의 저서 『정보 시스템의 기초: 연구와 실무』(The Foundations of Information Systems: Research and Practice)에서 기준을 매우 높게 설정한다. 그는 책임감 있는 방식으로 정보통신기술(ICT)을 개발할 수 있는 도구를 제공하고자 할 뿐만 아니라 정보통신기술 연구를 수행하기 위한 견고한 기반을 마련하기를 원한다.

바스덴은 정보통신기술의 특성, 정보통신기술의 사용, 정보통신기술의 기능, 정보통신기술과 사회의 관계 및 정보통신기술의 발전이라는 다섯가지 하위 영역을 구분한다. 이 모든 분야에서 그는 자신의 분야의 토대에 도달하기 위해 동료들의 기여를 목록화하고, 분석하고, 가치를 평가하고, 비판한다. 동시에 그는 견고한 기반을 마련하기 위해서는 전문 지식뿐만 아니라 기술, 사람 및 사회 간의 관계에 대한 더 넓은 이해가 필요하다는 것을 보여준다. 그 더 넓은 통찰을 위해 그는 도여베르트가 발전시킨 대부분의 구분과 이론을 사용한다. 때때로 그는 도여베르트의 제자(스휴르만, 클라우저)나 다른 철학자들(하이데거, 푸꼬)의 작업을 활용한다.

예를 들어 보겠다. 도여베르트의 철학을 소개하면서 바스덴은 일상 혹은 순진 경험(2장)과 의미 개념(1장)으로 시작한다. 우리는 이러한 개념이 정보통신기술 분야의 기초를 개발하는 과정에서 반복되는 것을 볼 수 있다. 가령, 그는 엔지니어가 정보통신기술을 개발하는 데 있어 정보통신기술에 대한 사람들의 일상적인 경험에 많은 관심을 기울여야 한다고 주장한다. 그는 이러한 일상적인 경험을 의미 있는 정보통신기술을 개발할 수 있는 지식의 원천으로 보고 있다.

인도적인 공장

2004년 출간된 박사논문 "생산 현장에서의 신뢰와 권력"(Trust and Power on the Shop Floor)에서 마틴 페어께르끄는 인간적인 공장에 대한 질문을 던진다. 판 리센(1952)은 이전에 노동의 발전에 대한 우려를 표명한 바 있다. 그는 재계에 '노동 독재'와 '노동 노예'

가 존재한다는 견해를 가지고 있었다. 페어께르77에게 노동의 인간성에 대한 질문은 또한 실존적인 문제였다. 그는 수년 동안 공장을 관리했고 새로운 공장을 설계하는 책임을 맡고 있었다.

페어께르77는 두 가지 지배적인 패러다임이 있음을 보여준다. 가장 오래된 패러다임은 미국 엔지니어인 프레드릭 테일러(Frederick Taylor)에 의해 개발되었다. 그는 제조 공정은 많은 수의 하위 단계로 나뉘어야 하며 각 하위 단계는 가능한 한 효율적으로 수행되어야 한다고 말했다. 각 작업자는 하나의 작업만 수행하면 된다. 관리는 또한 이런 방식으로 설정되어야 한다. 즉 각 관리자는 리더십의 한 양상에 집중해야 한다. 테일러주의적 접근법은 초기에 엄청난 **효율성** 향상으로 이어졌다. 그러나 부작용도 곧 분명해졌다: 높은 결근율, 두려움, 불신, 소외감. 한마디로 비인간화다.

영국 사우스요크셔(South-Yorkshire)의 엘세카(Elsecar) 탄광에서 우연히 새로운 작업 방법을 발견하면서 새로운 패러다임이 탄생했다. 이 새로운 패러다임의 핵심은 생산 프로세스의 상호 관련된 단계를 가능한 한 적게 나누어야 작업자가 많은 관리 작업을 수행할 수 있다는 것이다. 이 새로운 패러다임은 '참여적 접근' 또는 '민주적 접근'이라고 불렸다. 네덜란드에서는 이 패러다임이 사회테크닉스(sociotechnics)라는 새로운 디자인 방법으로 정교화되었다. 연구에 따르면 새로운 패러다임은 **효율성**과 품질에 긍정적인 영향을 미쳤을 뿐만 아니라 결근 감소, 참여도 증가, 노사 관계 개선으로 이어졌다.

도여베르트의 철학은 공장에 대한 디자인 이론을 제공하지 않는다. 그것은 테일러리즘이 왜 그토록 파괴적인가를 보여준다. 즉 공장들은 일방적인 경제적 가치에 기초하여 설계된다. 또한 새로운 패러다임이 왜 존엄한지를 즉각적으로 보여준다. 즉 디자인은 심리적, 사회적, 도덕적 양상을 포함하여 인간됨의 다른 양상에 정당성을 부여한다.

자유와 통제

그의 저서 『미래의 사회』(*De maatschappij der toekomst*, 1952)에서 판 리센은 사회의 발전에 대한 분석을 제공한다. 그는 과학과 기술의 영향으로 엄청난 권력 이동이 일어나고 있다고 지적한다. 우선, 그는 최고위층의 권력을 위해 직원들의 자유가 축소되는 위계적 조직의 등장을 지적한다. 또한 그는 경제 부문에 권력이 과도하게 집중되어 다른 사회적 관계의 자유를 침식하고 있다고 지적한다. 경영과 조직의 세계에서, 그는 정치 권력을 스스로 장악하는 새로운 엘리트들이 부상하는 것을 본다. 마지막으로, 그는 (기독교) 종교가 이러한 발전에 적응하고 그들에게 영적인 기초를 제공하라는 엄청난 압력이 있을 것으로 예상한다. 이 모든 발전의 결과는 사회주의(공산주의) 스타일의 전체주의 사회의 부상이다.

판 리센은 이러한 전개를 해석하기 위해 기본동인에 관한 이론을 사용한다(3장). 그는 인본주의적 사고가 자유와 통제 사이의 긴장으로 특징 지어진다고 주장한다. 그의 견해에 따르면, 1952년 당시 통제 동기가 지배적이었고, 이는 인간의 자유에 대한 위협으로 이어졌다. 판 리센은 기술이 기독교적 기본동인에 따라 개발될 경우에만 이러한 발전을 되돌릴 수 있다고 주장한다.

짓쯔 스트레이보스는 그의 논문 "기술적 세계상"(Het technische wereldbeeld, 1988)에서 기술 자체에 초점을 맞출 뿐만 아니라 그 발전의 기반이 되는 기술적 세계관에도 주의를 기울여야 한다고 주장한다. 그의 견해에 따르면, 세계관의 성격을 가진 이 기술적 세계관은 과학과 기술의 도움으로 현실을 완전히 파악할 수 있는 통제 동기에 의해 움직인다.

기술의 의미

에그버트 스휘르만은 그의 박사논문 "기술과 미래"(Techniek en toekomst, 1972)에서 도여베르트와 마찬가지로 현실의 의미성(1장)을 강조한다. 그는 기술에서의 의미 개념을 개현의 개념과 연결한다(5장). 그의 견해에 따르면, 기술의 개현은 근본적인 선택을 요구한다. 그것은 본질적으로 종교적인 선택이다. 무엇보다도, 기술은 하나님께서 창조 시에 세우신 기준에 따라 공의가 행해지는 방식으로 설계될 수 있다. 이 경우 의미 있는 기술 개발이 된다. 또한 인간이 그러한 신성한 표준을 거부하고 어떤 표준이 적절한지 스스로 결정하고 싶어할 수도 있다. 이 경우 의미 있는 기술의 개발이 중단되거나 왜곡된다.

스휘르만은 기술의 붕괴 또는 왜곡에 대한 광범위한 분석을 제공한다. 가령, 그는 기술 개발에서 '이윤 창출'이라는 경제적 규범의 중심성을 비판하는 반면, 고객, 직원 및 정부의 정당한 이익은 무시한다고 비판한다. 또 다른 위험은 기술이 정부나 경제계가 시민을 더 많이 장악하는 방식으로 설계된다는 점이다. 극단적인 경우, 이것은 독재나 전제정치의 형태로 귀결될 수 있다. 여기에는 또 다른 위험한 발전이 작용하고 있다. 기술은 쉽게 중립적인 도구로 제시되고, 그 결과 기술 자체가 더 이상 규범에 대해 테스트되지 않는다.

스휘르만은 기술 개발이 여러 가지 비기술적 표준에 의해 인도되는 경우에만 자유로운 관점이 있을 수 있다고 강조한다. 그것은 언어적, 사회적, 경제적, 미학적, 법적, 윤리적, 종교적 규범을 통해 물리적이고 형성적인 양상을 풀어내는 것에 관한 것이다. 『과학과 기술에 대한 믿음』(*Geloven in wetenschap en techniek*, 1998)에서 스휘르만은 기술을 문화 과학으로 설명한다. 즉, 기술은 문화와 사회의 발전에 공헌해야 한다는 것이다.

"인간의 욕구를 충족하기 위해 희소한 물건을 다른 용도로 사용하는 검소한 방식은 […] 이웃에 대한 사랑에서 결정된다."

_ 헤르만 도여베르트(WdW, II, p. 153)

"경제적 측면은 근본적으로 다면적인 규범성의 필수불가결한 연결 고리로 이해될 수 있으며, 이는 모든 구체적 상황에서 동시적인 실현을 요구한다."

_ 챨링 삐떠 판 데어 꼬이(Tjalling Pieter van der Kooy, 1964, p. 15)

적용(APPLICATION)

제14장

경제

서론

우리는 비즈니스, 시장, 희소성에 대해 어떻게 생각해야 할까? 직업과 노사 관계의 미래는 어떻게 될까? 효과성(효율성)의 원칙은 어떻게 그 자체로 목적이 되지 않는 방식으로 구현되어야 하는가? 전 세계적인 규모로 지속 가능하고 혁신적인 시장 경제를 조직하려면 어떻게 해야 할까? 이 장에서는 도여베르트의 철학에서 영감을 받은 여러 경제학자들의 핵심 아이디어에 대해 논의한다.

고전 경제학 비판

처음부터 시작하겠다. 도여베르트가 경제학과 경제적 양상에 대한 그의 생각에 (신)고전 경제학 이론으로부터 너무 많은 영향을 받지 않았는지에 대한 질문이 제기되었다. 고전적 접근법의 기본 개념은 경제 과정이 사람들의 필요와 이러한 필요를 충족시킬 수 있는 상품의 희소성에 의해 결정된다는 것이다. 이 견해에서 시장은 사람들이 교환 또는 지불을 통해 필요한 상품을 획득할 때 발생하는 일련의 관계다. (신)고전 경제학은 스스로를 욕구의 본질과 경제적 거래의 목적에 대한 규범적 판단이 없는 경험적 과학으로 본다. 가격의 수준은 소비자의 필요와 생산자의 이윤 추구에 의해 결정된다.

비평가들은 도여베르트가 동일한 사고 방식에서 시작하여 이 접근 방식을 너무 많이 고수했다고 생각한다. 결핍은 너무 제한적이고 너무 중립적인 개념이 아닌가? 경제학은 주로 복지와 번영('인간의 번영')에 관한 것이 되어야 하지 않을까? 도여베르트의 접근법은 효율성 자체가 목적이 되는 바람직하지 않은 형태의 **효율성**-사고에 대한 충분한 방어력을 가지고 있는가?

이 비판을 막아내는 것은 그리 어렵지 않다. '재화의 분배'는 이웃에 대한 사랑에 의해 결정되어야 한다고 말하는 서두의 인용문을 보라. 도여베르트는 경제에 대한 규범적 비전과 과학으로서의 경제에 찬성한다. 경제적 양상은 규범적 양상이다. 그것은 다른 모든 양상과 관련되어 있으며 도덕적 양상과 신앙적 양상과 같은 더 높은 양상에 의해 개현된다. 경제적 관계와 과정은 그 자체로 끝이 아니며, 번영, 돈, 경제 성장도 마찬가지다. 그들은 사회의 일부이며 교육, 주택, 에너지 공급, 산업, 안보, 보건, 농업 및 생활 환경 관리 등 사회의 모든 부문에서 인간 관계의 개현에 봉사한다.

사실, 도여베르트에 따르면, 이러한 공존은 근본적인 영적 동인에 의해 결정된다. 그는 주로 우리 문명을 장악하고 있는 통제 동인에 대해 이야기하고 있다. 경제적 번영은 그 자체로 목적이 되어 버렸다. 우리의 삶과 미래는 관리 가능해야 하며, 이는 우리가 지출할 수 있는 충분한 여유가 있을 때 가장 효과적이다. 시장 사고는 많은 분야에서 기본 원칙이 되었다. 전 지구적 맥락에서 볼 때, 경제적 관점의 통제와 절대화에 대한 충동은 착취와 사회적 불의로 이어진다.

사례: 계산하는 시민

고전적 경제 이론은 넉넉한 지갑을 가진 계산적인 시민이 합리적 근거에 따라 경제적 선택을 하는 것에 기반을 두고 있다. 그러나 그 평균적이고 계산적인 시민은 우리가 실직자, 중독자, 빚에 시달리는 정신병 환자나 개발도상국의 평범한 시민을 생각할 때 추상적인 개념이다. 둘 다 경제적으로 흥미롭지 않다. 그들은 투자할 것이 없고, 그들의 경제적 기여도는 더 큰 그림에 포함되지 않으며, 재화의 분배에 있어서는 뒷전으로 밀려나고, 시장경제 밖의 현실에서만 살아남는다.

계산적인 시민을 출발점으로 삼는 것에 대한 비판은 널리 공유된다. 그러나 이 출발점은 여전히 자국에서, 그리고 국제적으로 모든 방식으로 사람들 사이의 관계에 영향을 미치고 있다. 가령, (다수의) 서구 국가들의 시장 사고는 의료 서비스가 조직되는 방식에 상당한 영향을 미친다. 상대적으로 부유한(읽기: 덜 아픈) 시민에 초점을 맞춘 민간 공급자가 급증하고 있다. 이들은 경제적으로 덜 흥미롭고 만성 질환을 앓고 있으며 보건에 의존하는 시민보다 선호된다(대기자 명단 감소, 시설 증가).

국제관계도 대체로 시장경제의 원칙에 의해 결정된다. 왜곡된 성장, 불공정, 배제가 그 결과이다. 개발도상국과 관련하여, 경제적으로 더 수익성이 높은 고품질 제품의 생산이 서구(그리고 중국)에서 이루어지는 반면, 개발도상국은 그들이 제공하는 원자재와 값싼 노동력에 대해서만 지불받을 때 구조적 불의와 착취가 발생한다. 도여베르트는 이러한 불균형과 배제가 경제적 관점의 절대화의 결과라고 말할 것이다.

광범위한 균형을 찾으라: 동시적 규범 실현

경제학자들은 도여베르트의 유산을 매우 다르게 다루었다. 그것은 우리가 11장에서 그것에 대해 말한 후에 그 자체로 그리 놀라운 일이 아니다. 특히 맥락, 직업적 배경, 사회적 지위 및 종교적으로 영감을 받은 가치가 항상 자신의 강조점으로 이어지는 방식이 흥미롭다. 이 모든 차이점의 공통점은 경제학의 환원주의와 경제적 관점의 절대화에 기초한 일방적인 사회 발전에 대한 비판이다.

대표적인 예가 챨링 삐떠 판 데어 꼬이(Tjalling Pieter van der Kooy, 1902-1992)인데, 그는 정부에서 고위직에 있었고 교수이기도 했던 경제학자였다. 판 데어 꼬이는 도여베르트의 작품에서 영감을 받았다고 생각하지만 자신을 '이너 서클'의 일부라고 생각하지 않는다. 인생의 후반부에 그는 심지어 자신을 약간 멀리하기까지 한다. 가령, 그는 도여베르트의 '법이념'에 대해 의구심을 가지고 있다. 양상 이론은 또한 그에게 너무 기술적이고 추상적이다. 멀리서 보면 도여베르트의 생각이 피상적으로 동화되었다고 말할 수 있다. 그러나 그렇다고 해서 그의 기여가 부족한 것은 아니다. 가령, 그는 도여베르트의 생각에 직접 접목되어 과학과 정치에서 중요한 역할을 할 용어인 '규범의 동시적 실현'이라는 용어를 발명했다(Van der Kooy, 1964, 1971). 이 용어는 과학으로서의 경제학이 경제적 양상에만 초점을 맞추는 것이 아니라 모든 양상의 더 넓은 일관성에 초점을 맞춰야 함을 표현한다. 이러한 양상은 동시에 개발되고 정의가 수행되어야 한다. 경제적 실천도 마찬가지다. 이러한 실행은 더 넓은 사회 현실의 일부이다. 좋은 경제학자는 사회 생활의 전반적인 측면에 초점을 맞추고 경제 생활의 발전에서 경제적 양상과 기타 사회적으로 관련된 양상 사이의 균형을 추구한다. 판 데어 꼬이는 법적, 윤리적, 미학적, 사회적, 기술적 양상을 고려하고 있다. 그것은 항상 과정의 양상과 방향 사이의 전체와 균형에 관한 것이다.

희망을 가질 이유가 있다: 규범적 원칙들이 존재한다

동시적 규범 실현이라는 용어는 모든 종류의 논의에서 핵심 개념이 되었다. 그것은 비전 문서와 정책 문서, 정당 프로그램 및 과학에서 사용되었다. 또한 얀-삐떠 발컨엔더(Jan-Peter Balkenende)와 호퍼트 바위스(Govert Buijs)가 최근 출간한 『재검토한 자본주의』(Capitalism reconsidered)에서도 승인을 받아 언급된다(2023, p. 147).

이 두 저자는 우리 경제에 심각한 문제가 많다고 주장한다. 우리는 너무나 일방적으로 번영, 이를 나타내는 지표로서의 국민총생산, 기업의 이윤 극대화, 경제적 노력의 질을 평가하는 일방적인 계량적 방식에 치우쳐 있다. 경제적 과정에는 다양한 가치가 걸려 있는 글로벌 관점이 필요하다. 발컨엔더와 바위스는 수많은 경제학자와 철학자들이 생태학적 영향, 기회 균등 및 빈곤과 착취의 경제적 효과에 주목함으로써 시야를 넓히려고 한다는 것을 보여준다. 이는 경제에 대한 다른 시각으로 이어진다. 이 비전의 핵심은 지구의 안녕을 위한 조율된 협력이다. 사회생활의 발전은 현실에 내재된 가능성, 통합적 관점을 필요로 하는 가능성과 일맥상통한다. 이 통합적 비전은 종교적으로 영감을 받았으며 경제적 사회적 현실의 발전에 의해 확인된다.

이러한 접근법은 근본적으로 희망적이다. 현재 자본주의 형태에 모든 것이 잘못되었음을 보는 것은 기독교인들만이 아니다. 사회와 세계적인 규모의 사태 진전은 무엇이 잘못되었는지를 보여 준다. 상황이 다소 반전되고 있다. 수많은 사상가들이 대안을 제시한다. 여기저기서 새로운 실행이 형성되고 있다. 이러한 다른 아이디어와 실행은 현실에 내재되어 있으므로 '실제로' 존재하는 규범과 일치한다. 그것들은 현실에 투사된 인간의 발명품이 아니다. 그것들은 이론적인 추상화도 아니다. 이것들은 인간의 경제적 교류에 작용하는 원칙들이며, 우리가 그것들을 무시할 수 없다는 것을 보여준다.

급진적이어야 한다: 진보 신앙에 대한 반대

또 다른 예언자적 어조는 봅 하웃즈바르트의 작품에서 찾을 수 있다. 경제학을 공부한 후 그는 먼저 정치학을 선택했다. 1970년 박사 학위를 취득한 후 경제학 교수가 되었고, 나중에는 암스테르담 자유대학교에서 문화 철학 강사가 되었다. 그는 국내 및 국제적으로 수많은 사회적 지위를 역임했으며 특히 개발 협력 분야에서 그의 실제 전문 분야 외에도 모든 종류의 주제에 관여했다.

하웃즈바르트는 우리 문화에 대한 깊은 관심으로 움직였다. 이것은 재앙으로 치닫고 있다. 그의 가장 중요한 저서인 『자본주의와 진보사상』(*Kapitalisme en vooruitgang*, 1976)에서 그는 (경제) 성장에 대한 무절제한 추구가 생활 환경의 고갈(오염, 생물 다양성 감소)과 천연 자원(원자재 및 에너지)의 임박한 부족으로 이어졌다고 주장한다. 자본주의 체제는 또한 인플레이션과 (당시의) 실업으로 입증되듯이 취약하다.

하웃즈바르트는 자본주의 시장 경제가 시민의 삶, 사고 및 자기 경험에 미치는 영향이 크다고 주장한다. 이러한 영향은 노동 영역과 상품 생산에 국한되지 않고 스포츠, 섹슈얼리티 및 시간 사용 등 삶의 모든 영역에 침투한다. 이러한 발전은 하나의 지배적인 문화적 동기, 즉 진보에 대한 믿음과 서구 사회의 구조와 건설에 필수적인 요소, 즉 자본주의에 기반을 두고 있다. 하웃즈바르트는 기술과 경제의 자율적 발전을 돌파할 용기가 있을 때만 서구 사회의 문제를 해결할 수 있다고 믿는다. 그는 경제, 기술, 윤리 및 정의의 규범에 정당성을 부여하는 사회의 균형 잡힌 개방을 주장한다(다시 말하지만, 규범의 동시적 실현). 마지막으로, 그는 창조에 대한 하나님의 목적에 대한 성경의 말씀에 근거한 영적 전환을 호소한다.

『자본주의와 진보사상』은 학계와 정책입안자들 사이에서도 널리 읽힌 중요한 책이다. 이 책은 기독교인과 비기독교인들을 각성시켰고, 기존 경제 질서에 암묵적으로 순응하는 사람들이 비서구 국가들의 착취, 불공정한 경제 관계, 자연 환경의 고갈과 오염에 연루되어 있다는 것을 명백히 했다. 해리 드 랑어(Harry de Lange)와 함께 그는 교회와 정치, 그리고 전 세계적으로 많은 영향력을 얻은 아이디어인 '충분한 경제(de economie van het genoeg)'의 창시자가 되었다(Goudzwaard & de Lange, 1995).

담대히 크게 생각하기: 멕시코의 경제 이론

멕시코의 경제학자이자 논리학자, 철학자인 아돌포 가르시아 드 라 시엔라는 스탠포드에서 공부하고 박사 학위를 취득한 후 나중에 도여베르트의 연구를 처음 접한 후 그의 열렬한 지지자가 되었다. 그의 연구는 경제 이론의 기초에 관한 것이며 매우 기술적이다 (García de la Sienra, 1998, 2001). 역학 시스템 이론에 치우쳐 있으며 수학 및 논리에 대한 지식이 필요하다. 그럼에도 불구하고 이에 대한 논의는 이 프레임워크에 적합하다.

발컨엔더와 바위스가 사회 경제적 실천 분야에서 한 일을, 가르시아 드 라 시엔라는 경제 이론 분야에서 한다. 그는 하웃즈바르트의 분석에 동의하며 여기에 한 가지 요소, 즉 (다른 것들 중에서도) 주식 시장에 대한 투기를 추가한다. 투기는 제품의 실제 가치와 시장 가치 사이에 큰 차이를 만들 수 있다. 이러한 차이는 바람직하지 않다.

발컨엔더와 바위스와 마찬가지로 가르시아 드 라 시엔라의 접근 방식은 주로 희망적이다. 모든 것이 잘못되었지만, 경제 이론은 구원받을 수 있다. 이것은 경제학자들이 그가 '규범적 기능'이라고 부르는 것에 대한 명확한 비전을 얻는다면 성공할 것이다. 규범적 기능은 세계의 규범적 구조에 대한 반응이다. 그들은 '최적의 사회적 선택'을 할 수 있게 해준다. 다시 말해, 그것들은 경제적 과정의 모든 종류의 요소(선택, 효과, 양상)에 상대적 가중치를 할당하는 데 도움이 되는 가중치 체계를 형성한다. 우리는 다양한 양상에 대해 더 넓고 균형 잡힌 견해를 발전시킬 필요가 있다. 만약 경제적 실천이 가중치 체계를 필요로 한다면, 경제학은 순전히 경험적이고 중립적인 과학이 될 수 없다. 경제학은 규범적 기능에 대한 관념에 기초하여 이러한 양상들의 상대적 중요성과 경제 과정에서의 그들의 위치에 대해 선언하지 않을 수 없다.

지배적인 (신)고전적 접근법에서 경제는 어느 정도의 복지를 달성하는 것을 목표로 하는 개인적 선호의 총합으로 간주된다. 그러나 그것은 가르시아 드 라 시엔라에 따르면 너무 좁은 기반이다. 우선, 개인의 행복 외에도 중요한 다른 것들이 있다. 가령, 선택권을 갖는 것, 자유로운 나라에서 사는 것, 다른 사람들에게 변화를 주는 것, 정치적 발언권을 갖는 것과 같은 것들을 생각해 보라. 또한, 사회경제적 발전의 세계적 과정은 개인과 더 작은 집단의 복지와 구별되어야 한다. 전 세계적인 사회 경제적 발전 과정에서 그것은 세계 인구 전체에 대한 중요성에 관한 것이다. 세계 인구에 있어서도 그것은 단지 필요를 충족시키는 것 이상의 의미가 있다. 결국, 소비 외에도 항상 생산과 생산 과정, 그리고 더 나아가 상품 분배에 대한 규칙이 있다. 가령, 제품이 어떻게 만들어지는지가 중요한데, 노동 조건, 아동 노동, 환경 영향 등을 생각해 보라. 유통 규칙은 가격과 시장 접근성에 대한 계약에 명시되어 있다. 이러한 모든 양상의 일관성 때문에 이러한 합의는 완전히 규범적이다.

가르시아 드 라 시엔라는 빈곤, 실업 및 환경 오염과 같은 하웃즈바르트가 식별한 문제가 다양한 규범 함수가 제공하는 가중치 프레임 워크에서 예측되고 해결될 수 있다고 믿는다. 정의에 따라 '생산적' 노동에만 가치를 부여하는 일방적인 이론은 사회적 불평등, 빈곤, 다른 나라를 식민지화하는 경향을 낳는다. 이런 맥락에서 그는 19세기 초 그의 법철학에서 이를 예측한 철학자 헤겔의 말을 인용한다. 어린이, 노인 및 기타 도움이 필요한 사람들을 보살피고 생활 환경, 교육 및 예술 활동을 돌보는 것에 대해 할 말이 많다. 주식 투기에 관한 한, 가르시아 드 라 시엔라는 자본 시장(증권 거래소)의 역할이 다시 실물 경제에 종속되어야 한다고 주장한다. 가격 변동은 규범적 기능에 기초한 제품의 진정한 가치의 추정에 의해 완화되어야 할 것이다. 이자율은 이윤율보다 높아서는 안 된다. 임금은 생산 과정에서의 노력에 비례해야 한다.

가르시아 드 라 시엔라는 문화가 나아가고 있는 방향에 대해 도여베르트가 말하는 것에도 매료되어 있다. 그런 다음 도여베르트는 '통합적 경향'에 대해 말한다. 이러한 통합의 경향은-공교롭게도 차별화와 전문화의 경향과 밀접한 관련이 있으며-우리가 하나의 (세계) 정부를 가진 세계로 향하고 있다는 생각과 양립할 수 있다. 가르시아 드 라 시엔라는 도여베르트와 마찬가지로 이것이 그 자체로 비난받을 만한 아이디어는 아니라고 생각한다. 세계화는 세계 통합이다. 물론 많은 위협이 있다. 죄와 악은 인간의 마음 속에 거한다. 이미 수많은 탈선이 있다. 그럼에도 불구하고 그는 규범적 기능에 대한 좋은 이론을 통해 전 지구적 수준에서 균형 잡힌 사회 경제적 발전을 위한 틀을 개발할 수 있어야 한다고 믿는다.

우리는 여전히 도여베르트가 필요한가?

우리가 언급한 저자들이 경제와 경제생활에 대한 광범위하고 균형 잡히며 규범에 반응하는 관점을 주장하는 것에 대해 논의했다. '규범의 동시적 실현'이라는 용어는 이를 표현하고 그들의 사고에서 공통의 실마리를 형성한다. 돌이켜 보면, 이 용어와 그 이면의 아이디어에 도달하기 위해 도여베르트의 철학이 필요한지 궁금할 수 있다. 아닐 수도 있지만 그렇게 말하기는 어렵다. 논의된 모든 사상가들은 정의, 신실함, 이웃 사랑, 청지기 직분과 같은 성경적 원칙에 의해 영감을 받은 것에 대해 명시적인 것처럼 도여베르트에 대한 인식을 분명히 하고 있다. 그 이면에는 현실이 근본적으로 의미가 있으며 인간의 행동에 대한 답을 제공한다는 확신이 있다.

도여베르트는 일련의 성경적 원칙을 가지고 철학을 시작하지 않았다. 그는 한 걸음 물러서서 그 시대의 문화적, 지적 현실을 조사하고, 무슨 일이 일어나고 있는지에 대한 아이디어를 얻고, 그 아이디어를 그의 종교적 통찰력 및 직관과 연결했다. 이러한 통찰력과 직관은 철학적으로 번역되었으며, 동시에 번역은 종교 및 기타 출처에 의존하여 다듬어지고 집중되었다. 여기에서 논의된 저자와 유사한 프로세스를 볼 수 있다. 그들 모두는 한 걸음 물러서서 더 큰 그림에 대한 통찰력을 얻으려고 노력한다. 그런 다음 그들은 경제적 실천을 개념적이고 철학적으로 해석하려고 노력한다. 이 해석은 성경적 통찰력과 직관을 배경으로 한다.

'규범의 동시적 실현'이라는 용어는 이러한 상호작용이 어떻게 작동하는지를 보여주는 좋은 예이다. 한편으로는, 그것은 경제 생활의 광범위하고 균형 잡힌 발전을 촉진하는 가장 중요한 표준으로 작용한다. 동시에 종교적 영감을 통해 깊이를 얻는다. 존중해야 할 기준이 있고 넘지 말아야 할 선이 있다. 종교적 인식은 추구되는 균형에 안도감을 준다. 이러한 깨달음은 약하고 억압받는 사람들에 대한 연민과 보건, 손상되고 위협받는 환경에 대한 고통, 그리고 창조는 중립적인 물질이 아니라 존중과 조율을 필요로 한다는 확신으로 표현된다.

"국가의 임무는 […] 정의다. 공적 정의, 즉 정의가 모든 사람에게 정의를 베풀지 않는다면 진정한 정의라고 할 수 없다. […] 기독교인에게 공적 정의는 모든 사람에게 권리를 주는 것 이상이어야 한다. 성경에 따르면, 그것은 강자의 희생을 통해 약자의 힘을 회복하는 것을 의미한다. 특권층은 굶주린 자, 약자, 가난한 자, 병든 자, 억압받는 자, 그리고 소외된 자들에게 자신의 특권을 베풀 의무가 있다."

_ 베니 판 데어 발트(Benny van der Walt, 2003, p. 319)

적용(APPLICATION)

제15장

정치

서론

정치는 근본적인 질문에 관한 것이다. 정부의 핵심 과제는 무엇인가? 정치에 대한 다양한 비전의 주요 원칙은 무엇인가? 공정한 정치 체제를 위해 필요한 덕목은 무엇인가? 다문화 사회에서 공공 정의의 개념은 무엇을 의미하는가? 그리스도인들은 어떻게 정치를 해야 이웃을 사랑할 수 있는가? 종교에 기초한 정치적 비전이 어떻게 심화되는 양극화를 부채질하지 않으면서 정치적 논쟁에 기여할 수 있는가? 이 장에서 우리는 많은 기독교 철학자들과 신학자들을 소개하는데, 그들은 부분적으로 도여베르트와 동의하면서 이러한 질문들에 대한 답을 제공한다.

정의를 추구하다

정부의 핵심 과제는 무엇인가? 도여베르트의 견해에 따르면, 국가는 법적 양상에 의해 인도된다(7장). 따라서 그 핵심 임무는 공공 정의를 보호하고 증진하는 것이다. 그것은 그 핵심 과업을 수행하기 위해 자신의 힘을 사용할 수 있고 또 사용해야만 한다. 정부의 핵심 임무에 대한 도여베르트의 견해는 그의 추종자들에 의해 널리 지지를 받고 있지만 정교함에 대해서는 많은 논의가 있다. 조나단 채플린은 『헤르만 도여베르트. 국가와 시민사회의 기독교 철학자』(*Herman Dooyeweerd. Christian Philosopher of State and Civil Society*, 2011)에서 국가에 대한 도여베르트의 관점을 제시하고, 다른 선택이 가능하거나 해야 할 곳을 보여준다.

제임스 스킬런은 그의 논문 "하나의 세계에서 정치"(*Politics in One World*, 2001,

1988도 참조)에서 정부에 대한 도여베르트의 관점이 사회 발전을 위한 보편적이고 규범적인 사실인지, 아니면 계몽주의에 기원을 둔 서구적 관점이 있는지 묻는다. 스킬런은 모든 문화에 적용되는 규범적 사실이 있다고 믿는다. 그는 공공 정의에 초점을 맞춘 법의 지배가 시민들이 자신의 재능과 창조적 능력을 개발하는 데 필요한 조건을 만든다는 것을 보여준다. 오직 이런 방법으로만 시민들과 그들이 살고 있는 단체들이 번영할 수 있다.

남아프리카 공화국의 사상가 베니 판 데어 발트는 『아프리카의 이해와 재건』(Understanding and rebuilding Africa, 2003)의 부제(From desperation today towards expectation for tomorrow)에서 알 수 있듯이 '오늘의 절망'에서 '내일에 대한 기대'로 나아가는 길을 보여준다. 그는 자국의 상황에 대해 자세히 논의하고 무엇보다도 전통 종교와 다양한 철학 학파에 관심을 기울인다. 도여베르트의 사상에 기초한 기독교적 국가관을 호소하면서 그는 민주주의의 가치와 정부의 자격을 갖춘 권력에 대해 논의한다. 그는 진정한 정의는 우리가 인권을 넘어 기꺼이 생각할 때만 달성될 수 있다고 주장한다. 진실과 화해 위원회의 비전에 따라, 그는 조국의 진정한 화해와 평화를 위한 다섯 가지 성경적 요구, 즉 책임 수용, 애통과 회개, 유죄 고백, 용서와 배상을 인상적인 방식으로 제시한다.

비전과 환상

데이빗 코이지스(David Koyzis)는 그의 저서 『정치적 비전과 환상』(Political Visions & Illusions, 2019)에서 자유주의, 보수주의, 민족주의, 사회주의 등 우리 시대의 가장 중요한 이데올로기에 대해 논의한다. 그는 이러한 이데올로기가 닫힌 세계관에 기초하고 있다고 주장한다. 그들은 현실의 기원이나 창조자에 대한 언급 없이 정치에 대해 말한다(1장). 코이지스는 이 모든 이데올로기가 창조로부터 가치 있는 것을 절대화하고, 그것을 창조 위로 끌어올리며, 궁극적으로는 그것을 종교적 또는 세계관의 출발점으로 채택한다고 결론지었다. 그런 다음 그는 이 모든 이데올로기가 세상의 악(타락)과 제안된 해결책(구속)에 대한 자신의 내러티브를 제공한다는 것을 보여준다.

두 가지 예를 들어 보겠다. 자유주의적 사고는 개인의 자율성을 출발점으로 삼는다.

그것은 공동체를 개인에 대한 위협으로 보고 따라서 악의 근원으로 본다. 구원으로서, 그것은 개인의 해방과 개인의 자유를 보장해야 할 국가의 책임을 설교한다. 저자는 자유주의가 좋은 일도 해왔다고 공공연히 인정한다. 그는 인권을 위한 자유주의자들의 노력과 인간의 자유에 대한 자유주의자들의 호소를 언급한다. 그러나 자유주의는 한 사회에서 공동체의 다양성에 대한 안목이 없으며 공동선에 대한 실질적인 비전이 없다.

코이지스가 논의하는 이데올로기의 두 번째 예인 민족주의는 사람들이 공동체 안에서 자신의 정체성을 찾고 그 공동체가 시민들에게 충성을 요구할 수 있음을 인식한다. 그 정체성이 정확히 무엇인지, 그리고 그 충성심이 어디까지 가야 하는지는 무엇보다도 민족주의 운동의 역사와 맥락에 달려 있다. 악은 정체성을 위협하는 안팎의 발전과 관련이 있다. 구원의 미사여구는 한 국가 지도자가 억압의 멍에를 벗어던지기 위해 일어설 때 전면에 등장한다. 민족주의는 국가를 국가의 야망을 실현하는 도구이자 국민의 의지의 표현으로 본다. 그러나 민족주의는 사회의 다양한 공동체를 고려하지 않으며 정치에 대한 다른 견해를 가진 집단을 위한 공간을 제공하지 않는다.

코이지스는 창조, 타락, 구속이라는 단어로 요약하는 기독교 세계관을 제시한다 (3장). 그런 관점에서 그는 앞서 언급한 이데올로기들의 이야기들을 우상숭배로 규정하는데, 그 이유는 그것들이 창조주와 구속주에 대한 정의를 행하지 않기 때문이다. 그는 이러한 특징이 도발적으로 보일 수 있음을 인정한다. 동시에 그는 모든 이데올로기가 진리에 대한 배타적 주장을 한다는 것에 대해 냉정하다.

도덕적 자본 형성

룰 카이퍼(Roel Kuiper)는 그의 저서 『도덕적 자본』(*Moreel kapitaal*, 2009)에서 사회와 법의 지배가 번영하기 위해 어떤 정치적 덕목이 필요한지에 대한 질문을 던진다. 그는 정치인, 정책 입안자, 언론인 및 과학자들 사이에서 사회의 상태에 대해 집중적인 논쟁이 벌어지고 있다고 지적한다. 우리는 사회와 정치에 매우 중요한 것들을 잃고 있다는 느낌이 있다. 그것은 단절된 관계, 개인화된 사회, 사회적 신뢰의 상실에 관한 것이다. 다시 말해, 그것은 인간 관계의 질에 관한 것이다. 이러한 맥락에서 그는 '도덕적 자본'

을 개인과 공동체가 도덕적 관계를 맺고 세상을 돌보는 능력으로 설명한다. 그의 견해에 따르면, 그것은 사랑과 충성과 같은 중심 가치가 표현되는 태도에 관한 것이다. 카이퍼는 자본이 귀중한 상품이라는 것을 표현하기 위해 '자본'이라는 용어를 사용한다.

카이퍼는 도여베르트의 기본동인에 대한 이론(3장)에 이어 근대 사상의 동인에 대해 광범위하게 논의한다. 그는 유토피아적 사고, 사회적 관계에 대한 합리적 시각, 자율적 개인의 증진이 결합되어 사회의 큰 긴장, 가치의 상실, 취약한 사회적 관계, 배제 및 자존감의 약화로 이어졌다는 것을 보여준다. 서구 사회는 계약 사고에 사로잡혀 있다: 개인과 그의 이익이 중심이다. 따라서 카이퍼는 사람들이 그들이 속한 공동체의 안녕에 대해 공동 책임을 지는 언약적 사고의 재평가를 주장한다. 여기서 도덕적 자본의 형성과 확산을 위한 사회구조(7장)는 매우 중요하며, 특히 그것을 위한 가장 작고 중요한 단위인 가정이 중요하다. 이러한 구조에서 형성된 도덕적 자본은 정치와 사회의 기초를 형성한다.

다문화 정의와 샤리아법

유럽으로의 망명 신청자 유입은 많은 국가에서 격렬한 논쟁을 불러일으키고 있다. 여기에는 '얼마나 많은 망명 신청자를 받아들여야 하는가?', '한 사회 내에서 점점 더 많은 민족 문화와 종교적 신념을 어떻게 다루어야 하는가?'와 같은 질문이 포함된다. 2011년, 조나단 채플린은 영국 독자를 위해 이러한 질문에 대한 에세이『다문화주의』(*Multiculturalism*)를 썼다. 이 출판물은 최근에 네덜란드어로 번역되어 새로운 서문과 반응을 실었다. 저자와 협의하여 이 책의 제목은『다문화적 정의』(*Multiculturele gerechtigheid*, 2020)였다.

채플린은 그의 에세이를 통해 공정한 다문화 질서에 대한 기독교적 관점에 기여하고자 한다. 그렇다면 '다문화주의'란 무엇일까? 채플린은 '다문화주의'라는 단어가 다양한 의미로 사용된다고 지적한다. 가령, 사실에 입각한 상황을 해석하는 데 사용된다. 그것은 문화적 또는 종교적 다양성에 관한 것이다. 또한 이 단어는 모든 문화가 도덕적으로 평등하다는 확신을 표현하는 데 사용된다. 그런데 채플린은 이 해석에 동의하지 않는다. 그는 찰스 테일러(Charles Taylor, 1995)의 말을 인용하면서, 이러한 확신은 문화 간의 비판적 대화에 작별을 고하는 것으로 귀결된다는 것을 보여준다. 테일러는 이 대화를 통해 - 우리 자신의 문화일 수도 있는 - 다른 문화의 양상을 거부할 수 있어야 한다고 믿는다. 마지막으로, 다문화주의라는 단어는 정부 정책을 이끄는 일련의 원칙에 사용된다.

채플린은 후자의 의미가 정치에 매우 중요하다고 믿는다. 그의 저서 『헤르만 도여베르트. 국가와 시민사회의 기독교 철학자』(2011)에서 그는 이미 도여베르트가 '공의'라는 단어로 국가의 책임을 요약하고 있음을 보여주었다. 이 요약은 국가의 책임을 날카롭게 반영한다. 그것은 바로 공적 영역에서의 정의에 관한 것이다. 국가에 대한 이러한 관점에서 채플린은 다문화 정의에 대한 입장을 내놓는다. 다문화 정의는 인종적, 종교적으로 다른 시민과 공동체 간의 공평한 공공 관계를 위한 틀을 필요로 한다. 여기에는 동등한 권리, 의무, 책임, 지원 및 기회가 포함된다. 정부는 그러한 틀을 추진할 수 있는 힘을 가지고 있다. 채플린은 또한 정부가 어떻게 그러한 틀을 개발할 수 있는지를 보여준다.

또 다른 도전적인 질문은 샤리아가 민주주의 사회의 입법에서 인정되고 어느 정도까지 자리 잡아야 하는가 하는 것이다. 제임스 스킬런(2011)은 자신의 논문 "샤리아와 다원주의"(*Shari'a and Pluralism*)에서 이 질문에 대해 논의한다. 스킬런은 전통적 관점에서 샤리아가 공적 영역, 사적 영역, 다양한 사회적 맥락에 지대한 영향을 미친다고 지적한다. 스킬런은 이러한 견해가 (1) 다양한 종교와 세계관을 위한 공적 영역의 여지가 있고, (2) 사회 구조가 정부로부터 상대적 독립성을 가지고 스스로를 형성할 수 있는 서구의 법체계와 상충된다고 주장한다(7장). 다른 한편으로, 종교, 가정생활, 교육에 관한 샤리아의 요소들이 모든 곳에 퍼져 있는 샤리아로부터 분리된다면, 그는 이것을 서구의 차별화된 공공 행정 및 사회적 자유 체계에 끼워 맞출 수 있는 (제한적인) 가능성을 본다.

신앙, 이웃 사랑 및 정치

신앙과 정치는 서로 어떤 관련이 있는가? 그리스도인들은 민주주의를 강화하기 위해 노력해야 하는가? 루크 브레더턴(Luke Bretherton)은 그의 저서 『그리스도와 공동생활: 정치신학과 민주주의의 사례』(*Christ and the Common Life. Political Theology and the*

Case for Democracy, 2019)에서 정치와 민주주의에 대한 신학적 성찰을 시도한다. 그는 기독교인들이 민주주의에 헌신해야 한다고 믿는데, 그 이유는 민주주의가 사회를 번영하게 하는 가장 좋은 법적 형태이기 때문이다. 그는 자신의 책 서문에서 유럽과 북미의 헌신된 기독교인들이 종종 자신에게 같은 질문을 한다고 말한다: 네 이웃을 사랑하라는 그리스도의 계명이 어떻게 정치에서 형성될 수 있는가? 브레더턴은 이 질문이 세 부분으로 나눌 수 있다고 주장한다.

1. 이웃을 사랑하려고 할 때 마주치는 가난, 고통, 불의에 대한 올바른 반응은 무엇인가?
2. 어떻게 하면 이웃을 사랑하는 나의 뿌리와 정체성, 신념에 충실하면서도 나와 다른 인생관을 가진 이웃과 공동의 삶을 누릴 수 있을까?
3. 어떤 종류의 힘이 당신과 다른 사람 사이의 관계를 결정하며, 이 힘은 어떻게 분배되는가? 이 마지막 질문은 우리가 인류의 번영에 대해 생각할 때 근본적이다.

브레더턴은 위의 질문들을 논의하기 위해 많은 (기독교적) 자료들을 인용한다. 무엇보다도 그는 고통, 불의, 공동선에 대한 인도주의와 블랙 파워의 생각에 대해 논의한다. 인도주의는 공정한 사회와 모든 생명체를 돌보는 데 노력하는 광범위한 이상주의 운동을 총칭하는 용어다. 블랙 파워는 정치, 사회 및 종교에서 백인 지배를 비난하는 정치 운동이다. 브레더턴은 이러한 접근법이 서로 다른 시작점을 가지고 있음을 보여준다. 인도주의는 사람들이 평등하다는 것을 강조하고 불평등한 특권 분배에 어려움을 겪는다. 블랙 파워는 억압, 체계적인 배제, 불공정한 권력 분배의 파괴적인 결과에서 발생했으며 사람들의 실제 불평등을 강조한다. 주권에 관한 장에서 브레더턴(2019, pp. 359-399)은 개인, 사회적 관계 및 주권에 대한 알튀시우스(Althusius), 마리땡(Maritain) 및 도여베르트의 사상을 광범위하게 논의한다. 그의 견해에 따르면, 이 사상가들은 정치적, 경제적 절대주의와 전제정치에 대한 풍부하지만 잘 드러나지 않은 균형추를 제공한다.

조나단 채플린은 그의 저서『민주주의에 대한 믿음. 깊은 다양성의 정치학 형성』(*Faith in Democracy, Framing a Politics of Deep Diversity*, 2021)에서 기독교 정치인과 세속 정치인 사이의 양극화가 심화되고 있음을 보여준다. 기독교 토론가들은 민주주의 원칙이 항상 종교적 신념보다 우선해야 한다는 견해 이면에 있는 위험한 오만을 지적한다. 반면에, 세속적 논쟁가들은 종교적 사고가 사회를 지배했던 과거로 되돌아갈 수 없다고 믿는다. 채플린은 종교와 정치의 관계가 어떻게 무익하고 깊은 양극화에 빠지지 않고 유익한 방식으로 다루어질 수 있을지 고민한다. 그는 정치는 헌법의 가장 중요한 원칙에 담겨 있기 때문에 공공의 이익과 공공의 정의에 관한 것이라고 믿는다. 이를 바탕으로 그는 종교에 기반한 정치적 견해가 기여할 수 있는 최대한의 여지를 옹호한다. 한편으로는, 이러한 종교에 근거한 견해는 정치 지형에서 특권적인 위치를 차지하지 않으며, 다른 한편으로는 그들의 견해를 그러한 정치 지형에 적응시킬 필요도 없다. 구체적으로 말하자면, 이것은 종교적 신념에 기초한 정치적 추론을 위한 여지, 신앙에 기초한 사회적 단체를 위한 여지, 그리고 사회에서 신앙에 기초한 권력을 위한 여지를 의미한다.

"우리의 목표는 왜 의학의 모든 발전에 대한 **도덕적 성찰**이 주변부에서 형성되어서는 안 되고 의학적 행동의 중심에서 형성되어야 하는지를 논증하는 것이다."

_ 헹크 요흠슨 & 헤릿 흘라스(Henk Jochemsen & Gerrit Glas, 1997, p. 16)

적용(APPLICATION)

제16장

보건

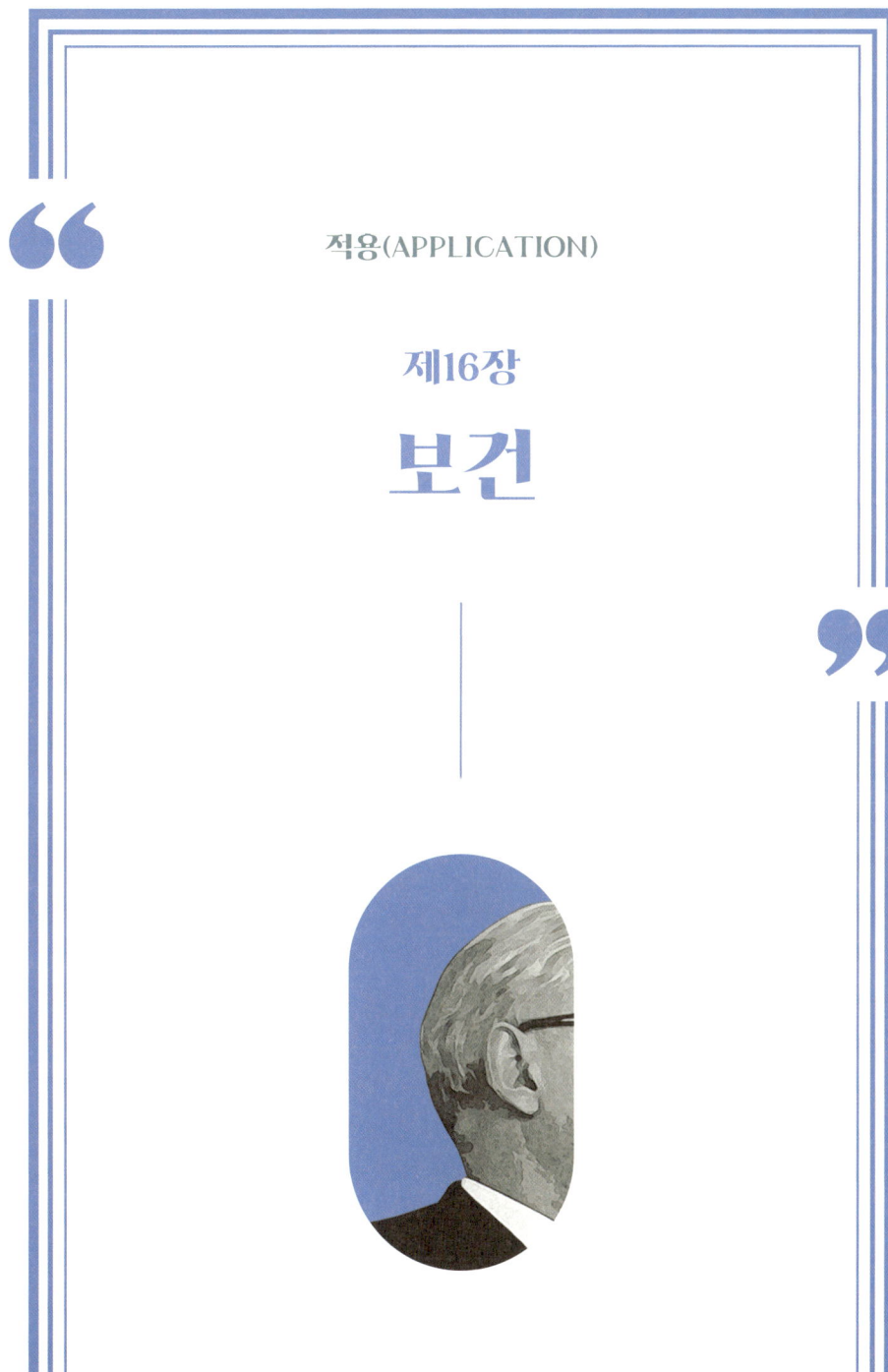

서론

12장에서 우리는 규범적 실천 접근법이 어떻게 보건에 대한 기독교적 관점의 필요성에서 생겨났는지를 살펴보았다. 이 접근 방식의 배경에 대해 설명했다. 중간 장에서는 이 접근 방식의 근거가 여러 실행에 적용되었다. 이 장에서는 다시 의료 분야로 돌아가 보겠다.

보건의 실행에서 '좋은 것'이 무엇인지 어떻게 알 수 있는가? 업무 자체가 점점 더 복잡해지고 점점 더 많은 방법으로 나 자신을 정당화해야 할 때 의사나 간호사로서 어떻게 책임을 질 수 있겠는가? 현대 의료 서비스의 바쁜 속도 속에서 어떻게 내 자신을 지킬 수 있는가? 직업이 나에게 그렇게 많은 것을 요구한다면 나는 무엇을 위해 그것을 하고 있는가? 의학에 대한 규범적이고 실천적 접근은 이러한 종류의 질문에 답하는 것을 목표로 한다.

규범적 실행: 통합적 접근

먼저 규범적 실천 접근법의 핵심을 요약할 것이다. 이 접근 방식은 함께 일하는 사람들의 규범, 의무 및 책임에 대한 분석의 형태로 통합적인 관점을 제공한다. 이 사람들 사이의 상호 작용은 그들 자신의 '본성', 자신의 의도 및 자신의 본질적 가치를 가지고 있다. 강요된 것이 아니라 내부에서 우러나온 것이다. 환자에게 필요한 것이 무엇인지 한눈에 파악하고 적절한 방법으로 자신의 책임을 구체화하는 간호사를 생각해 보라. 그 책임은 여러분이 그것을 인식하지 못하더라도 존재한다. 그것은 다른 사람과의 관계에 뿌리를 내리고 있다. 이 생각은 도여베르트의 의미로서의 실재 개념에서 비롯된다(1장).

이러한 통합적 접근은 윤리와 인생관이 관점이나 영감의 원천으로 축소되는 것을 방지하기 위해 필요하다. 그렇게 되면 윤리와 인생관은 전체 실천에 실제로 영향을 미치지 않으면서 부수적으로 영향력을 행사하는 요소들이 된다. 규범적이고 실천적 접근은 실천 그 자체에 초점을 맞춘다. 그것은 의사나 간호사에 대한 상세한 윤리를 제공하는 것이 아니라, 의학적 행동의 기반이 되는 상호 작용의 본질과 정합성에 대한 관점을 제공한다. 물론, 이것은 매우 겸손하게 행해진다. 규범적이고 실천적인 접근법은 청사진이 아니지만, 참여하는 전문가 또는 당사자의 다양한 책임을 고려하여 올바른 경로를 찾을 수 있는 (자기 발견적인) 틀을 전문가에게 제공한다.

청사진이 아닌 청사진

여기(그림 16.1, 244쪽)에서 우리는 규범적이고 실천적인 접근의 관점에서 의학을 도식적으로 표현한 것을 볼 수 있다(Hoogland, 1995; Jochemsen & Glas, 1997). 편의상 의료 분야에서의 모든 상호 작용이 이제 '실천'이라는 한 단어로 요약된다. 우리는 이것을 나중에 다시 설명할 것이다. 겹겹이 쌓인 원통은 의료 행위의 구조를 나타내고, 화살표는 진료의 방향을 나타내며, 원통 주위의 껍질은 맥락을 나타낸다(12장).

보건의 실천적 '구조'에서, 우리는 그것을 형성하는 세 가지 유형의 원칙을 구별한다: 인도적, 조건적 및 기초적 원칙이다. 인도적 원칙은 실제로 그것이 무엇인지, 즉 실행의 궁극적인 목표 또는 방향에 관한 모든 것을 명확히 한다. '선을 행하는 것'(환자를 위해 선을 행하는 것)은 의료 행위의 가장 중요한 기준 중 하나이다. 이러한 규범은 의학이 주로 환자의 안녕에 초점을 맞춘다고 규정한다. 이는 의사와 간호사 뿐만 아니라 지원 서비스 및 이사회에도 적용된다. 그들의 행동은 환자를 위한 것이다.

조건적 (또는 조건 결정적) 규범들에는 의료적 실천을 가능하게 하는 모든 조건들이 포함된다. 이것은 의료 행위가 진료로 기능하기 위해 충족되어야 하는 조건들과 관련이 있다. 우리는 전문적 실행을 위한 행정적, 사회적, 경제적, 법적 조건들(규칙들, 원칙들)을 생각하고 있다.

[그림 16.1] 규범적 실천 접근법은 구조, 맥락 및 방향의 세 가지 요소를 구분한다. 이러한 요소들이 의료 행위의 실행을 위해 채워져 있다.

기초적 규범들은 의료 행위의 기초를 형성한다. 이러한 것들이 없이는 의료 실행이 존재할 수 없다. 과학 및 기술 표준은 모든 종류의 전물기술 및 기술적 **노하우**와 함께 의료 행위의 이러한 기본 차원에 속한다.

따라서 보건의 실천 분석은 관련 원칙들을 식별하는 것이다. 우리는 이러한 다양한 원칙들을 도여베르트의 양상 이론(4장)과 사회적 단체 이론(7장)에 따라 배열한다. 보건의 실천은 도덕적 양상에 의해 인도된다. 즉 그것은 다른 사람을 돌보는 것에 관한 것이다. 의료 행위는 지식과 기술, 즉 형성적 양상에 의해 지원되고 기반을 두고 있다. 의사의 행동은 또한 모든 종류의 전제 조건에 의해 가능해진다. 이러한 전제조건은 논리적, 형성적, 사회적, 경제적, 법적 성격의 기준을 충족해야 한다. 가령, 의학적으로 책임감 있게 행동할 수 있으려면 등록 시스템, 잘 작동하는 정보통신기술 및 상담할 수 있는 공통 파일과 같은 견고한 관리 구조가 있어야 한다. 인도적, 조건적 및 기초적 원칙들을 함께 '구성적 규범(constitutieve normen)'이라고도 부른다. 그들은 진료 행위를 구성(확립)한다. 사실, 그들은 그러한 실행을 가능하게 한다.

의료 행위의 구조적 또는 구성적 양상을 통해 바로 '방향'의 화살이 흐른다. 간호사 또는 의사는 자신의 가장 깊은 신념, 이상 및 세계관을 가져오고, 그에 의해 안내되며, 그것들을 사용하여 특정 목표를 향해 진료를 '집중'한다.

그러나 의료 행위는 홀로 서 있는 것이 아니라 항상 다른 기관 및 단체와 관련되어 있으며, 이들은 함께 '맥락'(실린더를 둘러싼 껍질)을 형성한다. 의료는 의료 기관, 보건소(GGD: Gemeentelijke Gezondheidsdienst), 경찰, 지방 자치 단체, 중앙 정부 등과 같은 사회적 맥락에 내재되어 있다. 따라서 의사는 혼자 일하는 것이 아니라 간호사, 심리학자, 동료, 보험사, 경영진, 이사회, 행정, 감찰관, 경찰, 사법부 또는 법조계 등 다른 사람들과 끊임없이 상호 작용한다. 이러한 모든 관계는 자체 규범 구조를 가지고 있으며 세 가지 유형의 규범을 기반으로 추가로 분석할 수 있다.

세 가지 예

우리는 규범적 실천 접근법이 특정 상호 작용에 대한 명확성을 만드는 데 어떻게 도움이 될 수 있는지 보여주는 세 가지 예에 대해 논의한다.

기술주의

환자들은 의사들이 자신의 역할을 주로 기술적이고 도구적으로 해석하고 자신과 환자 사이의 신뢰 관계에 대해서는 거의 주의를 기울이지 않는다고 불평한다. 그 비판은 정당하다. 규범적 실천 접근법에서, 이 경우 원칙의 역할이 역전되어 있다: 기초적인 원칙이 인도적 원칙의 자리를 대신한다. 의사는 기술자나 기술자처럼 행동하지만, 자신의 신체적 건강을 돌보는 일을 맡긴 사람으로 행동하지는 않는다.

효율성 규범의 지배

재정적 부족과 제한된 자원의 시대에 이사와 관리자는 **효율성**을 많이 강조하는 경향이 있다. 효율성은 '선행'(돌봄의 인도적 기능)의 규범을 쉽게 지배하게 되는 경제적 규범이다. 그렇다면 좋은 의사나 간호사는 더 이상 좋은 일을 하는 전문가가 아니라 '자신의 성과를 달성하는' 사람이다. 이러한 맥락에서 생산은 의사가 수행한 청구 가능한 활동의 수를 의미한다. 경제적 규범이 도덕적 규범(자선)을 대신할 것이다. 여기에서도 가치관의 역전이 일어난다.

법리화

마지막 예는 보건 관계의 법리화에 관한 것이다. 간호를 포함한 모든 의학적 진료에는 법률적인 양상이 있다. 그러나 법적인 양상에 대한 관심은 또한 너무 지나쳐서 의사의 태도가 지나치게 방어적인 태도로 이어질 수 있다. 의료 징계 재판소에 제소될 것을 두려워하기 때문에, 그 의사는 매우 형식적이고 위험을 회피하는 태도를 취하게 된다. 위험 회피는 가령, 의사가 의학적 관점에서 필요한 것보다 훨씬 더 많은 연구를 수행했다는 사실에 반영된다. 그러면 법적인 양상이 선행보다 더 중요해진다. 궁극적으로, 이는 의사-환자 관계의 질을 떨어뜨리고, 비효율적이고 비용이 많이 드는 의료 시스템으로 이어진다.

구성적 양상과 규제적 양상은 서로를 전제한다

보건의 구성적 양상과 규제적 양상, 구조와 방향, 원통과 화살표는 밀접하게 얽혀 있다. 결국, 진료 행위의 구성적 양상은 특정 태도, 동기 및 이상(에토스)을 가진 전문가에 의해 형성된다. 따라서 진료 행위의 규제적 양상은 실행이 구체적으로 설계되는 방식에 반영된다.

실행은 시간이 지남에 따라 진화한다. 그들이 발전하는 방향은 그들의 목적지와 일치할 수도 있고 벗어날 수도 있다(다른 사람을 돌보는 것, 선을 행하는 것). 다시 말해, 실행은 번창할 수도 있고 파괴될 수도 있다. 치료의 역사적 발전에서, 구성적 양상과 규제적 양상 모두의 역학이 눈에 띈다. 구성 양상의 역학은 지식과 기술의 발전, 그리고 현대 조직에서 일하는 데 수반되는 점점 더 복잡해지는 상호 작용에 반영된다. 우리는 주로 보건, 삶 및 죽음에 대한 관점의 변화에서 규제적 양상의 역학을 볼 수 있다. 이 마지막 역동성은 의학에 진료적 관점, 의미 및 목적을 제공하기 때문에 근본적이다. 이것은 주로 '분리된' 개인들이 진료를 통제하기 때문이 아니라, 사람들이 함께 보건 진료가 그 목적이나 방향을 달성하도록 하기 때문에 발생한다.

사회적 계약

지금까지 우리는 항상 보건의 실천을 의사와 환자, 간호사 환자 사이의 관계에 초점을 맞춘 하나의 실천인 것처럼 이야기해 왔다. 그러나 그것은 물론 단순화이다. 실제로 다른 의료 전문직(예: 심리학자 및 물리치료사), 공중 보건(GGD), 전문 조직, 감독 기관, 경영진, 보험사, 지방 및 중앙 정부 대표, 정치 등의 전문가와의 다른 상호 작용 및 관계가 중요한 역할을 한다. 상호작용의 전체 구조는 사회계약의 규칙(심화 16.1, 248쪽)에 상응한다. 사회 계약은 참여 당사자의 계약, 권리 및 의무를 설명한다.

우리는 규범적 실천 접근법에서 이러한 모든 당사자 간의 서로 다른 관계를 명확히 할 수 있다. 가령, 의료 기관의 이사와 보험사 간의 관계는 주로 경제적 관계다. 행정가들은 이러한 경제적 관계를 통해 생각하거나, 도덕적 양상에 의해 규정된 보건 실천의 관점에서 관계를 개방해야 하는 과제를 가지고 있다. 다른 한편으로, 전문직 종사자들은 그들의 업무의 경제적 및 행정적 양상에 대한 책임을 회피할 수 없다. 결국, 건전한 비즈니스 운영 없이는 어떤 실천도 전혀 불가능하다. 의사들은 오로지 그들의 전문적 역할이나 도덕적 헌신에 근거하여 스스로를 정당화할 수 없다. 사회계약에 따라 그들은 또한 경제적, 법적, 행정적 의무에 대한 책임을 보여야 한다. 당사국들은 규범적 실천 접근법을 틀로 사용하여 함께 균형을 이루어야 한다.

심화 16.1: 사회적 계약의 결과로서의 진료 행위

사회 계약의 개념은 17세기에 토마스 홉스(Thomas Hobbes)와 함께 철학에서 접하는 사회 계약 이론을 기반으로 하며, 나중에는 존 로크(John Locke, 18세기), 쟝 쟈끄 루소(Jean-Jacques Rousseau, 19세기) 및 존 롤스(John Rawls, 20세기)와 함께 접할 수 있다. 20세기에는 '사회 계약'의 개념이 확대되어 시민들 간의 모든 종류의 협력을 일컫는 용어가 되었다. 그것은 항상 특정한 것, 사회적 선, 일반적으로 개별 시민이 제공할 수 없고 다른 사람들을 필요로 하는 선에 관한 권리와 의무에 관한 것이다.

직업은 특정 필요에 관한 사회적 계약의 구체화이며, 의학의 경우에는 특정 품질의 의료 요구를 충족시키기 위한 것이다. 이러한 돌봄의 제공에 관한 계약이 체결되며, 여기에는 관련된 사람들의 권리와 의무가 명시되어 있다. 따라서 계약은 가치의 '교환'을 기반으로 한다. 시민들은 좋은 보건을 요구하고 그에 대한 보험료와 세금을 지불한다. 의사는 가능한 최고의 지식과 기술을 바탕으로 윤리적으로 높은 수준의 치료를 제공하며, 이는 사리사욕이 아닌 다른 사람에게 초점을 맞춘다. 그 대가로 의사는 자신의 품질 기준을 개발하고 누가 전문직에 합류할 수 있는지 결정할 권리가 주어진다. 계약이 실행 가능한지 여부는 다양한 가치(또는 규범)가 균형 잡힌 방식으로 해석되었는지 여부에 달려 있다. 여기서 우리는 '규범의 동시적 실현'(14장) 개념의 유용성을 다시 보게 된다.

규범적 실천 접근법에 대한 추가 정교화

초기에는 규범적 실천 접근법이 주로 개별 의료 전문가와 치료 수혜자 간의 관계에 적용되었다. 이 접근법을 중간 및 거시 수준에서 적용하려는 시도가 이루어졌다(Glas 2019a, 2019b). 이 과정에서 예기치 않게 의료 분야의 다양한 상호 작용과 복잡성을 접하게 된다. 흘라스와 페어께르끄는 둘 다 자신의 맥락에서 이러한 복잡성을 관리 가능하게 만들기 위해 노력했다.

흘라스는 특정 실행의 맥락에서 전문가와 전문가의 사람을 구별하는 소위 PPC 모델(사람[persoon], 전문가[professional], 맥락[context])을 개발했다(Glas, 2019c). 전문가는 자신의 독특한 역할과 일치하지 않는다. 그들은 또한 자신의 영감과 비전을 그린다. 자신의 역할에 대한 성찰은 전문가가 되는 데 뿌리를 내리고 있다. 동시에, 우리는 환자가 자신의 질병과 일치하지 않는다는 점에 유의한다. 흘라스(2019c)는 또한 규범적 진료 모델이 의사에게 그들의 진료가 사회(사회 계약)에 어떻게 내재되어 있는지 보여주는 데 도움이 될 수 있음을 보여준다. 그것은 의사들이 다른 당사자들이 그들을 어떻게 보는지, 그리고 어떤 종류의 규범이 이것에 역할을 하는지 이해하는 데 도움이 된다. 가령, 의사들이 그들이 일하는 경제적 현실에 대해 어느 정도 이해하는 것이 중요하다. 그러면 가령 건강 보험사의 정당한 기대에 더 잘 부합할 수 있다.

페어께르크는 두 가지 방법으로 다양한 관계의 복잡성을 단순화하고 더 쉽게 관리할 수 있도록 했다. 우선, 규범적 실천 접근법을 이른바 '트리플 I 모델'로 전환함으로써 실행의 정체성과 내재적 가치, 이해관계자의 정당한 이해관계, 사회의 이상과 기본 신념에 초점을 맞춘다(12장; Verkerk, 2014). 또한 그는 전문적 실행과 사용자의 실행 간의 차이점을 추가한다(Verkerk et al. 2017). '사용자의 실행'이라는 개념은 원래 정형외과 기기가 사용되는 환자의 삶의 다양한 영역을 위해 개발되었다. 결국, 이러한 생활 영역은 부분적으로 도움의 사양을 결정한다. 이 개념은 환자 또는 비공식 간병인이 자신의 생활 환경에서 약물 복용, 보조 기구 사용, 운동 및 진료 행위 수행과 같은 모든 의학적 개입을 포함하도록 확장될 수 있다.

두꺼운 세 책이 없음

우리는 더 개인적인 고백으로 마무리하겠다. 헤릿 흘라스가 기독교 철학에 관한 그의 첫 국제 회의에 참석했을 때, 미국의 한 나이 든 교수가 그에게 철학적 인간학에 관한 세 권의 두꺼운 책을 쓸 수 있는 사람이 될 수 있겠느냐고 물었다. 우리는 지난 세기의 80년대 중반에 대해 이야기하고 있다. 농담으로 한 질문이었지만, 당시 사람들이 어떻게 생각했는지를 잘 보여준다. 도여베르트는 철학의 모든 부분과 모든 학문을 위해 더 정교하게 다듬어질 필요가 있는 틀을 설계했다.

역사는 상황이 매우 다르게 진행되었으며 또한 그런 식으로 작동하지 않는다는 것을 보여준다. 철학과 실천의 관계는 훨씬 더 복잡하다. 당신은 순전히 이론만으로는 위로부터 실천을 개혁할 수 없다. 변화하려면 실무에 익숙해져야 한다. 그 친숙함에서 철학적 통찰은 표현력으로 변한다. 그러므로 이러한 철학적 통찰이 실제로 모든 종류의 형태를 취하는 것은 전혀 놀라운 일이 아니다. 이 후반부 장들이 보여준 것이 있다면, 전문가들이 자신의 실행을 통해 생각하고 혁신하도록 영감을 주는 것이 바로 도여베르트의 철학이라는 것이다.

"처음에는 신칸트 철학에 강하게 영향을 받았고, 나중에는 후설의 현상학에 영
향을 받았지만, 내 사고의 가장 큰 전환점은 사유 자체의 종교적 뿌리를 발견한
것이었다."

_ 헤르만 도여베르트(*WdW*, I, p. v)

적용(APPLICATION)

제17장

공간을 제공하는 급진적인 철학

═ 서론 ═

서문에서 우리는 이 책을 관통하는 네 가지 질문이 실타래처럼 연결되어 있다고 말했다.

1. 도여베르트의 철학은 왜 그렇게 급진적인가?
2. 그는 현대 서양 철학에 대해 무슨 비판적 질문들을 던지는가?
3. 이 철학은 현대의 어떤 문제들을 해결할 수 있었는가?
4. 철학자들과 철학적으로 관심이 있는 사람들이, 그들의 종교, 세계관 또는 삶의 철학에 관계없이, 이 철학으로부터 많은 유익을 얻어야 하는 이유는 무엇인가?

이 마지막 장에서 우리는 이러한 질문들에 대해 논의하고자 한다.

═ 도여베르트의 철학은 왜 그렇게 급진적인가? ═

도여베르트의 텍스트를 읽는 것은 의심할 여지없이 **힘겨운** 경험이다. 그의 심오한 성찰, 그 자신의 어휘 및 박식함은 이 철학자를 이해하는 데 큰 도전이 된다. 진정한 사상가, 지식인, 말하는 사람, 자신의 말을 종이에 맡기고 숙고하고 저울질하는 사람, 즉 줄이 그어진 메모장 종이에 만년필을 들고 있는 사람이 항상 있다. 마르셀 페어부르흐(Marcel Verburg)는 그의 박사논문 "헤르만 도여베르트. 네덜란드 기독교 철학자의 생애와 저작"(*Herman Dooyeweerd. Leven en werk van een Nederlands christen-wijsgeer*, 1989)에서 이 사상가 뒤에 따뜻하고 낭만적인 성격, 마음이 말하게 하는 진정한 정신이 있음을 보여준다.

이러한 단서는 도여베르트의 철학이 왜 그토록 급진적인지에 대한 질문에 답하는 데 도움이 된다. 결국, 그에 대한 답은 단 하나, 그는 자신의 마음이 말하게 하는 것이다. 그것은 그가 스무 살의 나이에 기독 학생 협회를 위한 기고문을 쓰면서 시작된다. 이 책에서 그는 모든 것이 자신의 가장 깊은 신념에 달려 있다고 강조한다. 나중에 도여베르트의 용어로 말하면 기본동인이다(3장). 그는 다음과 같이 썼다. "모든 것은 우리 안에서 타오르는 불에 의해 온 세상, 내부로부터 빛나기 때문이다"(Verburg, 1989, p. 24). 여기서 우리는 아브라함 카이퍼가 1880년 암스테르담의 자유대학교 개교식에서 한 연설의 메아리를 발견할 수 있다. 이 책에서 카이퍼(Kuyper, 1880, p. 36)는 그와 그의 공동 설립자들이 그리스도의 음성에 의해 부름을 받고 움직인다고 느낀다라는 점을 강조한다. "우리보다 더 강한 분이 계셨고, 그분은 우리를 이끌어 주시고 우리를 자극했다. 우리는 가만히 있을 수 없었다. 그럼에도 불구하고 우리는 앞으로 나아가야 했다."

깔뱅의 발자취를 따라 도여베르트는 하나님의 주권, 즉 세상의 창조주이자 주님으로서의 그분의 역할에 초점을 맞추기로 선택한다. 그 주권으로부터 그는 모든 것을 내부로부터 밝히고 싶어 한다. 우리는 이 출발점이 어떻게 의미와 존재에 대한 그의 관점을 결정하는지 살펴보았다(1장). 그리고 거기서부터 현실의 다양성(4장)과 사회 구조의 특수성(7장)에 대한 그의 비전을 제시한다.

하나님의 주권에 대한 이러한 강조는 우리가 11장에서 제안한 것처럼 너무 일방적일 수 있다. 성경에는 또한 하나님의 질투와 상처, 고통의 동반자로서의 하나님, 죽음과 연약함을 통한 악에 대한 승리와 같은 다른 강조점들도 있다. 21세기의 독자로서, 우리는 때때로 도여베르트의 자명한 신앙의 확신에 대해 알게 될 때 놀랄 수 있다(또는 향수병에 걸릴 수 있다). 우리는 성경과 우주의 기원에 대해 훨씬 더 많이 알지 않는가? 기독교는 문화(포스트모더니즘), 신학(역사비평적 방법, 해석학), 자연과학(생물학, 우주론)의 발전으로 인해 순진함을 잃지 않았는가? 이러한 질문에 대해 할 말이 많다. 우리는 그 옆에 도여베르트의 평온한 신앙의 체험을 놓았다. 가능한 모든 의심보다 더 근본적인 것은 방금 언급한 '불'이 영혼에 감동을 주어 창조주를 섬기라는 호소의 확증이다.

도여베르트는 깔뱅과 카이퍼의 사고로 특징지어지는 개혁주의 환경에서 성장했다. 그는 또한 이론적 사고의 근본적인 조건에 대해 이론화한 신칸트주의자들과 대화를 나누었다. 이러한 문맥을 통해 그가 왜 특정한 선택을 하는지 이해할 수 있다. 그 선택은 다른 결과를 낳을 수도 있었다. 그는 파스칼(Pascal)과 마찬가지로 신성한 불에 감동받는 것에 대해 생각할 수 있었다. 그는 덴마크 사상가 키에르케고르(Kierkegaard)와 같은 추상적 비전의 배양에 반대하고 인간의 실존적 선택에 초점을 맞출 수 있었다. 그는 유대인 철학자 부버(Buber)와 함께 하나님과 인간 사이의 관계, 인간과 동료 인간 사이의 관계에 주의를 집중시킬 수 있었을 것이다. 그는…

모두 사실이지만 … 가장 근본적인 것, 즉 불이 닿는 것, 마음에서 우러나오는 것에는 문제가 되지 않았을 것이다. 이것이 바로 도여베르트와 파스칼, 키에르케고르 및 부버를 연결하는 것이다. 네 사람 모두 불, 하나님의 손길을 인정한다. 바로 이러한 현실이 급진주의를 필요로 하는 것이다. 이 '달리 할 수 없다'는 것이 네 사람 모두의 생각을 그토록 어렵게 만드는 것이다. 이것은 포스트모던의 상대화를 해결하지 못한다. 그 옆에는 또 다른 경험이 있다.

도여베르트는 현대 서양 철학에 대해 어떤 비판적 질문을 던지는가?

우리는 도여베르트를 사유의 이론적 태도의 절대화에 대한 위대한 비판자로 묘사했다. 좀 더 현대적인 언어로, 우리는 과학주의에 대해 이야기하고 있다. 과학주의는 과학만이 무엇이 진실이고 무엇이 진짜인지 결정할 수 있다는 견해다. 도여베르트는 이 견해에 대한 최초이자 가장 근본적인 비판자 중 한 명이었다. 도여베르트 이후 다른 사람들도 과학주의를 비판했지만, 이러한 비판과 포스트 모던하고 상대주의적인 사고에도 불구하고 과학주의는 현재까지 과학, 철학, 사회 및 정치의 특정 분야에서 여전히 살아 있다. 이 분야에서는 경험주의와 실증주의, 즉 과학이 '사실'과 논리적 추론에 의해서만 현실에 대한 진실하고 신뢰할 수 있는 지식에 도달할 수 있다는 생각이 우세하다. 따라서 과학주의에 대한 도여베르트의 비판적 질문은 여전히 시사적이다.

도여베르트의 비판적 질문은 또한 현상학, 철학적 해석학, 해체주의 및 기타 포스트

모던 사유 형태와 같은 철학의 매우 다른 견해와 관련이 있다. 우리는 여기서 이 모든 흐름에 들어갈 수 없다. 이 모든 견해는 경험하고, 찾고, 해석하고, 의심하고, 분열된 주체, 즉 인간을 중심으로 돌아간다고 말하는 것으로 충분하다. 도여베르트는 이 철학자들이 자기 자신과 자신의 운명에 대한 인간의 탐구에 대해 말하는 많은 부분에 동의할 수 있었다. 이론적 사고가 자신 안에서 근거를 찾지 못하는 것과 마찬가지로, 인간은 자기 자신 안에서 근거를 찾지 못한다. 인간의 모든 생각과 행동은 체화되어 있으며, 생각하고 행동하는 사람을 암시적으로 또는 명시적으로 지칭한다. 인간은 자기 자신과의 관계를 유지하며, 바로 이 자아-관계 속에서 인간은 존재의 심연으로 내려간다.

그러나 도여베르트는 또한 이러한 운동의 인간 지향적 성격을 비판할 것인데, 이는 주로 주제, 즉 인간과 그의 자유에 관한 것이다. 그는 이러한 운동의 지지자들의 현실에 대한 적나라한 시각을 지적할 것이다. 이러한 생각의 흐름에서 현실은 우연하고 무의미하다는 사실이다. 인간으로서 우리는 세상에 '던져졌다'(하이데거). 세상은 불투명하고 우리의 자유에 저항한다(사르트르). 때로는 개인의 자아실현을 위한 재료가 되기도 하고(휴머니즘), 다시 기만적인 겉모습, 뚫린 카드, 그 뒤에는 공허함이 하품하는 것(포스트모더니즘)이 되기도 한다. 우리가 보았듯이 도여베르트는 현실에 대해 매우 다르고 훨씬 더 풍부한 비전을 가지고 있다. 존재하는 모든 것은 창조된 것이다. 창조는 그 자체로 쉬지 않고 우리를 창조주와 연결해 준다. 그것은 질서와 통일성이 여전히 존재하는 무한한 다양성을 가지고 있다. 창조는 이상하거나 무작위적이지 않다. 인류는 텅 비고 무의미한 우주의 부스러기가 아니다. 인간은 이 세상에 속해 있다. 이 세상은 우리를 위한 것이며 집이 될 수 있음을 보여준다. 현실은 우리가 하는 일에 '응답'한다. 그것은 우리가 사물의 질서와 목적지를 정당화하는 가능성을 탐구할 때 협력한다. 그것은 우리가 그 질서와 방향을 무시할 때 우리에게 불리하게 작용한다.

도여베르트의 철학은 또한 현실 또는 현실의 일부를 영성화하는 경향으로 구성되는 세 번째, 보다 최근의 경향에 대해 비판적인 질문을 던질 것이다. 이것은 인지학, 동양 종교, 명상 행위 뿐만 아니라 현대 형태의 자연 철학 및 우주론에서도 발생하며, (가령) 우주의 모든 것이 만들어지는 별의 먼지는 창조적 또는 심지어 신성한 속성에 기인한다. 다른 사람들은 더 나아가 의식을 물질 세계를 포함한 모든 것의 기초라고 부르고, 이 의식에 모든 종류의 창조적이고 신성한 자질을 부여한다. 도여베르트는 이에 동조하지 않을 것인데, 왜냐하면 그러한 움직임에서는 하나님과 피조물 사이의 경계가 모호해지고, 더욱이 어떤 것이 현실 그 자체에서 쉽게 절대적인 것이 되기 때문이다. 폴렌호븐은 이러한 맥락에서 부분유신론에 대해 말할 것이다. 가령, 영성화된 실재의 한 조각이 핵심, 창조적으로 활동하는 원리 또는 모든 것의 근원이 될 때(즉, '기원'이 될 때) 이런 일이 일어난다. 그런 다음 도여베르트는 현실의 한 양상의 절대화에 대해 이야기할 것이다. 장기적으로 볼 때, 이러한 절대화는 항상 현실의 왜곡과 어떤 형태의 이원론으로 귀결된다.

도여베르트가 근대 철학에 제기한 질문들은 매우 시사적이다. 과학에 관한 도여베르트의 입장은 현재에도 의미가 있다. 한편으로 과학은 문화와 사회의 발전을 위한 도구로 제시된다. 반면에 과학은 '단지 의견'으로 치부된다. 첫 번째 입장은 과학적 지식이 자율적이고 중립적이라고 주장하고, 두 번째 입장은 객관화, 추상화 및 분석 과정에서 나타나는 과학의 구체적인 성격과 기여를 고려하지 않는다고 주장한다. 도여베르트의 접근 방식은 훨씬 더 균형이 잡혀 있다. 그는 현실을 밝히기 위한 과학의 중요성을 인정하지만, 동시에 과학적 경향에 대해 경고한다.

도여베르트의 철학은 현대의 어떤 문제들을 해결할 수 있었는가?

어쨌든 우리는 이 점을 언급해야 한다. 즉 철학자들은 일반적으로 주요 사회 문제를 해결하는 데 기여할 수 있는 과학자로 간주되지 않는다. 이 견해는 철학자에게 한 가지 질문을 하면 결국 열 가지 새로운 질문을 가지고 집으로 돌아갈 것이라는 '경험'에 반영되어 있다. 다시 말해, 철학의 실천적 유용성은 0점일 것이다.

여기에 반대 목소리가 나오고 있다. 철학자들은 인간, 사회, 현실에 대한 근본적인 질문에 초점을 맞춘다. 때때로 이러한 질문은 과학 지식의 본질과 같이 과학적으로 중요한 질문이다. 다른 경우에는 삶의 의미에 대한 질문과 같은 실존적 성격의 질문이다. 그리고 또 다른 경우에는 시민과 정부 간의 관계와 같이 모든 사람이 직면하는 문제와 관련이 있다. 언뜻 보기에 이러한 고려 사항 중 많은 부분이 일상 생활과 동떨어져 있으며 실용적인 가치는 제한적이다. 그러나 이 경우 겉모습은 기만적이다.

이 책의 1부에서는 각 장을 '현대적 적용'이라는 단락으로 마무리했다. 우리는 항상 도여베르트의 철학을 실제로 적용하는 것으로 끝났다. 가령, 우리는 삶의 의미에 대한 질문을 숙고하고, 현대 포퓰리즘의 동기에 대해 토론하고, 음식과 전염병에 대처하는 방법에 대해 생각했다. 우리는 인간을 원자와 분자로 환원할 수 있는지에 대한 질문을 고려했고, (과학적) 논쟁에서 다른 하나를 어떻게 진지하게 받아들일 수 있는지 궁금해했다. 2부에서는 도여베르트의 철학이 현대에 어떻게 적용되는지에 대해 논의했다. 우리는 실용적 접근 방식이 다양한 실행에서 가치에 대해 생각할 수 있는 실용적인 도구를 제공한다는 것을 보았다. 우리는 도여베르트의 철학을 자신의 분야에 적용하는 과학자, 엔지니어, 경제학자 및 전문가에 대해 성찰했다. 우리는 기술, 경제, 정치, 보건의 네 가지 분야에 대해 논의했다. 각 영역에서 도여베르트의 철학의 일부는 실제 문제를 명확히 하고, 그 문제의 복잡성을 풀고, 해결책의 방향을 제안하는 데 사용될 수 있음이 밝혀졌다.

이 책이 한 가지 분명하게 하는 것이 있다면, 그것은 철학자들이 사회 문제 해결에 건설적으로 기여할 수 있다는 관찰이다. 동시에 이 책은 그러한 기여가 저절로 이루어지는 것이 아니라는 점을 분명히 한다. 사회 문제에 대한 전문 지식, 도여베르트의 다양한 이론에 대한 지식, 많은 사고력과 창의성, 서로의 말에 귀를 기울이고 서로에게서 배우려는 근본적인 의지가 필요하다.

── 철학자들과 철학적으로 관심이 있는 사람들이,
그들의 종교, 세계관 또는 삶의 철학에 관계없이,
도여베르트 철학에서 많은 유익을 얻어야 하는 이유는 무엇인가? ──

첫 번째 부분에서 우리는 도여베르트의 유산이 의심할 여지없이 웅장하고 근본적이며 기념비적이라고 말했다. 그의 급진적인 출발점인 하나님의 주권은 철학자로서, 또는 철학적으로 관심이 있는 사람으로서 도여베르트의 철학으로부터 이익을 얻기 위해서는 그의 관점을 채택해야 한다는 인상을 준다. 당신은 또한 그의 생각이 하나의 부분을 골라내고 그의 작품의 나머지 부분을 그대로 두는 것이 불가능할 정도로 통일성을 형성한다는 인상을 받을 것이다. 후반부에서는 도여베르트의 생각의 일부를 다루어 유익한 통찰을 개발하는 것이 매우 가능하다는 것을 보여주었다. '규범의 동시적 실현'(14장)이라는 용어의 사용이 그 예다.

우리는 또한 도여베르트의 종교적 출발점을 공유하지 않더라도 그의 철학으로부터 큰 유익을 얻을 수 있다고 설명했다. 이 진술에 대한 주장을 다시 요약한다. 그중 네 가지가 있다.

실질적으로 시작하자. 제1부의 '현대적 적용'이라는 단락과 제2부의 모든 장들은 때로 큰 철학적 짐 없이도 도여베르트의 연구에서 얻은 관점을 자신의 직업에 적용할 수 있는 과학자와 전문가들이 항상 존재해 왔음을 보여준다. 또한 전문 과학이나 공개 토론에서 아직 제시되지 않은 독특한 해결책이 정기적으로 등장한다.

보다 실용적인 주장으로 도여베르트는 항상 신념에 관계없이 모든 사람이 접근할 수 있는 경험에 의존한다는 것이다. 우리는 그의 논문에서 순진한 경험이 이론적 지식에 선행한다는 것을 볼 수 있다. 우리는 또한 도여베르트가 경험적 근거에 자신의 이론을 적용하는 데 민감하다는 것이 밝혀졌을 때 그것을 주목한다. 이것은 가령, 양상, 사물 및 사회 구조에 대한 이론에 대한 논의에서 전면에 등장했다. 철학은 논증 뿐만 아니라 경험적 입증도 요구한다. 그것은 철학적 사고를 가치 있고 유익하게 만든다.

우리는 또한 두 가지 철학적 주장을 언급한다. 첫째는 종교적 관점이 공간을 제공한다는 것을 보여준다는 점이다. 종교는 종종 억압과 시야의 좁아짐과 관련이 있다. 도여베르트는 그 반대임을 보여준다. 완전한 중립은 존재하지 않으며, 절대적 객관성은 허구이다. 사람들이 무엇을 주장하든, 종교는 결코 사라진 적이 없다. 인간의 종교적 성향을 부정하는 사람들이야말로 결국 길을 잃게 될 것인데, 그 이유는 그 충동이 필연적으로 현실 자체의 어떤 것에 초점을 맞추게 될 것이고, 그 결과 내적 모순이 발생하기 때문이다. 도여베르트 자신도 신앙과 철학의 관계에 대한 질문들을 실존적인 방식으로 다루어 왔다. 그에게 그것은 마음의 문제, 진정한 자기 성찰의 문제였다. 그분은 다른 사람들도 그와 같은 자기 검토를 해 보도록 권한다. 그의 기본 신념에 따라 그는 스스로 공간을 창조하기도 한다. 이러한 '공간 제공'은 모든 철학자와 철학적으로 관심 있는 사람에게 중요하다. 당신이 자란 세계관이나 철학적 전통에 관계없이 말이다.

두 번째 철학적 논증 역시 신앙과 철학의 관계와 관련이 있다. 우리는 그가 종교적 또는 철학적 영감을 철학적 통찰력으로 변환하는 방식으로 그의 비전을 요약했다. 그의 견해에 따르면, 이러한 변화는 언급된 철학적 통찰이 종교적 또는 세계관적 출처에 대한 명시적인 언급이나 근거 없이 철학적 논쟁에서 스스로 관리할 수 있는 방식으로 이루어져야 한다. 즉, 철학자나 철학적으로 관심 있는 사람이 던지는 질문은 그가 도여베르트의 종교적 출발점에서 자기 자신을 인식할 수 있느냐 없느냐가 아니라, 그 철학적 통찰이 적절하고 충분히 입증되었다고 생각하느냐 하는 것이다.

결론을 내린다. 도여베르트는 실존적이고 따뜻한 사상가였다. 때때로 그를 닮아가는 무미건조한 이론가와는 사뭇 다른 모습이다. 그의 분석은 날카롭고 근본적이며 여전히 고려할 가치가 있다. 그러나 그것들은 최종 목표가 아니다. 결국 도여베르트는 타자를 찾고 창조주를 존중하는 것이었다.

=== 더 읽어볼 거리 ===

우리는 언급할 수 있는 많은 것 중에서 선택하는 것으로 자신을 제한한다. 우리는 이 것이 도여베르트의 사상을 기반으로 한 많은 사람들의 헌신과 공로를 정당화하지 않는 다는 것을 알고 있다.

도여베르트

도여베르트의 주요 작품은 세 권으로 된 『법이념 철학』(De wijsbegeerte der Wetsidee, 1935)이며, 나중에 개정 및 증보판으로 출판되었고 네 번째 권(색인)과 함께 『이론적 사고의 신비판』(A New Critique of Theoretical Thought Vol. I-IV, 1953-1958)이라는 제목으로 출판되었다. 접근하기 어렵고 독자의 시간과 인내가 필요한 작품이다. 그러한 시간과 인내를 가지고 있다면, 그 노력은 충분한 보상을 받게 된다.

제2차 세계대전 동안, 도여베르트는 기본동인의 효과에 대한 자신의 생각을 입증하기 위해 그리스와 교부 철학에 몰두했다. 계획한 세 권의 책 중 『철학에서의 개혁과 스콜라주의』(Reformatie en Scholastiek in de wijsbegeerte, RS) 중 오직 1권만 출판되었고, 2, 3권은 부분적으로 「필로소피아 레포르마타」(Philosophia Reformata)에 논문 형태로 실렸으며, 일부는 파이데이아 출판사(Paideia Press)의 편집 작업 후에 훨씬 나중에 출간된 미발표 원고로 남아 있었다(Dooyeweerd 1984-). 우리가 이 글들을 언급하는 이유는 그것들이 『신비판』(New Critique)보다 조금 더 읽기 쉽기 때문이다.

도여베르트는 법철학 분야에서 많은 글을 썼다. 이 작품의 대부분은 파이데이아 출판사에 의해 재출판되었다. 위트레흐트 신학대학교에 있는 **신깔뱅주의 연구소**(Neocalvinism Research Institute)의 웹사이트(https://sources.neocalvinism.org/dooyeweerd/)에는 도여베르트의 많은 글들이 올라와 있다. 그리고 다시 한번 'All of life redeemed' 웹사이트(https://allofliferedeemed.co.uk/)와 '도여베르트 페이지'(http://dooy.info/index.html)를 지적하고 싶다.

『서양 사상의 황혼에서』(*In the Twilight of Western Thought*, 1960)는 그가 자신의 사상을 소개하기 위해 직접 저술한 책이다. 『갱신과 반성』(*Vernieuwing en Bezinning*, 1963)은 신앙, 문화 및 사회 문제 분야의 긴 텍스트를 포함하고 있다. 『탐구』(*Verkenningen*, 1967)에서는 도여베르트의 법-철학 및 사회학적 사고의 다양한 양상이 논의된다. 마르셀 페어부르흐는 『헤르만 도여베르트. 이론적 사고의 경계』(*Herman Dooyeweerd. Grenzen van het theoretisch denken*, 1986)에서 도여베르트의 몇 가지 중요한 철학 텍스트를 출판하고 서문을 제공했다.

도여베르트 소개

네덜란드어권에서 도여베르트의 사상에 대해 잘 알려져 있지만 다소 오래된 소개서는 깔스베이끄(Kalsbeek, 1970), 판 에이끄마 홈므스(Van Eikema Hommes, 1982) 및 판 바우든베르흐(Van Woudenberg, 1992)이다. 최근 영어권에 소개된 책은 『스트라우스』(*Strauss*, 2023, 2024)이다. 판 바우든베르흐 등(Van Woudenberg et al. 1996)은 『지식과 실재』(*Kennis en werkelijkheid*)에서 지식 이론, 철학적 인류학 및 다양한 분야의 철학에 대한 도여베르트의 철학의 중요성에 대해 논의한다. 앞서 언급한 마르셀 페어부르흐(1981)는 도여베르트에 대한 흥미로운 전기를 썼다. 컬렉션인 『헤르만 도여베르트 1894-1977. 그의 철학의 넓이과 현실성』(*Herman Dooyeweerd 1894-1977. Breedte en actualiteit van zijn filosofie*, Geertsema et al., 1994)은 그의 작업에 대한 훌륭한 개요를 제공한다. 바스 헹스트멩겔(Bas Hengstmengel, 2015)은 도여베르트를 어거스틴과 깔뱅의 전통에 위치시킨다. 더 구하기 어려운 것은 스텔링베르프(Stellingwerff, 2006)의 책인데, 이것은 개혁주의 철학의 역사에 대한 유익하고 매우 상세한 스케치를 제공한다. 폴렌호븐의 유산에 대해 말하자면, 톨과 브릴(Tol and Bril, 1992)이 폴렌호븐의 작품을 더 많은 독자들이 접근할 수 있도록 노력했다.

1-3장

신깔뱅주의 세계관의 고전은 아브라함 카이퍼의 『깔뱅주의』(Het Calvinisme, 1898)이다. 이 책은 카이퍼가 1898년 프린스턴에서 행한 여섯 개의 스톤 강의를 포함하고 있다. 방향을 잡고자 하는 사람들에게 강력히 추천하는 책은 알 월터스(Al Wolter)의 『국경 없는 창조』(Schepping zonder grens, 1984/ 1988)이다. 고힌과 바돌로매(Goheen & Bartholomew)의 『교차점에서 살아감』(Living at the Crossroads, 2008)은 비교적 최근에 나온 책이며 다소 덜 배타적인 신깔뱅주의적이다. 『깔뱅주의와 철학의 개혁』(Het Calvinisme en de Reformatie van de Wijsbegeerte, 1933)의 첫 장에서, 폴렌호븐은 신깔뱅주의적 세계관에 대한 명확하고 급진적인 요약을 제공한다.

도여베르트의 많은 제자들, 가령 헤르쯔마(Geertsema, 1992, 2021) 및 바위스(Buijs et al., 2005)는 의미으로서의 실재라는 핵심 아이디어를 더 깊이 탐구하고 정교화했다. 창조 질서에 대한 개념은 두 책 『창조 질서의 미래』(The Future of Creation Order) (Glas & de Ridder, 2018; Buijs & Mosher, 2019)에서 자세히 논의된다. 브라이언 왈쉬(Brian Walsh et al. 1995)는 이 창조 질서라는 주제에 대한 다양한 의견들을 명확하게 설명한 책을 출판했다.

바위튼 & 스힙퍼헤인(Buijten & Schipperheijn) 출판사가 기독교 철학 재단(Stichting voor Christelijke Filosofie)과 공동으로 출판한 『책임성』(Verantwoording) 출판 시리즈는 1980년대 이래로 수십 권의 대중적인 학술서적 시리즈를 출판했다. 그 안에는 도여베르트의 기본 사상과 신깔뱅주의적 세계관이 정교하게 설명되어 있다. 또한 잡지 「Beweging(운동)」의 연속인 「Soφie(소피)」에서도 신깔뱅주의적인 수많은 세계관적 기사를 찾을 수 있다.

지식에 대한 도여베르트의 견해는 NC II의 두 번째 부분(p. 429 이하 참조)에서 찾을 수 있다. 그는 그의 마지막 저서(Dooyeweerd, 1975)에서까지 이 주제에 대해 계속 생각했다. 이론의 '개현'적 의미를 강조하는 심층적인 분석은 딕 스타플뢰(Dick Stafleu, 1981, 1982, cf. 또한 Stafleu, 1987)에서 찾을 수 있다. 다니 스트라우스(Dani Strauss, 2009, 2장)는 학문적 지식을 다른 형태의 지식과 구별하는 것이 무엇인지에 대한 질문에 주로 초점을 맞추고 이 질문을 광범위한 철학적 맥락에 놓는다. 헤르쯔마(Geertsema, 2021)의 2부는 과학철학의 주요 주제를 다룬 네 개의 장으로 구성되어 있다.

도여베르트는 *VB*와 *V*에서 기본동인 이론을 자세히 논의한다. 인본주의적 기본동인은 *WdW* I권과 *NC* I권에서 광범위하게 논의된다. 페어부르흐(Verburg, 1986)는 「*Philosophia Reformata*」(1941)에 있는 이 주제에 대한 도여베르트의 텍스트를 그의 책에 포함시켰다.

4-7장

양상 이론은 *WdW* II권 및 *NC* II권에서 자세히 설명한다. 얀 뎅어링크(Jan Dengerink, 1986)는 그의 저서 『실재의 의미』(*De zin van de werkelijkheid*)에서 양상과 사물의 이론에 대해 자세히 설명한다. 로이 클라우저(Roy Clouser, 2005)는 그의 저서 『종교적 중립성의 신화』에서 양상과 사회 구조 이론은 반(反)환원주의적이라고 강조한다. 『철학: 학문들의 학문』(2009)에서 스트라우스는 양상, 사물 및 사회 구조 이론에 대해 자세히 논의한다. 로저 헨더슨(Roger Henderson, 1994)은 그의 박사논문 "법의 조명. 헤르만 도여베르트의 철학적 구성 1918-1928"(*Illuminating Law. The Construction of Herman Dooyeweerd's Philosophy 1918-1928*)에서 도여베르트의 가장 중요한 개념과 이론의 기원과 성장을 제시한다. 헹크 볼드링과 딕 카이퍼는 그들의 저서 『개혁적 사회비판』(*Reformatorische maatschappijkritiek*, 1980)에서 네덜란드 개신교 내에서 사회철학과 사회학 분야의 발전에 대해 논의한다. 산더 호리피윤과 르네 판 바우든베르흐(Van Woudenberg et al., 1996)는 사회 공동체 이론에 대한 광범위한 관점을 제공한다. 판 데어 발트(1999, 2010)는 남아프리카 사회를 건설하기 위해 도여베르트의 가장 중요한 이론을 정교화한다. 오스터하위스-블록(Oosterhuis-Blok, 2020)은 박사논문 "시장의 작용과 공익"(*Marktwerking en publieke belangen*)에서 보충성과 영역주권의 원칙에 대한 분석을 제공한다.

8-11장

도여베르트의 선험적 비판에 대한 가장 정교한 버전은 *NC* I, pp. 3-108에서 찾을 수 있다. 나중에 도여베르트(1948)는 더 짧은 버전을 출판했다. 선험적 비판에 대해 많은 글이 쓰여졌는데, 종종 비판적이다. 우리는 헹크 헤르쯔마(Geertsema, 1970), 아티 브뤼허만-끄라위프(Brüggeman-Kruijff, 1982), 요한 판 데어 후븐(van der Hoeven, 1986), 야꼽 끌랍베이끄(Klapwijk, 1987b) 및 로이 끌라우저(Clouser, 2009)의 출판물을 언급한다. 도여베르트의 사고 구조에 대한 더 나은 설명 중 하나는 피터 스테인(Peter J. Steen, 1983)에서 찾을 수 있다. 이 텍스트는 인터넷에서도 찾을 수 있다.

폴렌호븐의 강의 노트 『철학 입문』(Isagogè Philosophiae, 1945/2010)은 2010년에 서문과 함께 재출간되었다. 이 책에는 그의 철학의 기본 사상이 담겨 있다. 성경에 대한 훨씬 더 자유로운 접근과 신학과의 더 건설적인 관계는 끌라스 J. 뽀쁘마(Popma, 1965), 요한 판 데어 후븐(van der Hoeven, 1980), 캘빈 시어벨트(Seerveld, 1980), 헹크 헤르쯔마(Geertsema, 2021), 짐 올투이스(Olthuis, 1997), 니콜라스 월터스토프(Wolterstorff, 1983)와 같은 사람들에게서 찾을 수 있다.

도여베르트의 인간관에 대한 철저한 논의는 빌름 아우어네일(Ouweneel, 1986), 필 블로서(Phil Blosser, 1993) 및 헤릿 흘라스(Glas, 1989, 2010)에서 찾을 수 있다. 1961년, 도여베르트는 직접 인류학에 관한 논문을 쓰기도 했다. 인류학에 관한 도여베르트의 이전에 출판되지 않은 원고와 부분적으로 재구성된 원고는 전집 시리즈(Collected Works Series A) (Dooyeweerd, 2011)의 일곱 번째 권에서 찾을 수 있다. 거의 부당하게 잊혀진 것은 인류학적 주제에 대한 에세이 모음집이 포함된 끌라스 뽀쁘마(Popma, 1963)이다. 존 쿠피(John W. Cooper, 1989)는 몸과 영혼의 관계에 대한 고전적이고 신학적으로 영감을 받은 접근 방식으로 도여베르트의 인간학을 비판한다.

12장

규범적이고 실천적인 접근의 첫 시작은 Hoogland et al.(1995), Jochemsen & Glas (1997), Hoogland & Jochemsen(2000) 및 Jochemsen(2006)에서 찾을 수 있다. 규범적이고 실천적인 접근은 교육 및 양육 분야(Hegeman et al. 2015; Jochemsen, Kuiper & de Muynck 2006), 국제 관계(Polinder 2024), 군사 윤리(Boshuijzen-van Burken 2021), 개발 협력(Jochemsen & Rademaker, 2019a); 커뮤니케이션(van der Stoep, 2019), 식량 생산

(Jochemsen & Rademaker, 2019b), 동물 복지(Rademaker et al. 2017) 및 공공 영역의 안전(Van Steden, Van Putten & Hoogland, 2019)에서 적용되었다.

13장

종교와 현대 과학의 성장 간의 관계에 대한 고전은 레이어 호이까스(Reyer Hooykaas)가 쓴 『종교와 근대과학의 발생』(Religion and the Rise of Modern Science, 1972)이라는 책이다. 딕 스타플뢰(Stafleu, 1980, 1989, 1998, 2002)는 자연과학을 위한 도여베르트의 다양한 이론을 발전시켰다. 헤라드 니언하위스(Gerard Nienhuis, 1995)는 그의 저서 『세계의 얼굴』(Het gezicht van de wereld)에서 현대 자연과학의 관점에서 과학과 세계관의 관계를 광범위하게 논의한다. 헹끄 판 리센(van Riessen, 1971)은 널리 읽히는 그의 저서 『성숙과 권력』(Mondigheid en de machten)에서 과학, 기술 및 조직의 힘을 형성하는 현대의 권한 있는 사람에 대해 논의한다. 한스 학스마(Hans Haaksma, 1999)는 『판 리센, 기술 철학자』(Van Riessen, filosoof van de techniek)라는 책을 썼다. 사후에는 『영원을 위한 시간』(Tijd voor de eeuwigheid)이 출판되었다. 『기술은 무언가를 위한 것이다』(De techniek staat voor iets)는 자연과학, 기술, 신앙에 관한 아드 플롯(Ad Vlot, 2002)의 많은 논문, 강의 및 에세이 모음집이다. 에그버트 스휘르만(Egbert Schuurman, 2014)은 『기술에 대한 반대되는 생각』(Tegendraads nadenken over Techniek)에서 신앙, 기술, 사회에 대한 자신의 관점을 제시한다(손화철, 최용준 역, 『기술의 불안한 미래』, 비아토르, 2019).

14장

요스트 헹스트멩엘(Joost Hengstmengel, 2001, 2012, 2013)은 도여베르트의 경제학에 대한 접근 방식에 관해 유익한 개요를 작성했다. 바스 께이(Bas Kee, 1996)는 판 바우든베르흐(van Woudenberg et al. 1996)에서도 동일한 작업을 수행했다. 둘 다 도여베르트의 작품에 반응하는 학자들을 언급하기도 한다. 챨링 삐떠 판 데어 꼬이(Tjalling Pieter van der Kooy, 1964, 1971)는 도여베르트를 깊이 연구한 또 다른 경제학자 루로프 한(Roelof Haan)의 연구에 반응한다(Haan, 1972, 1974). 최근에는 앨란 스톨키(Alan Storkey, 1979, 1986)와 룰 용어네일(Roel Jongeneel, 1996, 2019; Goudzwaard & Jongeneel, 2014)을 참조하라. 『책임성』(Verantwoording) 시리즈에는 지구의 지속 가능한 관리(Jochemsen and van der Stoep 2023), 세계화, 빈곤, 사회 정의(Goudzwaard et al. 2009), 개발 협력(Buijs et al. 2001) 및 쟝 깔뱅의 신학에 비추어 본 경제학(Jongeneel 2012)과 같은 광범위한 주제에 대한 여러 권의 책이 포함되어 있다.

15장

도여베르트는 WdW(3권)와 NC(3권) 등에서 자신의 국가관을 전개한다. 룰 카이퍼는 그의 저서 『봉사하는 정치』(Dienstbare politiek, 2011)에서 실천적인 정치에 대한 도여베르트의 관점을 상세히 설명한다. 닉 월터스토프는 그의 저서 『정의와 평화가 포옹할 때까지』(Until Justice & Peace Embrace, 1983)에서 정의와 평화를 정치와 정부의 지배적 가치로 선택한다. 얍 쯔바르트(Jaap Zwart, 1996)와 께이스 끌롭(Cees Klop, 1996)은 도여베르트와 다른 개혁주의 사상가들의 법철학, 국가철학, 정치철학에 대해 개괄적으로 설명한다. 제임스 스킬런은 그의 저서 『정치의 선』(The Good of Politics, 2014)에서 기독교적 정치관에 대한 성경적, 역사적, 현대적 소개를 제공한다. 데이빗 코이지스는 그의 저서 『환상 없는 시민권. 정치 참여에 대한 기독교적 가이드』(Citizenship Without Illusions, A Christian Guide to Political Engagement, 2024)에서 깨어진 세상에서 기독교인들의 정치 참여에 대해 논의한다.

16장

바르트 꾸스펠러(Bart Cusveller, 2004)는 간호의 의미 차원에 관한 책을 썼다. 또 다른 간행물에서 그는 규범적 실천 접근법을 신깔뱅주의 전통의 윤리에 대한 다른 접근법과 비교했다(Cusveller 2021). 헹크 요흠슨(Jochemsen, 2006)은 의료를 위한 규범적 실천 모델을 다른 실천의 돌봄과 연결시켰다. 헤릿 흘라스는 정신 의학에서 규범적 실천 접근 방식을 적용했다(Glas, 2009, 2019a). 흘라스(Glas, 2019c)는 규범적인 실천적 접근과 사회 계약론이 연결되어 있다. 사회 계약 이론에 대한 자세한 내용은 『스탠포드 철학 사전』(Stanford Encyclopedia of Philosophy, D'Agostino et al. 2024)에서 온라인으로 찾을 수 있다.

17장

매킨타이어(McIntire et al. 1985)와 헤르쯔마(Geertsema et al. 1994)는 철학, 개별학문 및 사회에 대한 도여베르트 사상의 의미에 대해 평가한다.

특정 주제들

우리는 이 책의 두 번째 부분에서 예술, 법률, 역사 및 사회학에 대한 별도의 장을 포함 할 수 없었다. 그 결과, 이 분야에서 도여베르트의 사상에 일어난 일에 대해 올바로 다루지 못했다. 첫 번째로, 우리는 독자들에게 11장을 소개하고자 하는데, 거기에는 이러한 기여들에 대해 이미 몇 가지 언급이 있었고 또한 많은 참고 문헌을 찾을 수 있다. 여기에서 각 주제에 대해 좀더 추가한다.

도여베르트의 주요 관심 분야는 법학이었다. 그는 그것에 관해 훌륭하고 인상적인 논문들과 책들을 썼다. 헨드릭 판 에이끄마 홈머스는 자유대학교에서 그의 후계자가 되어 스승의 사상에 충실하였고 그가 살았던 비교적 짧은 시간 동안 그것들을 깊이 있게 다듬었다. 첫 제자들인 요한 메께스(Johan P.A. Mekkes, 1940)와 얀 뎅어링크(Jan Dengerink, 1948) 등이 법치국가(rechtsstaat)에 관한 논문으로 박사 학위를 취득했다. 뽈 끌리뙤르(Paul Cliteur, 1983)는 도여베르트의 법철학이 매우 독창적이고 근본적이라고 말하면서 너무나 주목을 받지 못했다고 생각한다. 아런트 주트만(Arend Soeteman, 1994)과 얍 츠바르트(Zwart, 1996)는 도여베르트의 사상에 대한 개요를 제공한다. 알리스 꾹꾹(Alis Koekkoek, 1982)은 도여베르트의 법철학을 정당정치와 관련시킨다.

그래함 비르트위슬(Graham Birtwistle, 1996)은 도여베르트의 제자들 및 닉 월터스토프(Wolterstorff, 1980)와 같은 다른 기독교 철학자들이 작업한 예술비판 및 미학에 관한 견해들을 실용적으로 요약한다(Rookmaker 1970; Seerveld 1980, 1985, 1995). 그는 헨리 루틱하위즌(Henry Luttikhuizen, 1995)과 자위더파르트(Zuidervaart, 1995)의 공헌을 지적한다. 람베르트 자위더파르트는 미학에 대한 작업을 계속해왔다(예: Zuidervaart, 2004). 아드리엔느 뎅어링크 채플린(Adrienne Dengerink Chaplin)의 작품(2020a, 2020b; Dengerink Chaplin & Brand 1999)은 별도로 언급할 가치가 있는데, 그녀가 수잔 랑어(Susanne Langer)의 작품을 깊이 있게 다룬 최초의 작가 중 한 명이기 때문이다.

역사학자이자 역사철학자인 메이어 꼬르넬리스 스미트(Meijer Cornelis Smit, 1955)는 도여베르트와 폴렌호븐의 생각에 동의하며 역사의 의미에 대한 질문을 끊임없이 제기한다(Lettinck 1987). 야꼽 끌랍베이끄(Jacob Klapwijk, 1987a)는 스미트의 텍스트를 책으로 정리했다. 도날드 모르튼과 해리 판다이크(Donald Morton & Harry VanDyke, 2002)는 스미트의 저작을 영어로 번역했다. 룰 카이퍼(Roel Kuiper, 1996)는 역사철학에 대한 입문서를 썼다.

도여베르트적 관점에서 볼 때, 최근 (신경) 심리학에 대한 글은 거의 없다. 헤릿 흘라스(Gerrit Glas, 1989)는 감정에 대한 구조적 분석을 제공했으며 나중에 신경과학 철학에 참여했다(Glas 2002, 2023). 빌름 아우어네일은 도여베르트의 마음 개념을 옹호할 뿐만 아니라 도여베르트의 인류학에서 현재의 심리학으로 직선을 그어놓는다(Willem Ouweneel, 1984, 1986). 신학자이자 심리학자인 베르트 론스트라(Bert Loonstra, 2018)는 심리치료와 세계관의 관계를 분석한다. 심리학자이자 심리치료사인 해리 판 벨르(Harry Van Belle, 2014, 2019)는 심리학의 패러다임 변화에 대해 글을 쓰고 심리치료사로서 수년간의 실행에 대해 생각한다.

마지막으로, 우리는 사회학 및 모든 종류의 사회 문제들에 대한 출판물을 언급한다. 로날드 판 스테든(Ronald van Steden, 2023)은 공적 안전에 관심이 있다. 마틴 페어께르끄 및 닝끄 페어께르크-페흐터는 21세기 여성과 인간관계의 위치에 대해 논의했다(Verkerk 1997; Verkerk & Verkerk-Vegter 2000). 렘코 판 물링은(Remco van Mulligen 2017)은 에그버트 스휴르만의 지적 전기를 쓰고 있다. 산더 흐리피윤(Sander Griffioen, 2003)은 과잉에 매료된 문화 속에서 선택에 충실하는 용기에 대한 반대적 성찰을 제공한다.

감사의 말

우리는 대단한 열정을 가지고 이 책을 집필해 왔다. 올바른 설정을 찾고, 텍스트를 작성하며, 그림을 디자인하는 것은 꽤 어려운 일이었다. 우리는 이 과정에서 받은 도움과 많은 조언에 감사드린다.

먼저 독자 패널인 플로리다 피서(Florida Visser), 아리 존느펠트(Arie Sonneveld), 루카스 페어께르끄(Lucas Verkerk) 및 닝끄 페어께르끄-페흐터(Nienke Verkerk-Vegter). 그들의 비판적인 논평은 텍스트에 대한 (실질적인) 조정, 새로운 그림의 디자인 및 기존 그림의 개선으로 이어졌다. 우리는 그들이 많은 시간을 투자했다는 사실에 기쁘다. 우리는 이 구조와 처음 네 개의 장에 대해 논평해 준 국제 독자 패널에게 감사를 표한다. 특히 리처드 베츠(Richard Betts, 영국), 길레르메 데 까르발류(Guilherme de Carvalho, 브라질), 최용준(John Choi, 한국), 알베르토 에스코바르 두에냐스(Alberto Escobar Dueñas, 멕시코), 트리시아 판 데이크(Tricia van Dyk, 리투아니아), 벤자민 후루너볼드(Benjamin Groenewold, 리투아니아), 리처드 건튼(Richard Gunton, 잉글랜드), 루디 헤이워드(Rudi Hayward, 영국), 페리 휴즈만(Perry Huesmann, 이탈리아), 아돌포 가르시아 드 라 시엔라(Adolfo García de la Sienra, 멕시코)를 꼽았다. 우리는 특히 떼우니스 브란트(Teunis Brand, 기독교철학협회 Stichting voor Christelijke Filosofie)와의 접촉에 대해 감사한다. 우리는 암스테르담대학출판부(Amsterdam University Press)의 헌신과 지원에 감사한다. 그들은 포지셔닝, 디자인, 홍보에 관해 우리와 함께 열정적이고 적극적으로 고민해 주었다.

저자 소개

마틴 페어께르끄

마틴 페어께르끄(Maarten Verkerk, 1953-)는 화학자이자 철학자다. 그는 아인트호벤 공과대학교(2004-2017)와 마스트리히트 대학교(2008-2019)에서 기독교 철학 교수로 재직했다. 그는 2019년부터 2023년까지 기독교 연합의 상원의원이었다. 얀 호흐란트, 얀 판 데어 스툽, 마크 드 프리스와 함께 그는『생각하기, 디자인하기, 만들기. 기술철학 서론』(Denken, ontwerpen, maken. Basisboek techniekfilosofie, 2007)이라는 책을 썼다. 이 책은 영어(2016)와 포르투갈어(2018)로 번역되었다. 그는 얀 하름슨(Jan Harmsen)과 함께 『프로세스 강화-디자인, 산업 혁신 실천 및 교육』(Process Intensification–Breakthrough in Design, Industrial Innovation Practices, and Education, 2020)을 저술했다.

헤릿 흘라스

헤릿 흘라스(Gerrit Glas, 1954-)는 정신과 의사이자 철학자다. 그는 기독교 철학 교수(레이든 대학교), 정신 의학 및 철학 교수(레이든 대학교), 신경 과학 철학 교수(자유대학교) 및 기독교 철학 교수(도여베르트 석좌교수, 자유대학교)였다. 또한 그는 정신 건강 관리 분야에서 일하고 있다. 헹크 요흠센과 함께 그는『책임감 있는 의료 행위-기독 의료윤리학 시도』(Verantwoord Medisch Handelen – Proeve van een christelijke medische ethiek, 1997)를 썼다. 최근에는『정신병리학에서 인간 중심적 치료-자기 관계적, 상황적 및 규범적 관점들』(Person-centered Care in Psychiatry – Self-relational, Contextual and Normative Perspectives, 2019)이 출간되었다.

수잔 시에륵스마-아흐떼레스

수잔 시에륵스마-아흐떼레스(Suzan Sierksma-Agteres, 1984-)는 성경학자이자 그래픽 디자이너다. 그녀는 그리스어와 라틴어 및 문화(레이든, BA 2008; MA 2012) 및 신학(자유대, BA 2012)을 공부한 후 흐로닝언 국립대학교에서 박사 학위(2012-2017, PhD 2023)를 취득했다. 2017년부터 개신교 신학 대학교(Protestantse Theologische Universiteit)에서 근무하고 있으며, 처음에는 그리스어 교사로, 2023년부터는 신약학 조교수로 일하고 있다. 2011년부터 스튜디오 포르믄베럴드(Studio Vormenwereld)라는 이름으로 프리랜서 디자이너로도 활동하고 있다. 『바울과 철학자들의 신앙: 그리스-로마 세계의 신앙 담론』(*Paul and the Philosophers' Faith: Discourses of Pistis in the Graeco-Roman World*, Brill, 2024)이 최근 출간되었다.

= 참고문헌 =

도여베르트의 저작들

Dooyeweerd, H. (1935). *De Wijsbegeerte der Wetsidee (WdW)* (Deel I-III). Amsterdam: H. J. Paris.

Dooyeweerd, H. (1936). *De christelijke staatsidee (CS)*. Utrecht-Rotterdam: Libertas.

Dooyeweerd, H. (1941). De vier religieuze grondthema's in de ontwikkelingsgang van het wijsgerig denken van het avondland. *Philosophia Reformata* 6(4), 161-179.

Dooyeweerd, H. (1942). De leer van de mensch in de Wijsbegeerte der Wetsidee (32 Stellingen over de mens). *Correspondentiebladen van de Vereniging voor Calvinistische Wijsbegeerte* 7, 134-144.

Dooyeweerd, H. (1948). *Transcendental Problems of Philosophic Thought. An Inquiry into the Transcendental Conditions of Philosophy*. Grand Rapids: Eerdmans.

Dooyeweerd, H. (1953-1958). *A New Critique of Theoretical Thought (NC)* (Volume I-IV). Philadelphia: The Presbyterian and Reformed Publishing Company.

Dooyeweerd, H. (1959). Schepping en evolutie. *Philosophia Reformata* 24(3-4), 113-159.

Dooyeweerd, H. (1960). *In the Twilight of Western Thought (TWT)*. Nutley (NJ): The Craig Press.

Dooyeweerd, H. (1961). De taak ener wijsgerige anthropologie en de doodlopende wegen tot wijsgerige zelfkennis. *Philosophia Reformata* 26(1), 35-58.

Dooyeweerd, H. (1963). *Vernieuwing en Bezinning. Om het reformatorisch grondmotief (VB)*. Zutphen: J.B. van den Brink.

Dooyeweerd, H. (1967). *Verkenningen in de wijsbegeerte, sociologie en rechtsgeschiedenis (V)*. Amsterdam: Buijten & Schipperheijn.

Dooyeweerd, H. (1975). De kentheoretische Gegenstandsrelatie en de logische subject-objectrelatie. *Philosophia Reformata* 40(1-2), 83-101.

Dooyeweerd, H. (1984-). *The Collected Works of Herman Dooyeweerd*. 처음에는 Mellen Press(Lewinston, USA)에서, 후에는 2024년부터 Cantaro Institute(Jordan Station, ON)의 임프린트사가 된 Paideia Press(Grand Rapids)에서 출판되었다. 『시리즈(Series) A』는 도여베르트의 다권 작품을, 『시리즈(Series) B』는 에세이와 유사한 작품과 모음집을, 『시리즈(Series) C』는 Dooyeweerd's Living Legacy라는 제목으로 도여베르트의 철학적 성찰을, 『시리즈(Series) D』는 시리즈

(Series) A와 B에서 선택한 주제별 내용을 담고 있다.

Dooyeweerd, H. (2011). Philosophy of Nature and Philosophical Anthropology. In *H. Dooyeweerd* (General editor: D. F. M. Strauss. Co-edited by H. Van Dyke and W. Ouweneel). *The Collected Works of Herman Dooyeweerd - Series A, Volume 7*. Grand Rapids: Paideia Press.

Dooyeweerd, H. (2013). Christian Philosophy and the Meaning of History. In *H. Dooyeweerd* (General editor: D. F. M. Strauss). *The Collected Works of Herman Dooyeweerd - Series B, Volume 13*. Grand Rapids: Paideia Press.

기타 저작들

Balkenende, J.-P., & Buijs, G.J. (2023). *Capitalism Reconnected. Toward a Sustainable, Inclusive and Innnovative Market Economy in Europe*. Amsterdam: Amsterdam University Press.

Basden, A. (2018). *The Foundations of Information Systems: Research and Practice*. London: Routledge.

Basden, A. (2019). *Foundations and Practice of Research: Adventures with Dooyeweerd's Philosophy*. London: Routledge.

Birtwistle G.M. (1996). Filosofie van de kunst en de esthetica. In R. van Woudenberg, *Kennis en werkelijkheid. Tweede inleiding tot een christelijke filosofie* (pp. 342-370). Amsterdam/Kampen: Buijten & Schipperheijn/Kok.

Blosser, Ph. (1993). Reconnoitering Dooyeweerd's theory of man. *Philosophia Reformata* 58(2), 192-209.

Boshuijzen-van Burken, C. van (2021). *Modern Military Operations: A Normative Practice Approach to Moral Decision Making*. Hershey (USA): IGI.

Botha, E. (2007). *Metaphor and its Moorings. Studies in the Grounding of Metaphorical Meaning*. Bern: Peter Lang.

Bretherton, L. (2019). *Christ and the Common Life. Political Theology and the Case for Democracy*. Grand Rapids: Eerdmans.

Brock, C. C., & Sutanto, N. G. (2022). *Neo-Calvinism: A Theological Introduction*. Bellingham: Lexham Press.

Brue, E. J., Schuurman D. C., & Vanderleest, S. H. (2022) *A Christian Field Guide to Technology for Engineers and Designers*. Downers Grove: InterVarsity Press.

Brüggeman-Kruijff, A. Th. (1981). Tijd als omsluiting, tijd als ontsluiting. *Philosophia Reformata* 46(2), 119-163.

Brümmer, V. (1961). *Transcendental Criticism and Christian Philosophy*. Franeker: Wever.

Buijs, G. J., (Red.) (2001). *Als de olifanten vechten ⋯ Denken over ontwikkelingssamenwerking vanuit christelijk perspectief*. Amsterdam: Buijten & Schipperheijn.

Buijs, G. J., Blokhuis, P. Griffioen, S., & Kuiper R. (2005). *Homo respondens. Verkenningen rond het mens-zijn*. Amsterdam: Buijten & Schipperheijn Motief.

Buijs, G. J., & A. K. Mosher (Eds.). (2019). *The Future of Creation Order: Vol. 2. Order among Humans: Humanities, Social Science and Normative Practices*. Dordrecht/New York/Berlin: Springer.

Chaplin, J. (2011a). *Herman Dooyeweerd. Christian Philosopher of State and Civil Society*. Notre Dame: University of Notre Dame Press.

Chaplin, J. (2011b). *Multiculturalism: A Christian Retrieval*. London: Theos.

Chaplin, J. e.a. (R. van Riessen, & J. Hoogland (Red.)) (2020). *Multiculturele gerechtigheid. Een christelijk-wijsgerige visie in discussie*. Amsterdam: Buijten & Schipperheijn.

Chaplin, J. (2021) *Faith in Democracy. Framing a politics of deep diversity*. Londen: SCM Press.

Choi Y. J., (2000). *Dialogue and Antithesis: A Philosophical Study on the Significance of Herman Dooyeweerd's Transcendental Critique*. Proefschrift, Vrije Universiteit Amsterdam.

Choi Y. J. (John) (2018). Science and Faith: From Conflict to Integration in a Korean Context. In P. T. M. Ng, W. T. Leung, V. K. T. Mak (Eds.), *Christian Mind in the Emerging World: Faith Integration in Asian Contexts and Global Perspectives* (pp. 268-287). Newcastle upon Tyne: Cambridge Scholars Publishing.

Churchland, P. S. (1986). *Neurophilosophy. Toward a Unified Science of the Mind/Brain*. Cambridge, MA: MIT Press.

Cliteur, P. (1983). Een inleiding tot de filosofie en rechtstheorie van Herman Dooyeweerd. *Radix* 9, 198-213.

Clouser, R. A. (2000). The transcendental critique revisited and revised. *Philosophia Reformata* 74(1), 21-47.

Clouser, R. A. (2005). *The Myth of Religious Neutrality. An Essay on the Hidden Role of Religious Belief in Theories*. Notre Dame: University of Notre Dame Press.

Cooper, J.W. (1989). *Body, Soul, and Life Everlasting. Biblical Anthropology and the Monism-Dualism Debate*. Grand Rapids: W. B. Eerdmans Publishing Company.

Cusveller, B. (2004). *Met zorg verbonden. Een filosofische studie naar de zindimensie van verpleegkundige zorgverlening*. Amsterdam: Buijten & Schipperheijn.

Cusveller, B. (2021). *Naar behoren. Filosofische ethiek in de neocalvinistische traditie*. Amsterdam: Buijten & Schipperheijn.

D'Agostino, F., Gerald G., Thrasher, J. (2024). Contemporary Approaches to the Social Contract *The Stanford Encyclopedia of Philosophy* (Spring 2024 Edition). In Edward N. Zalta & Uri Nodelman (Eds.). https://plato.stanford.edu/archives/spr2024/entries/contractarianism-contemporary/

Dengerink, J. D. (1948). *Critisch-historisch onderzoek naar de sociologische ontwikkeling van het beginsel der 'souvereiniteit in eigen kring' in de 19e en 20e eeuw*. Kampen: Kok.

Dengerink, J. D. (1986). *De zin van de werkelijkheid*. Amsterdam: VU-uitgeverij.

Dengerink Chaplin, A., & Brand, H. (1999). *Art and Soul: Signposts for Christians in the Arts*. Carlisle: Solway.

Dengerink Chaplin, A. (2020a). *The Philosophy of Susanne Langer: Embodied Meaning in Logic, Art and Feeling*. London/New York: Bloomsbury Academic.

Dengerink Chaplin, A. (2020b). Kunst, lichaam en gevoel: Nieuwe wegen voor de calvinistische esthetica. In M. Hengelaar, & R. D. Henderson (Red.). *Kunst D. V.: (Neo)calvinistische perspectieven op esthetica, kunstgeschiedenis en kunsttheologie* (pp. 253-271). Amsterdam: Buijten & Schipperheijn.

De Ridder, J., Peels, R., & Van Woudenberg, R. (Eds.) (2018). *Scientism: Prospects and Problems*. Oxford: Oxford University Press.

De Vries, M. J., & Jochemsen, H. (Eds.) (2019). *The Normative Nature of Social Practices and Ethics in Professional Environments*. Hershey (USA): IGI Global.

Diemer, J. H. (1963). *Natuur en wonder*. Amsterdam: Buijten & Schipperheijn.

Ferry, L. (2007). *Beginnen met filosofie. Met andere ogen kijken naar je leven*. Amsterdam: Arbeiderspers.

García de la Sienra, A. (1998). The modal law of economics. *Philosophia Reformata* 63(2), 182-205.

García de la Sienra, A. (2001). Reformational economic theory. *Philosophia Reformata* 66(1), 70-83.

Geertsema, H. G. (1970). Transcendentale openheid. Over het zinkarakter van de werkelijkheid in de wijsbegeerte van H. Dooyeweerd. *Philosophia Reformata* 35(1, 2), 25-36 en 132-155.

Geertsema, H. G. (1980). *Van boven naar voren. Wijsgerige achtergronden en problemen van het theologisch denken over geschiedenis bij Jürgen Moltmann*. Kampen: Kok.

Geertsema, H. G. (1992). *Het menselijk karakter van ons kennen*. Amsterdam: Buijten & Schipperheijn.

Geertsema, H. G. (Red.). (1994). *Herman Dooyeweerd 1894-1977. Breedte en actualiteit van zijn filosofie*, Kampen: Kok.

Geertsema, H. G. (G. J. Buijs, & P. Huesmann (Eds.)). (2021). *Homo Respondens. Essays in Christian philosophy*. Jordan Station, ON: Paideia Press.

Glas, G. (1989). Emotie als struktuurprobleem. Een onderzoek aan de hand van Dooyeweerds leer van het enkaptisch struktuurgeheel. *Philosophia Reformata* 54(1), 29-43.

Glas, G. (1996). De mens. Schets van een antropologie vanuit reformatorisch wijsgerig perspectief. In R. van Woudenberg, *Kennis en werkelijkheid. Tweede inleiding tot een christelijke filosofie* (pp. 86-142). Amsterdam/Kampen: Buijten & Schipperheijn/Kok.

Glas, G. (2002). Churchland, Kandel, and Dooyeweerd about the Reducibility of Mind States. *Philosophia Reformata* 67(2), 148-172.

Glas, G. (2009). Modellen van 'integratie' in de psychologie en psychiatrie (II): het normatieve praktijkmodel. *Psyche en Geloof* 20, 165-177.

Glas, G. (2010). Christian Philosophical Anthropology. A Reformation Perspective. *Philosophia Reformata* 75(2), 141-189.

Glas, G., & de Ridder, J. (Eds.). (2018). *The future of creation order. Philosophical, Scientific, and Religious Perspectives on Order and Emergence. Volume I: Philosophy, sciences, and theology*. Dordrecht/New York/Berlin: Springer.

Glas, G. (2019a). Psychiatry as normative practice. *Philosophy, Psychiatry, Psychology* 26(1), 33-48. https://dx.doi.org/10.1353/ppp.2019.0002.

Glas, G. (2019b). The crisis in professionalism and the need for a normative approach. In M. J. de Vries, & H. Jochemsen (Eds.), *The Normative Nature of Social Practices and Ethics in Professional Environments* (pp. 1-14). Hershey (USA): IGI Global.

Glas, G. (2019c). *Person-centered Care in Psychiatry: Self-relational, Contextual, and Normative*

Perspectives. Abingdon/New York: Routledge.

Glas, G. (2023). What could Dooyeweerd teach us about the study of the brain? In D. F. M. Strauss (Ed.), *Discovering Dooyeweerd* (pp. 563-575). Grand Rapids: Paideia Press.

Goheen, M. W., & Bartholomew C. G. (2008). *Living at the Crossroads. An Introduction to Christian Worldview*. Grand Rapids: Baker Academic.

Goudzwaard, B. (1976). *Kapitalisme en vooruitgang*, Assen: Van Gorcum.

Goudzwaard, B., & De Lange, H. (1976; 4e druk 1995). *Genoeg van te veel, genoeg van te weinig: wissels omzetten in de economie*. Baarn: ten Have.

Goudzwaard, B., & De Lange, H. (1995). *Beyond Poverty and Affluence: Toward an Economy of Care*. Grand Rapids: Eerdmans.

Goudzwaard, B., Vander Vennen, M., Heemst, D. van, Weigand-Timmer, J. (2009). *Wegen van hoop in tijden van crisis*. Amsterdam: Buijten & Schipperheijn Motief (oorspronkelijke titel: *Hope in Troubled Times: A New Vision for Confronting Global Crises*. Grand Rapids: Baker Academic (2007)).

Goudzwaard, B., & Jongeneel, R. (2014). *Reformed Christian Economics*. In P. Oslington (Ed.), *The Oxford Handbook of Christianity and Economics* (pp. 206-223). Oxford: Oxford University Press.

Griffioen, S. (1976). *De roos en het kruis. De waardering van de eindigheid in het latere denken van Hegel*. Assen: van Gorcum.

Griffioen, S., & Balk, B. M. (1995). *Christian Philosophy at the Close of the Twentieth Century*. Kampen: Kok.

Griffioen, S., & Van Woudenberg, R. (1996). Theorie van sociale gemeenschappen. In R. van Woudenberg (Red.), *Kennis en werkelijkheid. Tweede inleiding tot een christelijke filosofie* (pp. 236-266). Amsterdam: Buijten & Schipperheijn.

Griffioen, S. (2003). *Moed tot cultuur: Een actuele filosofie*. Amsterdam: Buijten & Schipperheijn.

Griffioen, S. (2022). *Kracht ten goede: Een filosofie van de tijd*. Utrecht: VBK Media | Kok Boekencentrum.

Haaksma, H. (1999). *Van Riessen, filosoof van de techniek*. Eindhoven: Damon.

Haan, R. L. (1972). Wegen in de economische wetenschap (I). Over premisse, principe en praktijk. *Philosophia Reformata* 27(3-4), 124-155.

Haan, R. L. (1974). Wegen in de economische wetenschap (II). Over premisse, principe en praktijk. *Philosophia Reformata* 39(1-2), 1-40.

Hart, H. (1984). *Understanding our World: An Integral Ontology*. Lanham/NY/London: University Press of America.

Hart, H. (1995). Creation Order in our Philosophical Tradition: Critique and Refinement. In B. J. Walsh, H. Hart, & R. E. Vander Vennen (Eds.), *An Ethos of Compassion and the Integrity of Creation* (pp. 67-96). Lanham/NY/London: University Press of America.

Hegeman, J., Edgell, M., & Jochemsen, H. (2015). *Practice and Profile. Christian Formation for Vocation*. Eugene OR: Wipf & Stock.

Henderson, R. D. (1994). *Illuminating Law. The Construction of Herman Dooyeweerd's Philosophy 1918-1928*. Proefschrift, Vrije Universiteit Amsterdam.

Hengstmengel, B. (2015). *Denken met het hart. Christelijke filosofie in de traditie van Augustinus en Calvijn*. Amsterdam: Buijten & Schipperheijn.

Hengstmengel, J. W. (2001). Dooyeweerds filosofie van de economie. *Radix* 37(3), 191-201.

Hengstmengel, J. W. (2012). Dooyeweerd's Philosophy of Economics. *Journal of Markets & Morality* 15(2), 415-429.

Hengstmengel, J. W. (2013). The reformation of economic thought. Dutch Calvinist economics, 1880-1948. *Philosophia Reformata* 78(2), 123-143.

Hoogland, J, Jochemsen, H., Polder J. J., & Strijbos, S. (1995). *Professioneel beheerst-Professionele autonomie van de arts in relatie tot instrumenten tot beheersing van kosten en kwaliteit van de gezondheidszorg*. Ede: Prof. dr. G.A. Lindeboom Instituut.

Hoogland, J., & Jochemsen, H. (2000). Professional autonomy and the normative structure of medical practice. *Theoretical Medicine and Bioethics* 21(5), 457-475.

Hooykaas, R. (1972). *Religion and the Rise of Modern Science*. Grand Rapids: Eerdmans.

Jochemsen, H. (2006). Normative practices as an intermediate between theoretical ethics and morality. *Philosophia Reformata* 71(1), 96-112.

Jochemsen, H., & Glas, G. (1997), *Verantwoord medisch handelen. Proeve van een christelijke medische ethiek*. Amsterdam: Buijten & Schipperheijn.

Jochemsen, H., Kuiper, R., & Muynck, B. de (2006). *Een theorie over praktijken. Een normatief praktijkmodel voor zorg, sociaal werk en onderwijs*. Amsterdam: Buijten & Schipperheijn.

Jochemsen, H., & Rademaker, C. (2019a). International Cooperation in Development: The Need for a Multidimensional Normative Approach. In M. J. de Vries, & H. Jochemsen (Eds.), *The Normative Nature of Social Practices and Ethics in Professional Environments* (pp. 250-276). Hershey (USA): IGI Global.

Jochemsen, H., & Rademaker, C. (2019b). Food Systems: How Can the Normative Practice Approach Help Toward a Just and Sustainable Food System? In M. J. de Vries, & H. Jochemsen (Eds.), *The Normative Nature of Social Practices and Ethics in Professional Environments* (pp. 134-163). Hershey (USA): IGI Global.

Jochemsen, H., & Van der Stoep, J. (Red.) (2023). *Laat de aarde juichen. Duurzaam beheer van de schepping*. Amsterdam: Buijten & Schipperheijn.

Jongeneel, R. (1996). *Economie van de barmhartigheid. Een christelijk-normatieve visie op economie*. Kampen: Kok.

Jongeneel, R. (2012). *Eerlijke economie. Calvijn en het sociaaleconomisch leven*. Amsterdam: Buijten & Schipperheijn.

Jongeneel, R. (2019). Economic Normativity: The Case of the Budget Constraint. *Philosophia Reformata* 84(2), 220-244.

Kalsbeek, L. (1970). *De wijsbegeerte der wetsidee. Proeve van een christelijke filosofie*. Amsterdam: Buijten & Schipperheijn.

Kee, B. (1996). Filosofie van de economie. In R. van Woudenberg (Red.), *Kennis en werkelijkheid. Tweede inleiding tot een christelijke filosofie* (pp. 267-292). Amsterdam: Buijten & Schipperheijn.

Klapwijk, J. (1970). *Tussen historisme en relativisme: Een studie over de dynamiek van het historisme en de wijsgerige ontwikkelingsgang van Ernst Troeltsch*. Assen: Van Gorcum.

Klapwijk, J. (Red.) (1987a). *De eerste en tweede geschiedenis. Nagelaten geschriften van Meijer Cornelis Smit*. Amsterdam: Buijten & Schipperheijn.

Klapwijk, J. (1987b). Reformational philosophy on the boundary between the past and the future. *Philosophia Reformata* 52(2), 101-134.

Klapwijk, J. (2009). *Heeft evolutie een doel? Over schepping en emergente evolutie*. Kampen: Kok.

Klapwijk, J., Van Woudenberg R., & Griffioen, S. (1995). *Transformationele filosofie. Cultuurpolitieke ideeën en de kracht van een inspiratie*. Kampen: Kok.

Klop, C. J. (1996). Politieke filosofie. In R. van Woudenberg (Red.), *Kennis en werkelijkheid. Tweede inleiding tot een christelijke filosofie* (pp. 310-341). Amsterdam/Kampen: Buijten & Schipperheijn/Kok.

Koekkoek, A. K. (1982a). *Partijleiders en kabinetsformatie. Een rechtsvergelijkende studie over de rol van partijleiders bij de kabinetsformatie in Engeland, West-Duitsland, België en Nederland*. Proefschrift, Vrije Universiteit Amsterdam.

Koekkoek, A. K. (1982b). *Bijdrage tot een christen-democratische staatsleer*. Deventer: Kluwer.

Koyzis, D. (2019, 2nd ed.). *Political Visions Illusions. A Survey Christian Critique of Contemporary Ideologies*. Downers Grove: InterVarsity Press, Academic.

Koyzis, D. (2024). *Citizenship Without Illusions. A Christian Guide to Political Engagement*. Downers Grove: InterVarsity Press, Academic.

Kuiper, R. (1996). *Uitzien naar de zin. Inleiding tot een christelijke geschiedbeschouwing*. Leiden: J. J. Groen en zoon.

Kuiper, R. (2009). *Moreel kapitaal. De verbindingskracht van de samenleving*. Amsterdam: Buijten & Schipperheijn.

Kuiper, R. (2011). *Dienstbare politiek*. Amsterdam: Buijten & Schipperheijn.

Kuyper, A. (1880). *Souvereiniteit in eigen kring*. Amsterdam: J. H. Kruyt.

Kuyper, A. (1898; 2de druk, 1925). *Het Calvinisme. Zes Stone-lezingen*. Kok: Kampen.

Lettinck, N. (1987). De verhouding tussen geschiedwetenschap en geschiedfilosofie. De visie van prof. dr. M. C. Smit (1911-1981). *Theoretische Geschiedenis* 14, 251-270.

Loonstra, B. (2018). *Autonomie en gemeenschap. Een debat over levensbeschouwing en psychotherapie*. Amsterdam: Buijten & Schipperheijn.

Luttikhuizen, H.M. (1995). Serving Vintage Wisdom: Art Historiography in the Neo-Calvinian Tradition. In L. Zuidervaart, & H. M. Luttikhuizen (Eds.), *Pledges of Jubilee. Essays on the Arts and Culture, in Honor of Calvin G. Seerveld* (pp. 78-104). Grand Rapids: Eerdmans.

McIntire, C. T. (Ed.). (1985). *The Legacy of Herman Dooyeweerd*. Lanham/New York/London: University Press of America.

Mekkes, J. P. A. (1940). *Proeve eener critische beschouwing van de ontwikkeling der humanistische rechtsstaatstheorieën*. Utrecht/Amsterdam: Libertas.

Mekkes, J. P. A. (1960). *Scheppingsopenbaring en Wijsbegeerte*. Kampen: Kok.

Mekkes, J. P. A. (1971). *Radix, tijd en kennen. Proeve ener critiek van de belevingssubjectiviteit.* Amsterdam: Buijten & Schipperheijn.
Mekkes, J. P. A. (1973). *Tijd der bezinning.* Amsterdam: Buijten & Schipperheijn.
Morton, H. D., & Van Dyke, H. (Eds.) (2002). *Toward a Christian Conception of History.* Lanham/New York: University Press of America.
Mouw, R. J., & Griffioen, S. (1993). *Pluralisms and Horizons.* Grand Rapids: Eerdmans.

Nienhuis, G. (1995). *Het gezicht van de wereld. Wetenschap en wereldbeeld.* Amsterdam: Buijten & Schipperheijn.

Olthuis, J. H. (1995). When is sex against nature? In B. J. Walsh, H. Hart, & R. E. Vander Vennen (Eds.), *An Ethos of Compassion and the Integrity of Creation* (pp. 188-205). Lanham/New York/London: University Press of America.
Olthuis, J. H. (Ed.) (1997). *Knowing Other-wise. Philosophy at the Threshold of Spirituality.* New York: Fordham University Press.
Olthuis, J. H. (2022). *Dancing in the Wild Spaces of Love: A Theopoetics of Gift and Call, Risk and Promise.* Eugene, OR: Wipf & Stock (Currents in Reformational Thought).
Oosterhuis-Blok, M. (2020). *Marktwerking en publieke belangen. Een analyse vanuit het neoliberale denken en de beginselen van subsidiariteit en soevereiniteit in eigen kring.* Proefschrift, Theologische Universiteit Kampen.
Ouweneel, W. J. (1984). *Hart en ziel. Een christelijke kijk op de psychologie.* Amsterdam: Buijten & Schipperheijn.
Ouweneel, W. J. (1986). *De leer van de mens. Proeve van een christelijk-wijsgerige antropologie.* Amsterdam: Buijten & Schipperheijn.

Pico della Mirandola, G. (1496). *Oratio de hominis dignitate. Vertaling: Rede over de menselijke waardigheid.* (2008). Groningen: Historische Uitgeverij.
Polinder, S. (2024). *Towards A New Christian Political Realism. The Amsterdam School of Philosophy and the Role of Religion in International Relations.* Abingdon/NY: Routledge.
Popma, K. J. (1963). *Wijsbegeerte en anthropologie.* Amsterdam: Buijten & Schipperheijn.
Popma, K. J. (1965). *Nadenken over de tijd.* Amsterdam: Buijten & Schipperheijn.

Rademaker, C. J., Glas, G., & Jochemsen, H. (2017). Sustainable livestock farming as normative practice. *Philosophia Reformata* 82(2), 216-240.
Rookmaker, H. (1970). *Modern Art and the Death of Culture.* London: InterVarsity Press.

Schuurman, E. (1972). *Techniek en Toekomst. Confrontatie met wijsgerige beschouwingen.* Assen: Van Gorcum.
Schuurman, E. (1998). *Geloven in wetenschap en techniek. Hoop voor de toekomst.* Amsterdam: Buijten & Schipperheijn.
Schuurman, E. (2014). *Tegendraads nadenken over Techniek.* Delft: Eburon (손화철, 최용준 역, 『기술의 불안한 미래』, 비아토르, 2019).

Seerveld, C. (1980). *Rainbows for the fallen world. Aesthetic life and artistic task*. Toronto: Toronto Tuppence Press.

Seerveld, C. (1985). Dooyeweerd's Legacy for Aesthetics: Modal Law Theory. In C. T. McIntire (Ed.), *The Legacy of Herman Dooyeweerd* (pp. 41-79). Lanham/NY/London: University Press of America.

Seerveld, C. (1995). *A Christian Critique of Art and Literature*. Jordan Station: Paideia Press.

Seerveld, C. (2001). Christian aesthetic bread for the world. *Philosophia Reformata* 66(2), 155-177.

Sikkema, A. (2017). Nuancing Emergentist Claims: Lessons from Physics. In G. Glas, & J. de Ridder (Eds.), *The Future of Creation Order: Vol. 1, Philosophical, Scientific, and Religious Perspectives on Order and Emergence* (pp. 135-149). Cham: Springer.

Skillen, J. W. (1988). Toward a comprehensive science of politics. *Philosophia Reformata* 53(1), 33-58.

Skillen, J. W. (1994). *Recharging the American Experiment: Principled Pluralism for Genuine Civic Community*. Grand Rapids: Baker.

Skillen, J. W. (2001). Politics in One World. *Philosophia Reformata* 66(2), 117-131.

Skillen, J. W. (2011). Shari'a and Pluralism. In R. Ahdar & A. Aroney (Eds.), *Shari'a in the West* (pp. 91-102). Oxford: Oxford University Press.

Skillen, J. W. (2014). *The Good of Politics: A Biblical, Historical and Contemporary Introduction*. Grand Rapids: Baker.

Smit, M. C. (1955). *Het goddelijk geheim in de geschiedenis*. Kampen: Kok (ook opgenomen in Klapwijk (1987)).

Smith, J. K. A. (2000). *The Fall of Interpretation: Philosophical Foundations for a Creational Hermeneutic*. Downers Grove: InterVarsity Press.

Smith, J. K. A. (2005). *Jacques Derrida: Live Theory*. London: Continuum.

Smith, J. K. A. (2006). *Who's Afraid of Postmodernism? Taking Derrida, Lyotard, and Foucault to Church*. Grand Rapids: Baker Academic.

Soeteman, A. (1994). Dooyeweerd als rechtsfilosoof. In H. G. Geertsema e.a. (Red.), *Herman Dooyeweerd 1894-1977. Breedte en actualiteit van zijn filosofie* (pp. 28-49). Kampen: Kok.

Son, B. H. (1972). *Science and Person. A Study on the Idea of "Philosophy as Rigorous Science" in Kant and Husserl*. Assen: Van Gorcum.

Spykman, G. J. (1992). *Reformational Theology. A New Paradigm for Doing Dogmatics*. Grand Rapids: Eerdmans.

Stafleu, M. D. (1980). *Time and Again: A Systematic Analysis of the Foundations of Physics*. Toronto: Wedge Publishing Foundation.

Stafleu, M. D. (1981). Theories as logically qualified artefacts (I). *Philosophia Reformata* 46(2), 169-189.

Stafleu, M. D. (1982). Theories as logically qualified artefacts (II). *Philosophia Reformata* 47(1), 20-40.

Stafleu, M. D. (1987). *Theories at work. On the structure and functioning of theories in science, in particular during the Copernican revolution*. Lanham/New York/London: University Press of America.

Stafleu, M. D. (1989). *De verborgen structuur. Wijsgerige beschouwingen over natuurlijke structuren en hun samenhang.* Amsterdam: Buijten & Schipperheijn.

Stafleu, M. D. (1995). Modelvorming als heuristisch instrument in het wetenschappelijke ontsluitingsproces. *Philosophia Reformata* 60(1), 1-15.

Stafleu, M. D. (1998). *Experimentele filosofie. Geschiedenis van de natuurkunde vanuit een wijsgerig perspectief.* Amsterdam: Buijten & Schipperheijn.

Stafleu, M. D. (2002). *Een wereld vol relaties. Karakter en zin van natuurlijke dingen en processen,* Amsterdam: Buijten & Schipperheijn.

Steen, P. J. (1983). *The Structure of Herman Dooyeweerd's Thought.* Toronto: Wedge Publishing Foundation (ook online te vinden).

Stellingwerff, J. (2006). *Geschiedenis van de reformatorische wijsbegeerte. Een christelijk perspectief.* Amersfoort: Uitgave van de Stichting voor reformatorische wijsbegeerte.

Stoep, J. van der (2019). Corporate communication. In M. J. de Vries, & H. Jochemsen (Eds.), *The Normative Nature of Social Practices and Ethics in Professional Environments* (pp. 231-249). Hershey (USA): IGI Global.

Storkey, A. (1979). *A Christian Social Perspective.* London: InterVarsity Press.

Storkey, A. (1986). *Transforming economics: A Christian way to employment-Third Way Books.* London: SPCK Publishing.

Storkey, E. (1985). *What's Right with Feminism-Third Way Books.* London: SPCK

Storkey, E. (2001). *Origins of Difference. The Gender Debate Revisited.* Grand Rapids: Baker Academic.

Strauss, D. F. M. (2001; revised 2004). *Paradigms in Mathematics, Physics, and Biology–Their Philosophical Roots.* Bloemfontein: Tekskor.

Strauss, D. F. M. (2009). *Philosophy. Discipline of the Disciplines.* Grand Rapids: Paideia Press.

Strauss, D. F. M. (Ed.). (2023). *Discovering Dooyeweerd.* Grand Rapids: Paideia Press.

Strauss, D. F. M. (2024). *The Philosophy of Herman Dooyeweerd* (Expanded Edition). Grand Rapids: Paideia Press.

Strijbos, S. (1988). *Het technische wereldbeeld.* Amsterdam: Buijten & Schipperheijn.

Strijbos, S., & Basden, A. (2006). *In Search of an Integrative Vision for Technology.* Cham: Springer.

Sutanto, N. G., & Brock, C. (2024). *T&T Clark Handbook of Neo-Calvinism.* London/New York: T&T Clark.

Taylor, Ch. (1995). The Politics of Recognition. In Ch. Taylor, *Philosophical Arguments* (pp. 225-256). Harvard University Press.

Tol, A., & Bril, K. A. (1992). *Vollenhoven als wijsgeer. Inleidingen en teksten.* Amsterdam: Buijten & Schipperheijn.

Troost, A. (1983). *The Christian Ethos - A Philosophical Survey.* Bloemfontein: Patmos.

Troost, A. (2004). *Vakfilosofie van de geloofswetenschap. Prolegomena van de theologie.* Budel: Damon.

Troost, A. (2005). *Antropocentrische totaliteitswetenschap. Inleiding in de 'reformatorische wijsbegeerte'.* Budel: Damon.

Van Belle, H. (2014). *Explorations in the History of Psychology. Persisting Themata and Changing Paradigms*. Sioux Center Iowa: Dordt College Press.

Van Belle, H. (2019). *Coram Deo: Living Life in the Presence of God in a Secular Age*. Edmonton, AB: Legacy Press.

Van Brederode, D. (2011). Dooyeweerd, het mooiste sluitstuk van mijn studie. *Nederlands Dagblad*, 28 februari 2011.

Van der Hoeven, J. H. (1963). *Kritische ondervraging van de fenomenologische rede*. Amsterdam: Buijten & Schipperheijn.

Van der Hoeven, J. H. (1980). *Peilingen: Korte exploraties in wijsgerig stroomgebied*. Amsterdam: Buijten & Schipperheijn.

Van der Hoeven, J. H. (1986). Na 50 Jaar: Philosophia Reformata-Philosophia Reformanda. *Philosophia Reformata* 51(1), 5-28.

Van der Hoeven, J. H. (1993). *Filosofische reflecties en ontmoetingen. Opstellen van dr. J. H. van der Hoeven* (R. van Woudenberg, S. Griffioen, & H. G. Geertsema (Red.)). Kampen: Kok Agora.

Van der Kooy, T. P. (1964). De zin van het economisch opnieuw beschouwd. *Koers. Bulletin vir Christelike Wetenskap* 32(1), 12-23.

Van der Kooy, T. P. (1971). Methodologie der economie en christelijke wijsbegeerte. *Philosophia Reformata* 40(1-2), 1-32.

Van der Meer, J. M. (1996, 1997). *Facets of Faith and Science* (Vol. I–IV). Lanham/New York/London: University Press of America.

Van der Walt, B. J. (1999). *Visie op de Werklikheid. Die bevrydende krag van 'n Christelike levensbeskouing en filosofie*. Potchefstroom: Potchefstroomse Universiteit.

Van der Walt, B. J. (2003). *Understanding and Rebuilding Africa. From Desperation Today to Expectation for Tomorrow*. Potchefstroom: Institute for Contemporary Christianity in Africa.

Van der Walt, B. J. (2010). *At Home in God's world. A Transforming Paradigm for Being Human and for Social Involvement*. Potchefstroom: The Institute for Contemporary Christianity in Africa.

Van Eikema Hommes, H. J. (1972). *De elementaire grondbegrippen der rechtswetenschap. Een juridische methodologie*. Deventer: Kluwer.

Van Eikema Hommes, H. J. (1982). *Inleiding tot de wijsbegeerte van Herman Dooyeweerd*. 's-Gravenhage: Martinus Nijhoff.

Van Mullligen, R. van (2017). *Alleen God kan ons nog redden. Egbert Schuurman: tegendraads christen in een seculier land*. Amsterdam: Buijten & Schipperheijn.

Van Riessen, H. van (1949). *Filosofie en techniek*. Kampen: Kok.

Van Riessen, H. van (1952). *De maatschappij der toekomst*. Franeker: Wever.

Van Riessen, H. van (1970). *Wijsbegeerte*. Kampen: Kok.

Van Riessen, H. van (1971, 3de druk). *Mondigheid en de machten*. Amsterdam: Buijten & Schipperheijn.

Van Steden, R., van Putten, R. J., Hoogland, J. (2019). Security networks: Applying the normative practice approach to nodal governance theory. In M. J. de Vries & H. Jochemsen (Eds.), *The Normative Nature of Social Practices and Ethics in Professional Environments* (pp.

277-294). Hershey (USA): IGI Global.

Van Steden, R. (2023). *Het onbehagen van juf Ank. Over veiligheid en vertrouwen in roerige tijden*. Amsterdam: Buijten & Schipperheijn.

Van Woudenberg, R. (1992). *Gelovend denken. Inleiding tot een christelijke filosofie*, Amsterdam: Buijten & Schipperheijn.

Van Woudenberg, R. (Red.) (1996a). *Kennis en werkelijkheid. Tweede inleiding tot een christelijke filosofie*. Amsterdam/Kampen: Buijten & Schipperheijn/Kok.

Van Woudenberg, R. (1996b). Theorie van het kennen. In R. van Woudenberg (Red.), *Kennis en werkelijkheid. Tweede inleiding tot een christelijke filosofie* (pp. 21-85). Amsterdam/Kampen: Buijten & Schipperheijn/Kok.

Verburg, P.A. (1951). *Taal en functionaliteit. Een historisch-critische studie over de opvattingen aangaande de functies der taal vanaf de præ-humanistische philologie van Orleans tot de rationalistische linguistiek van Bopp*. Wageningen: Veenman en Zonen.

Verburg, P. A. (1961). Het optimum der taal bij Wittgenstein. *Philosophia Reformata* 26, 161-172.

Verburg, M. E. (1986). *Herman Dooyeweerd. Grenzen vanhet theoretisch denken*. Baarn: Ambo.

Verburg, M. E. (1989). *Herman Dooyeweerd. Leven en werk van een Nederlands christen-wijsgeer*. Baarn: Ten Have.

Verkerk, M. J. (1997). *Sekse als antwoord*. Amsterdam: Buijten & Schipperheijn.

Verkerk, M. J., & N. Verkerk-Vegter (2000). *M/V: Mens en relaties in de eenentwintigste eeuw*. Amsterdam: Buijten & Schipperheijn.

Verkerk, M. J. (2004). *Trust and Power on the Shop Floor*. Proefschrift Universiteit Maastricht. Delft: Eburon.

Verkerk, M. J., Hoogland, J., Stoep, J. van der, & Vries, M. J. de (2007). *Denken, ontwerpen, maken. Basisboek techniekfilosofie*. Amsterdam: Boom.

Verkerk, M. J. (2014). A philosophy-based "toolbox" for designing technology: The conceptual power of Dooyeweerdian philosophy. *Koers-Bulletin for Christian Scholarship* 79(3), 1-7. https://doi.org/10.4102/koers.v79i3.2164

Verkerk, M. J., Holtkamp, F. C., Wouters, E. J. M., & Hoof, J. van (2017). Professional Practices and User Practices: An Explorative Study in Health Care. *Philosophia Reformata* 82(2), 167-191. https://doi.org/10.1163/23528230-08202001

Vlot, A. (2002). *Tijd voor de eeuwigheid. De techniek staat voor iets*. Barneveld: De Vuurbaak.

Vollenhoven, D. H. Th. (1933). *Het Calvinisme en de reformatie van de wijsbegeerte*. Amsterdam: H. J. Paris. (Geraadpleegd 2 november 2024: https://www.delpher.nl/nl/boeken/view?coll=boeken&identifier=MMUBVU05:000000025:00005 e.v.)

Vollenhoven, D. H. Th. (A. Tol (Red.)). (1945/2010). *Isagôgè Philosophiae 1930-1945* (Tekstkritische uitgave. Filosofie in de traditie van de Reformatie). Amsterdam: VU Uitgeverij.

Walsh, B. J., Hart, H., & Vander Vennen, R. E. (Eds.). (1995). *An Ethos of Compassion and the Integrity of Creation*. Lanham/NY/London: University Press of America.

Weideman, A. (2009). *Beyond Expression. A Systematic Study of the Foundations of Linguistics*. Grand Rapids: Paideia Press.

Wolters, A. M. (1984). *Creation regained: Biblical basics for a reformational worldview*. Grand

Rapids: Eerdmans (vertaling *Schepping zonder grens. Bouwstenen voor een bijbelse wereldbeschouwing*. Amsterdam: Buijten & Schipperheijn (1988)).

Woldring, H. E. S., & Kuiper D. Th. (1980). *Reformatorische maatschappijkritiek*. Kampen: Kok.

Woldring, H. E. S. (2013). *Een handvol filosofen. Geschiedenis van de filosofiebeoefening aan de Vrije Universiteit in Amsterdam van 1880 tot 2012*. Hilversum: Verloren.

Wolterstorff, N. (1980). *Art in Action. Toward a Christian Aesthetic*. Grand Rapids: Eerdmans.

Wolterstorff, N. (1983). *Until Justice & Peace Embrace*. Grand Rapids: Eerdmans.

Wolterstorff, N. (1995). Points of unease with the creation order tradition. Response to Albert M. Wolters. In B. J. Walsh, H. Hart, & R. E. Vander Vennen (Eds.) (1995), *An Ethos of Compassion and the Integrity of Creation* (pp. 62-66). Lanham/NY/London: University Press of America.

Zambroni de Souza, A. C., Verkerk, M. J., & Ribeiro, P. F. (2022). *The Interdisciplinary and Social Nature of Engineering Practices*. Cham: Springer.

Zuidema, S. U. (1948). *Nacht zonder dageraad. Naar aanleiding van het atheïstisch en nihilistisch existentialisme van Jean-Paul Sartre*. Franeker: Wever.

Zuidema, S. U. (Red.) e.a. (1957). *Denkers van deze tijd* (Deel I-III). Franeker: Wever.

Zuidema, S. U. (1972). *Communication and confrontation. A philosophical appraisal and critique of modern society and contemporary thought*. Assen/Kampen: Van Gorcum/Kok.

Zuidervaart, L. (1981). *Refractions: Truth in Adorno's Aesthetic Theory*. Toronto: University of Toronto Press.

Zuidervaart, L. (1995). Fantastic things: critical notes toward a social ontology of the arts. *Philosophia Reformata* 60(1), 37-54.

Zuidervaart, L. (2004). *Artistic Truth. Aesthetics, Discourse, and Imaginative Disclosure*. Cambridge: Cambridge University Press.

Zuidervaart, L. (2016). *Religion, Truth, and Social Transformation: Essays in Reformational Philosophy*. Montreal: McGill-Queen's University Press.

Zuidervaart, L. (2017). *Truth in Husserl, Heidegger, and the Frankfurt School: Critical Retrieval*. Cambridge (Mass.): MIT Press.

Zuidervaart, L. (2023). *Social Domains of Truth: Science, Politics, Art, and Religion*. Abingdon/New York: Routledge.

Zuidervaart, L. (2024). *Adorno, Heidegger, and the Politics of Truth*. New York: State University of New York Press.

Zwart, J. (1996). Rechts- en staatsfilosofie. In R. van Woudenberg (Red.), *Kennis en werkelijkheid. Tweede inleiding tot een christelijke filosofie* (pp. 293-309). Amsterdam/Kampen: Buijten & Schipperheijn/Kok.

Zylstra, U. (1992). Living things as hierarchically organized structures. *Synthese* 91(1-2), 111-133.

= 역자 후기 =

본서가 한국어로 출판되어 매우 기쁘게 생각한다. 아브라함 카이퍼의 학문적 후계자인 헤르만 도여베르트의 기독교 철학은 처음 손봉호, 정성구 교수에 의해 한국에 소개되었다. 이후 보다 본격적으로 알려지게 것은 네덜란드의 깔스베이끄(L. Kalsbeek)가 1970년에 『법이념 철학: 기독교 철학의 한 시도』(*De wijsbegeerte der wetsidee. Proeve van een christelijke filosofie*)라는 제목으로 암스테르담의 바위튼 & 스힙퍼헤인(Buijten & Schipperheijn)를 통해 네덜란드어로 출판된 책이 1975년에 『기독교 철학 개론: 헤르만 도여베르트의 사상 입문』(*Contours of a Christian Philosophy: An Introduction to Herman Dooyeweerd's Thought*)이라는 제목으로 영어로 번역된 이후, 한국어로는 황영철 역, 『기독교인의 세계관: 기독교 철학개론』(서울: 평화사, 1981)으로 출판되면서부터라고 기억한다. 하지만 그 이후에도 네덜란드에서는 도여베르트의 기독교 철학에 대한 개론서와 박사논문이 다수 출판되었다. 이에 대한 자세한 내용은 본서에도 소개되었고 참고문헌에도 나와 있다.

그 후 역자의 박사학위논문 "대화와 대립: 헤르만 도여베르트의 선험적 비판의 의미에 대한 철학적 연구"(*Dialogue and Antithesis: A Philosophical Study on the Significance of Herman Dooyeweerd's Transcendental Critique*)가 2000년에 암스테르담의 바위튼 & 스힙퍼헤인 출판사에 의해 출간된 후 다시 2006년에 미국의 Hermit Kingdom Press에서 재출간되었다. 본 논문은 웹사이트 www.dooy.info/papers/choi/에서도 찾을 수 있다. 그 후 역자는 이 내용을 요약하여 "헤르만 도여베르트: 변혁적 철학으로서의 기독교 철학의 성격을 확립한 철학자"라는 제목으로, 손봉호 외,『하나님을 사랑한 철학자 9인』(서울: IVP, 2005: 37-66)에 기고하였다. 그리고 비교적 최근에 역자는 "기독교 세계 관으로 본 신앙과 학문의 통합에 관한 고찰: 헤르만 도여베르트의 사상을 중심으로"(*A Research on the Integration of Faith & Scholarship from the Christian Worldview: focusing on the thought of Herman Dooyeweerd*)라는 논문을「신앙과 학문」제29권 1호 (통권 98호) (2024: 45-65)에 영문으로 게재했다.

본서의 출간에 대한 논의는 몇 년 전으로 거슬러 올라간다. 마틴 페어께르끄 교수로부터 네덜란드에서 몇 명의 기독교 철학자들이 보다 쉽게 도여베르트의 철학을 설명한 책을 집필하고 있다는 연락과 함께 이 책을 영어와 한글로 동시 출판하자는 제의를 받았다. 역자도 물론 동의하였고 그 결과 본 역서가 출간되게 된 것이다. 사실 도여베르트의 사상을 이해하는 것은 결코 쉽지 않다. 하지만 본서는 적어도 독자들이 가능한 쉽게 그의 기독교 철학을 이해할 수 있도록 그림까지 넣어 설명하려고 노력했다는 점에서 가치가 있다고 역자는 확신한다.

도여베르트의 기독교 철학은 하나님께서 창조하신 피조계를 가장 체계적으로 이해하려는 시도였을 뿐만 아니라 모든 학문적, 이론적 사고가 결코 중립적이거나 인간의 자율적 이성에 기초할 수 없음을 설득력 있게 제시한다. 나아가 학문과 신앙은 통합될 수밖에 없으며 한 학문을 절대화하는 환원주의는 반드시 문제를 낳게 된다는 것을 그의 선험적 철학 이론으로 분명히 제시한다는 점에서 모든 기독학자들이 주목할 필요가 있다. 나아가 그의 비판적 관점은 학문 뿐만 아니라 문화전반에 이르며 그것은 그의 후계자들에 의해 잘 나타난다는 점에서 깊은 통찰력이 있음을 알 수 있다.

본서를 출판할 수 있도록 도와 주신 예영커뮤니케이션에 진심으로 감사드리며 도여베르트의 기독교 철학에 관심이 있는 독자들에게 조금이나마 도움이 되길 기원한다.

역자